宋云中◎著

中国财富出版社有限公司

图书在版编目（CIP）数据

我国大型石油企业集团管控体系研究／宋云中著．—北京：中国财富出版社有限公司，2020.7
ISBN 978-7-5047-7201-5

Ⅰ.①我… Ⅱ.①宋… Ⅲ.①石油企业—企业集团—工业企业管理—研究—中国 Ⅳ.①F426.22

中国版本图书馆CIP数据核字（2020）第135448号

策划编辑	刘静雯	责任编辑	齐惠民　刘静雯		责任发行	董倩
责任印制	梁凡	责任校对	张营营			

出版发行	中国财富出版社有限公司		
社　　址	北京市丰台区南四环西路188号5区20楼	邮政编码	100070
电　　话	010-52227588 转2098（发行部）	010-52227588 转321（总编室）	
	010-52227588 转100（读者服务部）	010-52227588 转305（质检部）	
网　　址	http://www.cfpress.com.cn	排　版	宝蕾元
经　　销	新华书店	印　刷	北京九州迅驰传媒文化有限公司
书　　号	ISBN 978-7-5047-7201-5/F·3182		
开　　本	710mm×1000mm　1/16	版　次	2020年9月第1版
印　　张	15.5	印　次	2020年9月第1次印刷
字　　数	254千字	定　价	88.00元

版权所有·侵权必究·印装差错·负责调换

前　言

党的十九大报告要求，深化国有企业改革，发展混合所有制经济，培育具有全球竞争力的世界一流企业。"做强做优，培育具有国际竞争力的世界一流企业"，是国家对大型石油集团战略发展的总体要求，同时也是我国石油集团自身发展的内在需要。

自2003年国有资产管理体制改革以来，中央企业普遍扭转了"集而不团"的松散联合态势，集团化运作和集团管控水平显著增强，集团管控体系稳步完善，集团管控能力持续提升。许多中央企业集团已经克服了集团管控目标不清晰、管控架构不合理、管控执行不到位以及风险管理意识不够强等问题，集团管控的整体水平明显提升，围绕"增强集团公司控制力"的集团管控体系建设取得了较大成效。

国企改革是中国经济领域改革的热点。改革开放40多年来，国企改革已进入深水区。随着中国经济的高速增长与企业规模的不断扩大，成立集团公司已成为许多中国企业发展到一定阶段的普遍选择。

集团管控体系是大型企业集团公司管理现代化和管理能力最重要的体现，是企业发展壮大、提高竞争力和国际化经营的先决条件，对我国现代化、国际化，乃至整个国家的经济安全和国际竞争力都具有举足轻重的作用。不论从宏观上对于中华民族的和平崛起，还是在微观上对于企业自身做强做大，集团管控体系都具有十分重要的意义，因此必须从战略上高度重视集团管控体系对企业集团的重要作用。

石油本身是基础性能源，石油行业产业链长，涉及经济领域众多，因此石油产业对世界经济的作用是其他产业无法取代的。自2014年起至未来的

2021年，全球经济对石油的需求呈现温和上升的趋势。

我国石油和原油对外依存度均首破70%。2020年1月，中国石油集团经济技术研究院在北京发布的《2019年国内外油气行业发展报告》称，2019年，我国全年石油净进口量逼近5亿吨，达4.65亿吨，同比增长7%，石油对外依存度达到70.8%。原油净进口量仍增长较快，首破5亿吨大关，对外依存度升至72.5%。石油和原油对外依存度双破70%，但增速有所放缓。

我国经济保持持续稳定增长态势，石油消费量稳步提升。2008—2018年，国家石油表观消费量从2008年的3.65亿吨增加至5.78亿吨，累计增长58.34%。中国石油消费量将于2027年增长至峰值6.7亿吨左右，2019—2027年，年均增长率约为2%，且在2027—2035年石油消费量将继续保持在高位。

自从几十年前经历了"石油七姐妹"的分分合合以后，世界上大型国际石油公司（IOC）的版图已经很多年没有变动了。石油巨头的阵营很稳定，就是美国的埃克森美孚公司（简称埃克森美孚）、雪佛龙股份有限公司、荷兰皇家壳牌集团（简称壳牌）、英国石油公司（简称BP公司）、法国的道达尔公司五家，市值门槛常年在1000亿美元以上。还有所谓的"小巨头"（Mini Majors）石油公司，如美国的康菲石油公司（ConocoPhillips）、英国的BG集团、意大利的埃尼集团（ENI）、挪威的挪威国家石油公司（Statoil ASA）等。

从世界范围看，大型跨国石油公司凭借其巨额资产、庞大的生产规模、先进的科学技术、科学的管理手段，将其触角延伸至全球的各个角落，经营规模不断扩大，子公司以及分公司等分支机构遍布世界各地，在经营管理上带有明显的"全球战略"特色，创造了企业内部的国际化分工，构筑了伟大的企业帝国。在这个过程中，高效能的集团管控体系发挥了巨大作用。国际领先企业集团主要有四大管控特征，即超越法人结构的业务单元划分，合理设置责任层级、支持总部角色向战略管控转变，多元化的最高战略决策成员和统一的资源分配机制，标准化的职能管理和集中共享职能服务。

中国的石油企业集团充分借鉴和吸收了发达国家公司管控体系中的合理因素，并在此基础上，坚持与中国国有企业实际相结合，创新性地将自身实际与国际接轨。在这种基本思路和认识方法的主导下，中国石油企业形成了有中国特色的公司管控体系和创新思路，使公司管控得到不断完善。中国石油企业的公司管控体系是坚持党对国有企业的政治领导、遵循市场经济规律和国际惯例、尊重历史传统和人本理念等多重规制下的中国特色集团管控。

本书从基本的管理学理论出发，提出了管控与集团管控的概念；给出了集团管控的五大构成要素，即管控目标、管控对象、管控主体、管控措施与管控信息；梳理和分析了国内外专家学者及研究机构对集团管控的不同观点，并归纳总结出三种主要的集团管控体系，即财务型管控、战略型管控（可进一步细分为战略规划型管控与战略控制型管控）与运营型管控。

通过对主要的国际石油企业进行管控体系对标，本书选取了埃克森美孚、BP、壳牌三家国际石油企业与中国石油天然气集团有限公司（简称中国石油）、中国石油化工集团公司（简称中国石化）、中国海洋石油集团有限公司（简称中国海油）三家国内石油企业，进行管控体系对标分析。管控体系对标结果显示，目前世界上大多数石油企业普遍采用战略管控体系，或正在转向这种管控体系。应用战略管控体系，集团总部既能避免财权分散的风险，又能使下属业务单元具有一定的灵活性。可以说，集团管控体系发展的一个主要趋势是总部管控职能趋向战略管控。

当然，对于大型企业，没有最佳的管控体系，同一企业的不同层级，也可以根据管理责权与义务的不同，采用不同的管控体系，以利于发挥各级管理机构的能动性与灵活性，而且动态地看，同一企业在不同时期也可以根据经营状况与外部环境的变化调整运营不同的管控体系为公司服务。

通过分析石油类中央企业集团，本书提出了集团管控体系取得的六大进展：优化调整总部职能，集团总部管控能力得到提升；多数企业战略管控逻辑清晰，着力推进战略管控；积极推进文化建设，渗透管控过程；建立健全风控体系，切实提升风控水平；着力推进信息化建设，管控支撑日趋明显；海外布局初具雏形，国际化管控体系初步建立。

围绕"建设世界一流企业"的目标总要求，本书分析了我国石油企业集团如何能够建立有效的集团管控体系，提升集团管控能力与效率。在设计符合公司情况的管控体系时，必须考虑七大影响因素，即集团业务复杂度、集团规模与发展阶段、集团战略、产权关系、管理能力、领导人风格、文化融合度。重点关注五个问题：更新集团管控理念，基于集团战略构建管控体系架构；明确集团管控层级和各层级的职能定位，设计并动态调整集团管控体系；立足集团战略，顶层设计集团管控体系；制定管控体系建设关键举措，确保集团管控落地；构筑配套保障措施，夯实集团管控体系运行基础。

目前，对于集团化运作的本质规律的认知，在企业界、学术界仍然众说纷纭，莫衷一是。我国石油企业集团管控体系建设任重而道远。本书希望为我国石油企业加快建设高效的集团管控体系、深化国有企业改革、完善企业法人治理结构，以及建立现代企业制度提供有益参考。

宋云中

2020 年 8 月

目 录

第一章　集团管控及基本体系 …………………………………… 1
　一、我国石油企业加强集团管控的重要性和必要性 ………… 1
　二、管控和集团管控的概念 ……………………………………… 2
　三、集团管控的构成要素 ………………………………………… 4
　四、国内外学者对集团管控体系的分类 ……………………… 11
　五、主要的集团管控体系 ………………………………………… 15

第二章　对标国际石油企业集团管控体系 …………………… 19
　一、国际石油企业概况 …………………………………………… 19
　二、对标国际石油企业管控体系 ……………………………… 20
　三、国际领先企业业务管理架构与集团管控特征 ………… 34

第三章　石油类中央企业集团管控现状 ……………………… 45
　一、优化调整总部职能，集团总部管控能力得到提升 …… 45
　二、多数企业战略管控逻辑清晰，着力推进战略管控 …… 46
　三、积极推进文化建设，渗透管控过程 ……………………… 47
　四、建立健全风控体系，切实提升风控水平 ………………… 47
　五、着力推进信息化建设，管控支撑日趋明显 ……………… 48
　六、海外布局初具雏形，国际化管控体系初步建立 ……… 48

第四章　我国石油企业集团管控体系选择 ………………… 50
　一、石油企业集团管控的目标与指导思想 ………………… 50
　二、石油企业集团管控的影响因素 ………………………… 53
　三、提高石油企业集团管控能力的建议 …………………… 69

第五章　埃克森美孚战略控制管控体系 …………………… 91

第六章　BP公司集权—分权—集权的管控体系 …………… 97

第七章　中国海油集团管控体系 …………………………… 108
　一、党的领导，将政治优势转化为企业竞争力 …………… 108
　二、置身国际接轨前沿、创新公司管控体系 ……………… 125
　三、战略引领、强化前瞻思维 ……………………………… 137
　四、对外开放与国际合作 …………………………………… 152
　五、规范化管控战略 ………………………………………… 168
　六、继承和发扬石油精神、凝聚企业文化 ………………… 181
　七、全面风险管控为企业健康发展保驾护航 ……………… 197

第八章　经验和启示 ………………………………………… 226
　一、党的领导与公司管控有机结合 ………………………… 226
　二、按照资本市场规律，提升公司管控水平 ……………… 227
　三、规范董事会建设，强化公司管控和集团管控 ………… 227
　四、遵守法律法规，处理好利益相关者之间的利益，实现可持续发展 … 228
　五、公司管控体系创新的选择过程中遵循两个基本原则 … 228
　六、将"以人为本"作为关键纽带，有效融合"老三会"与"新三会" … 229
　七、努力打破路径依赖，积极创造新路径来提高公司管控的有效性 … 229
　八、培育优秀基因 …………………………………………… 230
　九、对标卓越 ………………………………………………… 230

第一章 集团管控及基本体系

一、我国石油企业加强集团管控的重要性和必要性

近十几年来，国外曾经的百年公司于瞬间破产，庞大的企业帝国于瞬间灰飞烟灭，触目惊心的经济事件屡见不鲜。1995年，有着百年历史的英国巴林银行由于风险管控机制不完善，一个普通的新加坡业务员投资日经指数期货失利，银行直接损失高达13亿美元（相当于这家百年公司的全部资产），导致公司破产。2002年，美国安然公司由于治理机制存在缺陷，管理层涉嫌财务欺诈，导致公司破产。2009年5月28日，全球汽车业巨头、独领风骚80多年的、美国甚至世界的工业标志之一——通用汽车公司申请破产保护。2010年4月，BP公司发生墨西哥湾漏油事故，这是世界石油史上最严重的安全及生态事故。该事故既给当地的经济与生态带来巨大的损失，也导致BP公司面临严峻的生存危机和信誉危机。上述公司危机产生的导火索虽然各不相同，但其中的根本原因还是公司的治理机制和管控体系存在缺陷。

在复杂的社会经济环境中，由于信息不对称、道德风险及制度失灵等不利因素的影响，子公司在经营活动中可能会产生背离集团发展目标、损坏集团利益或其他子公司利益的行为，从而导致整个集团公司体系运行处于无序状态、集团战略目标不能有效落实、集团资产重大损失等问题。为了防止子公司的"内部人控制"问题，提高集团公司运行的有序性和协同性，增加子公司的价值，以确保集团战略目标的贯彻落实和集团整体资产的保值增值，母公司必须积极对子公司采取适当的管控活动。

在我国，大部分企业集团是在改革开放以后发展起来的。例如，70%的中央企业集团是1990年后组建的。集团组建的时间虽然比较短，但已经历了公司制改造、产业结构调整、主辅分离和董事会试点等体制转轨，逐步实现了股权多元化、法人治理规范化、经营管理科学化，并基本上建立了适应社会主义市场经济发展要求的现代企业制度。然而在企业集团管控方面还存在许多问题，有些直接导致了严重的后果。例如，2004年10月，由于内部风险管理机制失效和集团管控不力，中国航空油料集团有限公司跨国经营的新加坡子公司投资期货失利，导致5.5亿美元的亏损，总经理陈久霖被捕入狱，公司申请破产保护。2005年，交易员刘其兵在伦敦铜期货市场建立了15万~20万吨的铜空单，随后该交易员失踪，国家物资储备局在伦敦金属交易所的铜期货做空被套，成为高价铜的最大受害者。这些事件都是管控体系不健全所引起的，并已经引起了国家有关部门的高度重视。企业集团管控体系建设的重要性不言而喻。

有关调查显示，目前有74.5%的中央企业集团报告其集团管控体系在总体上符合战略发展要求，支撑了集团的持续发展，然而有25.5%的中央企业集团自评其管控体系只部分符合战略发展要求。这其中的原因，在很大程度上与企业集团成立的历史有关。那就是，61.6%的中央企业集团是以先有子公司后有母公司的形式组建的，而只有26.3%的是通过母公司投资建立。也正是因为中央企业集团大部分是通过行政命令的方式组建的，集团内很多子公司在资历上和管理上都比企业集团强势，导致总部管控能力薄弱，管控体系不完善。这种情况造成了许多中央企业集团还处于"分散的联盟"的状态，并由此导致集团的"大而不强"。

因此，对我国石油企业而言，加强集团管控体系建设，全面增强其集团控制力，就成为做强做优，成为具有国际竞争力、世界一流的石油企业的有力支撑。

二、管控和集团管控的概念

（一）管控

国际上最早系统研究管控的学者是罗伯特·安东尼，他在1965年对"管控"进行了概念上的界定，认为管控是管理者为了实现组织目标，富于效率和效果地获取和使用资源的过程。随后，诺伯特·维纳、玛金·富恩特斯等学者，相继从管理学、会计学、系统论、控制论等角度进行研究，并做出了各自的概念界定。在相关理论的发展过程中，有关管控概念的研究一直处于争议之中。本书认为，管控是为了实现组织目标和促进战略落实，采取措施影响组织中的其他成员，使其富于效率和效果地获取和使用资源的过程。

（二）集团管控

企业集团是指以资本为主要联结纽带的母子公司为主体，以集团章程为共同行为规范的母公司、子公司、参股公司及其他成员企业或机构共同组成的具有一定规模的企业法人联合体。以资本纽带为基础所建立的母子公司架构是企业集团的主要组织特征，根据现代企业制度注册建立的公司制企业是构成企业集团的基本组织单元，具有跨地区、跨行业、多层次的产权结构特征。因此，在企业集团中，母公司和子公司都是具有独立法人地位的市场经营主体，在法律上具有平等的地位。母公司对子公司的管理主要体现为以委托代理机制为基础的公司治理活动。母公司并不能直接介入子公司的经营事务，主要通过人事任命或影响子公司董事会的决策来对子公司的经营施加影响，子公司具有相对独立的经营权利。

如果以系统的观点来审视企业集团的运行发展，企业集团可以被视为一个动态运行和进化成长的复杂系统，母公司和子公司则是构成大系统的子系统。各个成员在实现自身系统进化成长的同时，彼此之间发生着密切的作用，最终共同促进企业集团系统的整体运行成长。因此，对集团成员企业关系的协调和力量的有效整合，成为增强集团整体竞争力的关键。

那么，什么是集团管控呢？联系前文有关管控以及企业集团的定义，本书将集团管控定义为：代表集团整体利益的集团总部及其授权的管理主体，对集团所属成员企业进行必要的管理和控制影响，以使集团所实现的价值大于成员企业各自独立运营所可能创造的价值总和的行为过程。

在集团管控体系中，母公司（集团总部）是企业集团的管控中枢，是一个发挥领导、协调和控制功能的母系统，子公司则是接受母公司管控的子系统；母公司依托资本纽带将子公司紧密地联结在一起，形成一个多层授权、分工明确、协同运行的利益共同体。母公司负责制定集团的整体发展战略，是集团公司体系的最高决策中心和管理中心，为集团规划科学的发展计划和实施路径，同时负责对各子公司的经营活动进行统一指导、协调和监控，以确保各企业成员能够根据统一的发展战略进行协同运作和进化成长。

随着世界经济一体化的发展，各国都在培育本国具有国际竞争力的世界级企业集团，企业集团的规模和数量急剧增长。当然，在各类企业集团管控活动的实践中，与中小型企业集团相比，大型企业集团对分、子公司管理和控制的难度，存在着从量变到质变的区别，往往在中小型企业集团中行之有效的传统管理和控制手段，在大型企业集团中不再继续有效，或者因实施成本过高而难以实现。因此，为了使石油类中央企业集团真正创造协同效应、挖掘经营潜力、提升管理水平，必须根据石油类中央企业集团既是中央企业，又处于石油行业的特点，研究相关管理理论，制定适应央企石油集团的管控体系，确保集团管控体系科学有效地发挥作用。

三、集团管控的构成要素

在构建集团管控体系时，企业需要明确：为了达到特定的管控目标，将由什么类型及哪些层级的管理主体，在什么样的管控环境下，采取什么措施，对集团的哪些方面进行管控。

如图1-1所示，集团管控是一个有机的系统，由管控目标、管控对象、管控主体、管控措施和管控信息五个部分构成。

（一）管控目标

集团管控的目标，从本质上说，就是实现集团整体利益最大化。具体来说，是通过处理集团总部与成员企业的关系，在充分发挥成员企业主动性和创造性的同时，在集团层面形成整体大于部分之和（即"1+1>2"）的效应。根据不同的管控目标，集团总部发挥价值创造作用的重点和方式会有所不同。

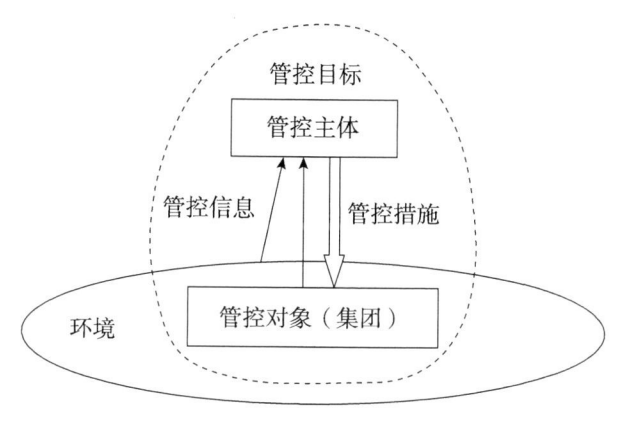

图 1-1 集团管控系统的构成

(二) 管控对象

在企业集团管控中,从总体上说,管控对象是企业集团。具体来说,作为管控对象的应该具有以下特点。

首先,集团成员单位。根据其功能不同,可以划分为如下四类:(1)面向特定产品市场经营的业务单位;(2)承担特定的不定期的项目团队;(3)为集团打造关键资源能力的单位;(4)为其他部门提供共享服务的单位。另外,还可根据其法人地位及联结纽带的不同,区分为非法人业务单位(事业部、分公司)、产权联结的业务单位(子公司、关联公司,以及子公司下属的孙公司等)、非产权联结的业务单位(联盟伙伴)。以下除有特别说明外,一般以"子公司"来指代集团内的各类成员单位。

其次,成员单位间的当前关系。为了取得协同效应,需要将集团成员间如下两方面关系纳入管控范围:(1)业务分工与协作,主要指产成品、半成品或服务在集团内部的交易关系,具体如产业链前后环节之间、主业与附产品(产业)之间、主业与相关产业之间、主业与非相关产业之间、共享服务中心与其内部顾客之间的关系等;(2)资源相依关系,指集团现有各类业务之间在资源的合理调配与高效使用方面所存在的相关性。

再次,成员单位间的未来关系。为了集团的未来发展,必须协调好集团成员单位之间在如下三方面潜存的关系:(1)资源、能力在新旧业务之间的共享与转移，如将某些单位相关资源（包括财务资源和非财务资源）调出，使之在新单位中实现整合；（2）商机的发现与分配，这主要出现在某单位有商机但能力不足，或者虽有能力但缺乏有前景的业务的情形，这时需要在集团成员单位间进行业务经营特许权的配置及变更；（3）竞争优势源的打造与核心能力集聚和共享，如构建总部资源平台或培塑集团关键资源能力单位等。

最后，如果集团成员单位当前和未来的联结关系（财务资源及其重新配置方面的关系除外）比较弱，那么，集团总部所进行的管控就主要集中在"业务影响"和"公司发展"活动上；如果集团成员单位间存在比较明显的关联，那么，集团总部可以通过"联结影响"及"职能和服务影响"来创造价值[①]。

集团总部根据对管控对象特性的判断，可以选择性地采用这四类影响途径来为集团创造附加值，从而达成集团整体优于各单位之和的效应。

（三）管控主体

在产权关系联结的母子公司制企业集团中，作为出资人的母公司或集团公司，往往扮演集团总部的角色。因此，母公司董事会及其所代表的股东或利益相关者群体是纵向型集团中最高级别的管控主体。而在环形相互持股的横向型企业集团中，一般是集团所有核心企业领导人共同参与议事的理事会行使着集团总部的权能。但后者只是存在于日本三菱集团、三井集团等六大财团中，在国际上并不具有典型性。

1. 管控主体的多层次性

就目前常见的纵向型企业集团来说，由于信任托管关系的存在，真正施控的主体并非一定是拥有法人财产支配权的公司董事会，而是可以授权给拥有参谋建议权的职能部门，或者拥有特定范围的决策权的事业群部或区域总部、子集团公司等。由于种种授权关系的存在，大型企业集团的管控往往不是母公司对子公司的单层结构（如图1-2a所示的简单架构），而是出现如下多样、多层级的管理组织架构：

[①] 迈克尔·古尔德、安德鲁·坎贝尔、马库斯·亚历山大著，《公司层面战略：多业务公司的管理与价值创造》，黄一义等译，北京：人民邮电出版社，2004年。

（1）集团公司（职能部门）—子公司

（2）集团公司—子集团（骨干或板块子公司）—子、孙公司

（3）集团公司—子集团（事业群部）—子、孙公司

（4）集团公司—子集团（事业群部）—区域总部—子、孙公司

（5）集团公司—子集团（区域总部）—子、孙公司

（6）集团公司—子集团（事业群部和区域总部）—子、孙公司

以上第一种是母公司对子公司的单层管控，可能出现于高度分权的持股型公司中，也可能出现于高度集权的运营管控型公司中。前一情形下，总部规模比较小，设立的职能部门主要是投资、资本运营和财务绩效监控方面的；后一情形下，总部通常会设立规模比较庞大的覆盖经营管理各方面职能的机构。一般来说，总部的职能部门只是作为特定职能领域的参谋来辅助集团领导进行"条条"管理，少数即便被赋予了对集团成员单位对口部门实行"垂直领导"而不仅仅是业务指导的权力，也不担负盈利方面的责任，所以只是作为管理部门而非直线部门存在的（如图1-2b所示的一般架构）。因此，不管设立多少职能部门，总部高管或其团队是实施集团管控的实际责任人。

第二至第四种是在产业或业务领域划分的基础上，将对集团业务单位的直线管理权授予二级管理主体，让其对所属业务板块内的集团成员单位实施有相当自主决策权的管控。这个居于集团公司或总部与业务单位之间的二级管理主体，可以具有独立的法人地位（称为子集团公司或板块子公司），也可以不具有法人地位，但得到公司总部的授权而成为其业务板块下属成员单位的受托管理者。这些中间层的管理主体必须对其辖下业务单位的经营结果负责，因此是"块块（板块）"管理的直线部门。

第五种也是通过不具有法人地位的中间层管理主体来实施对其下属业务单位的直线管理，但与第四种有所不同的是，这里的中间层是按照地理区域划分的区域总部，其辖下"块块（区块）"的业务单位多是在各国或各地进行具有本地区特色的经营业务单位。跨国经营的企业集团，如果本地化的要求不高，则可能并不按照区域来设立二级管理主体，而是以全球业务板块区分来进行管控。图1-2c所示的较复杂架构是以事业（群）部或区域总部单条线作为二级管理主体的情形。

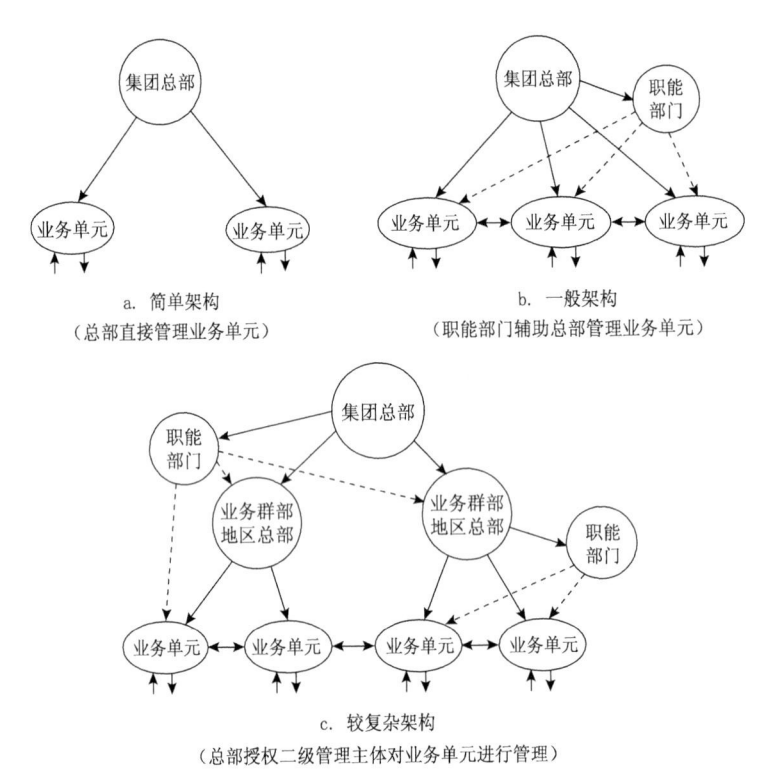

a. 简单架构
（总部直接管理业务单元）

b. 一般架构
（职能部门辅助总部管理业务单元）

c. 较复杂架构
（总部授权二级管理主体对业务单元进行管理）

图1-2 集团对业务单元管理的基本架构形态

第六种是同时通过事业群部和区域总部双重权力线来实施管控，因此是一种"板块"与"区块"相叠加的矩阵式管理架构。在跨国企业集团中，如果全球化与本地化的双重压力共存，那么，单线管理可能不足以应对这种复杂的业务经营情形。此外，在一些管理架构设计更复杂的大型企业集团中，有时职能线对下并不只是虚线的业务指导关系，而是垂直领导关系，这时，职能线还可能与业务条线、区域线结合，从而构成多维的立体式结构。不过，从国际范围来说，避免不必要的管理复杂性是当前的一个趋势。因为管理线条过多，很有可能带来行政官僚化、决策迟缓和对环境变化反应慢等问题。

值得说明，上述提及的子集团公司、事业（群）部或区域总部等作为管控主体，是站在子、孙公司等业务单元的角度来说的。换个角度，如果从整个集团的管理组织架构来看，这些二级管理主体实际上也是被管控的对象，需要受到来自集团母公司或总部的管控。只是在业务线条梳理得比较清晰的企业集团中，作为业务板块的二级管理主体（子集团公司或业务群部）可以得到集团总部较大的授权，从而也成为施控的主体。一般来说，越是高层级的受控客体，其身份就越倾向于兼具施控（对其下属的下一级单位而言）和受控（对其隶属的上一级单位而言）的双重特性。反之，越是低层级的单位，因其主要任务越倾向于作为执行者，所以常被视为管控对象。这意味着集团管控实际上是一个多层级的架构。

集团管控主体的多层次性是集团管控架构复杂性在纵向方面的表现。另外，在大型企业集团中，管控架构的复杂性还会表现在多种管理条线的并存上，此为横向的复杂性。比如，当业务群部和区域总部两条线同时作为二级管理主体时，就要比以事业群部或区域总部（即要么以业务群部，要么以区域总部）单条线作为管理主体的情形更为复杂，称为二维的矩阵式架构。进一步讲，在集权度比较高的管控体系下，当一些职能集中管理部门具有向下层单位附属职能部门的垂直领导（实线职能线）关系时，则演化为复杂性更高的三维立体式架构。

2. 管控主体的三类角色

不管是哪一级别的管控主体，从其发挥的具体作用来说，可以划分为以下几个角色类型[1]。

一是创新性角色。这是一种积极、主动的角色，起创造价值的作用。比如，制订集团发展新业务的政策与战略，确定对长远利益有利的资源、能力、设施及资本培育、维持和利用的策略，并为实施这些战略和策略对包括资本和特定产品知识及管理技能在内的组织资源进行合理配置，以及管理层发展、内企业家精神激发，等等。

二是监管性角色。这是一种比较消极、被动的角色，起规避损失的作用。比如，监控各个业务经营单位的绩效，审核其对所配置资源的使用，并在必

---

[1] Chandler, A D. The Functions of the HQ Unit in the Multibusiness Firm [J]. *Strategic Management Journal*, 1991 (12): 31 – 50; Egelhoff B. Evaluating the Role of Parent HQ in a Contemporary MNC. In U. Andersson & U. Holm (Eds.), Managing the contemporary multinational: The role of headquarters [M]. UK: Edward Elgar, 2010.

要时调整业务单元的产品线，以便使管控主体组织能力得到很好的发挥。

三是公关性角色，起保证合规性和外联方面的作用。比如，处理税务、关税、市场准入，协调与立法、监管机构及政府其他部门的关系，以及维持良好的公众形象和公共关系等。显然，除了集团总部外，区域总部也在相当程度上扮演着这类角色。

一般来说，在以上三种类型的角色中，后两类是最为基本的，是任何企业或集团的生存发展中都需要管控主体具备的。但是，真正能显示出管控主体的管理能力差异的，并不主要在这些基本的角色或作用方面，而是在那些提升性的、被钱德勒（Chandev）等人以"创新性角色"来归纳的第一类角色或作用上。一流的企业或集团，必须在创新性角色发挥中凸显其一流的、卓越的水平。第一类角色缺乏或偏弱的管控主体，不可能率领其下的业务单元创造出与之不同的业绩和水平。打造世界一流的企业集团，首先要求构建起角色全面的管理总部。当然，这样的管理总部可以不局限于集团母公司总部。各种角色可以由多个层级来分担，但是整体来看，三种类型的角色都不可欠缺，尤其是第一种角色更为关键。

（四）管控措施

管控措施包括管控的方式、渠道与过程。就管控方式而言，据总括性比较，美国企业偏好以制度化方式进行管控，日本企业倾向于通过外派人员及浓厚的组织文化来管控，法国及大部分欧洲企业多借助网络化联结发挥业务单元的自主性，而我国目前有不少企业是通过外派人员及其行政化关系和组织文化来管控。这些差异可能与不同国家的社会经济制度背景有关，但也体现了企业对不同管控媒介或渠道的选择。制度流程体系、人员及其内在的共享价值观，人员及其所代表的业务单位之间的纵向层级关系以及横向网络关系等，就反映了不同管控方式所使用的管控媒介或渠道的差别。另外，根据管控对象的行为、结果及方向偏离预定目标时所采取的纠正措施是否与奖惩挂钩及其宽严程度的不同，对管控方式也可以进一步分类。此外，依据管控过程的正规化程度不同，还可以区分为正式的管控和非正式的管控。

(五) 管控信息

管控信息包括集团内部的信息及其环境的信息两大部分。管控信息会在很大程度上决定管控的内容和措施。一般来说，事前管控、事中管控和事后管控，就是根据信息采集点的不同而做的管控类型区分。若以管控对象（集团成员企业）做出决策或行动作为所发生的"事"来区分管控信息采集点，就可以形成事前的战略计划管控、运营计划及预算管控，事中的战略过程（进程）管控、运营过程管控，以及事后的战略绩效（包括财务和非财务方面的长期绩效）管控和财务绩效管控等各种不同的类别。

四、国内外学者对集团管控体系的分类

我国现代企业集团的发展只经历了30余年，国内关于集团管控理论的研究基本上也是构建在西方理论基础之上的。同国外成熟的理论研究相比，我国企业集团管控理论的研究在管控形态、管控过程及管控内容等许多方面仍处于初期发展阶段。

关于企业集团管控体系的类型，国内外一些企业集团进行了实践探索，同时也有很多学者对该问题进行了相关研究。但是，到目前为止，理论界和实践界对集团管控体系的分类还没有形成一致的观点。

(一) 西方学者的管控体系分类

大内（Ouchi，1979）认为母子公司管控的方式一般分为三大类型，即官僚式控制（bureaucratic control）、市场式控制（market control）和团队式控制（clan control）。马汀内兹和嘉瑞罗（Martinez & Jarillo，1998）系统研究了1953—1988年有关跨国企业控制机制的文献之后，把跨国企业集团的组织类型分为分散联邦式、集权中心式和整合网络式，同时把控制机制分成正式结构化机制和非正式非结构化机制。

古尔德和坎贝尔（Goold & Cambell，1987）在二人合著的《战略与风格》中，按照计划影响强度和控制影响强度这两个维度，将多业务公司的管控风

格区分为八种。所谓计划影响是指母公司用来为业务单位制订战略计划和预算的方式和过程；控制影响是指母公司对业务单位短期的财务目标和长期的战略目标及内在竞争地位控制的偏向和宽严程度。

持股型（holding）：这类总部极其被动，基本上不参与业务单位的战略制订。总部通常允许业务单位运用自己的资本进行再投资，而不是积极地干预其资源配置。总部对业务单位控制非常宽松，只有在子公司绩效持续不好时，总部才会采取行动。

集权型（centralized）：总部在战略制订中居于首要地位，对许多重大议题都亲自做出决定。业务单位经理负责执行总部制订的战略。总部主要关注决策是否得到执行，而不是关注所取得的绩效结果。因此，通常亦称为"运营管控型"（有时也被译为"操作管控型"）。

战略计划型（strategic planning）：总部与业务单位经理共同制订战略。总部建立全面精细的计划程序，并注入战略性思考的实质性内容，提出集团层面的战略或使命指引，协调跨业务单位的战略制订活动。这类总部不太注重控制影响。绩效目标的设定通常比较宽泛，倾向于以"成为领先的供应商""在某领域建立某种地位"这类较有战略意义的术语来表达。长期的战略目标要比年度的财务目标更受重视。

战略规程型（strategic programming）：这是战略计划型的变种。总部更深地介入业务单位层面战略的制订，而且比战略计划型更进一步。总部还设立明确的绩效目标，并严格监控这些目标的实现。制订细致周密的计划、总部发起战略，以及对财务目标和战略性里程碑予以严格的控制，是这种管控体系的主要特征。

战略控制型（strategic control）：总部倾向于将战略制订方面的首创性和主动权授予业务单位经理，只对其形成的计划进行评估和质询，而且侧重于查核业务单位经理战略性思考的品质，而不是借评估之机指明其战略方向。总部将控制影响作为对业务单位进行管控的主要手段。为此，总部会针对战略目标（如市场份额）和财务目标设定明确的绩效指标，业务单位必须如数达成这些预期的指标，否则会被惩罚。只有在战略目标的实现面临重大挑战的情况下，才能调整预算。所以，这是一种将适度的计划影响和严格的战略绩效控制结合起来的管控体系。

战略创业型（strategic venturing）：总部将战略的制订权授予业务单位，而且很少对业务单位的方案提出质询和发起挑战。控制很宽松，让业务单位有充分时间建立市场地位，但不像持股型总部那样放任，而是做得更多些。例如，总部要监控业务单位所取得的结果，并在出现严重问题时主动进行干预，同时还保留重要资源配置的决定权。这种管控体系类似于风险投资公司的运作模式。

财务控制型（financial control）：总部主要通过预算过程对业务单位施加影响，在战略制订方面的作用有限，且对业务单位制订的长期规划也不进行正式评估，而是对年度预算给予仔细评估。在预算批准以后，还要设立明确的利润目标值。如果利润目标不能实现，该业务单位经理的职业生涯往往会受影响。这是一种很低程度的计划影响与很严格的财务控制相结合的管控体系。

财务规程型（financial programming）：这是财务控制型的变种。尽管总部会给业务单位指明宽泛的战略方向，但更侧重于订立预算与资本支出，并与奖惩挂钩。总部会建议甚至命令业务单位去改进某些方面的财务结构和财务比率。与财务控制模式相似，这种总部也对预算目标的实现予以严格控制。

以上划分的八种风格管控体系，在英国和美国的"多业务公司"中应用最为普遍的有三种，即战略计划型、战略控制型和财务控制型。基于这一考虑，古尔德在1994年与坎贝尔、亚历山大合著的《公司层面战略：多业务公司的管理与价值创造》中，就重点研究了这三种管控体系下母公司的作用。随着这本著作中译本于2004年在我国出版，这三种管控体系也在国内逐渐流行起来，尽管其概念和内涵在不同人的引用中有了种种延伸和转义。

在古尔德等学者分类的基础上，许多人从简洁性和典型性的角度，常将针对多元化经营的（集团）公司划分的战略计划型、财务控制型及介于两者之间的战略控制型三种管控体系，与业务相对单一或主业突出的企业更为适用的"集权型"（运营管控型）模式结合在一起，与此形成对规模不同的公司或企业集团都具有通用性的管控体系分类。在这个"四分法"体系的基础上，甚至还有人将"战略与财务混合型"作为单独的一种类型加入其中，从而构成了更复杂的"五分法"体系。

但是，直接引用古尔德等学者在20世纪90年代初期使用的"计划影响"和"控制影响"两个维度进行管控体系分类，则有三个主要的问题。

第一，战略计划与战略执行两个环节相分离，对直线管理者（业务单位负责人）在战略制订过程中的作用重视不够。总部可以设立公司业务发展部或战略发展部等类似机构，但其主要职能不是代替业务单位制订战略计划，而是以其信息和知识方面的优势为业务单位的战略制订提供指导与支持。

第二，在古尔德等学者的分类体系中，依靠总部职能部门订立战略计划与由具有创业精神的企业家自己把握业务发展方向之间存在其分类体系未能覆盖的"空白地带"，而这恰好可能就是20世纪90年代后以"战略动议"（strategic initiatives）、"战略主题"（strategic themes）等形式新出现的一种分权度较高的管控体系所占据的位置。

第三，古尔德等学者将来自总部的非常严格的战略绩效控制和中等程度的计划影响相结合的模式称为"战略控制"，这不能准确反映"控制"一词通常所传达的来自总部高强度影响的含义。例如，由总部职能部门制订缜密的战略与策略计划的管控，实际上剥夺了直线管理者的战略制定权，因此这种计划本质上就是一种"控制"。而对战略实施过程中的行动方案事先给予"编程"或"规程"，并对其中确立的战略性里程碑施以严格的监控，更是一种"控制"。

基于以上三方面问题的思考，本书在集团管控体系的分类和研究中，把战略制订、执行和控制作为一个整体过程来考虑。在此基础上，将总部对业务单位的战略方向及结果给予较低程度影响的管控体系称为"战略规划型"，而总部对业务单位的较高强度影响的管控体系称为"战略控制型"。

（二）国内学者的管控体系分类

国内学者对集团管控体系的理论研究相对滞后，其管控体系的分类研究主要有以下几种观点：一是基于管控内容的角度，把管控体系大概分为战略管控、投资管控、财务管控、人事管控、计划管控、文化管控、运营管控等（李福君，1998；曾纪幸，1998；李德智，2003；王东民，2003；叶生，

2004；王钦、张云峰，2005；等等），大多数学者持这种观点；二是基于集团总部的集权和分权程度，把管控体系分成不同的类型（左庆乐，2003）；三是基于管控的方式，把管控体系分为资本管控型、行政管控型、参与管控型、平台管控型等（葛晨、徐金发，1999；胡光宇，2001）。

企业集团进行管控的目的主要是对母子公司之间的支配关系和经营行为进行规范和控制，以确保各个企业成员在保持战略高度一致性的基础上实现协同发展，为实现集团战略目标提供保障。因此，在企业集团管控活动中，最核心的问题是要根据资本纽带和业务关系对母子公司间的管控权力进行科学配置，在不损伤子公司经营自主性的同时增强母公司的控制力和子公司的价值，因而集权和分权问题成为企业集团管控体系设计的关键内容。而且，模式的分类不在于细致，而在于概括性地反映其本质特征的差异。基于以上认识，本书在运营型管控、战略型管控和财务型管控"三分法"体系的基础上，将其中的"战略型管控"又细分为战略控制型管控与战略规划型管控两个子类。这样形成的"四分法"体系，将更符合对规模已经较大、业务多元化的中央企业集团进行管控体系类型化区分的需要。

五、主要的集团管控体系

（一）财务型管控：总部扮演财务投资者角色，集团实现投资组合和风险分散

在实行财务型管控的企业集团中，集团母公司起投资运作和资产监管的作用，主要通过董事会预算委员会和财务绩效考核来实现对投资业务的管控。集团管控的目标是确保母公司在收益和风险搭配的投资组合中实现投资回报（财务收益）最大化。这类母公司一般以财务投资者的姿态来审视集团业务，偏好企业并购和分立等外部成长方式。集团下属的企业可以自行制订业务发展战略、业务竞争策略和经营计划，并独立运营，不受或很少受到母公司的干预。集团总部每年会与所投资的企业，就当年财务目标的底线进行讨论并达成一致，并按季度及年度进行严格的考核，以确保所持股企业能善用其自

主权来保证股东投资得到预期的回报。

(二) 战略规划型管控：总部扮演战略投资者角色，集团实现业务组合更新和治理经济

在实行战略规划型管控的企业集团中，集团母公司对旗下业务单元的管理超越了产权关系架构，对整个集团起战略引导和监控的作用。集团总部会以关注长远和全局的战略投资者的姿态审视集团业务，根据业务发展前景进行注资或撤资，并利用预算系统以及经理人员任免、薪酬和晋升等机制，责成业务板块责任人承担起对下属业务单元管理的责任。集团管控的目标是战略方向和绩效，而不是短期的财务绩效。各业务板块在遵从集团整体战略框架下享有比较大的经营自主权，以"受制衡的分权"方式自主决策，获得独立经营所具有的治理经济。集团总部会利用内部资本市场，将相当数量的资源用于新业务创设和公司发展，以便实现集团业务组合的调整和更新。集团总部的管控措施相对隐蔽、不对战略进程及非财务资源投入进行直接控制，而主要着眼于培塑一个使各业务单元处于受控状态的管理情境，考核评价也侧重在战略举措、长期绩效及少数关键财务指标上。

(三) 战略控制型管控：总部扮演战略管理者角色，集团实现业务战略协同和范围经济

在实行战略控制型管控的企业集团中，总部对下属业务单元实施直接、有形的控制。总部不仅确定集团发展的战略方向和规划，还根据业务组合平衡制订细致周密的经营计划、预算计划和投资计划，并参与制订业务单元的竞争战略、业务发展计划及年度经营计划。同时，总部会定期进行集团总体和业务战略推进过程的监测、评价及控制，在确保集团整体利益最大化的基础上，注重运营层面核心竞争力的打造，帮助提升业务部门的战略执行技能和运营绩效。集团管控的目标，是促成具有较强相关性的业务单元之间形成协同效应。由于集团总部管控力度较强，业务单元的自主权明显下降，所以是一种"有限度的分权"的管控体系。并且，这类集团总部会倾向于制订通用的职能流程，通过细化的、统一的政策及程序规则来实现较具深度的、规

范的管控。总部用以考核业务单元的年度绩效指标，除了产出目标之外，还使用一些关键的经营类目标，以确保长久取得卓越的运营绩效。

（四）运营型管控：总部扮演全面管理者角色，集团实现业务整合和规模经济

在实行运营型管控的企业集团或大型单体企业中，总部对下属单位的业务运营进行直接的、深度的管理控制，是覆盖战略管理和运营管理各个方面的全面管理者。这类总部强调集中决策、集中经营，要求各业务单元在总部统筹安排下开展步调一致的业务运营活动。其管控的目标是追求全集团的经营行为统一和整体协调成长。为了实现规模经济，集团内产业链相关的各个业务单元，不论是否具有独立的法人地位，往往会被重组整合为集团或公司内部一体化的价值链。并且，总部常会与业务单元共同制订从市场预测、销售、物流、生产至采购的贯穿价值链的计划，并确保贯穿供应链全过程的计划获得最大的价值。总部通常还参与运营计划执行过程的调度，业务单元主要负责按照与总部协同制订的计划进行业务运营的操作。总部对业务单元的多条线管控往往很深入，甚至直接介入和干预下属单位日常经营策略性活动。成员单位具体执行集团总部下达的各项目标，在总部决策和动态管控下开展日常运营层面的战术性、例行性工作。总部会对业务单元设定一套具体、详细的绩效考核指标，其中既包括财务方面的指标，也包括运营方面的指标，如产量、生产计划完成率、成本等，并且还会每月定期检查和监控。

（五）混合型管控体系：针对不同的业务单位使用不同的管控体系

前面从类型的理想化区分角度，把集团管控体系划分为财务型管控、战略规划型管控、战略控制型管控和运营型管控四种。实践中，由于现实情况的复杂性，可能很难看到某个企业集团采取某种纯粹的管控体系的情形。正因如此，有的学者和实践工作者提出了一个"混合型管控体系"的概念。这种"混合"归纳起来有两个方面的含义。

一方面是"合成"，即体系成分的混合。如果把管控体系看作一个连续

体，那么，在相邻的两种管控体系之间可能存在其间交叉或交织的某种管控体系，就像在白色和黑色之间可能存在不同灰度的状态一样。这种处于过渡状态的管控体系，边界并不那么清晰，而是其相邻管控体系某些成分的合成。至于合成物是以哪些成分通过什么样的方式合成而来的，以及它能否成为一种稳定的、独立的管控体系，这些问题尚需要在未来的课题中进一步研究。

另一方面是"共用"，即体系类型的混合。严格地说，任何一个企业集团都不可能不顾具体情况的变化而采取某种纯粹的管控体系，而更多的是将前面各种管控体系中的两种或两种以上的模式在一个集团内部共用，从而形成一种多体系混合的状态。其具体表现情形有二：（1）纵向混合。比如，集团总部对直属单位或子集团公司的管控采用某一种管控体系，而直属单位或子集团公司对其下属的次一级单位或孙公司等的管控则采用另一种模式。一般而言，越是高层级的管控主体，其使用的管控体系越倾向于集权。（2）横向混合。即管控主体根据其下属业务单元的性质、发展阶段、战略地位、产权关系等影响因素的不同，或是根据其自身的管理能力及对相关业务熟悉程度的不同而对不同的业务单元采用不同的管控体系。

从权变的角度出发，在具体情境中应用的管控体系总归不会是单纯化、一般化的。因此，本书后文在研究管控体系特征比较和机制能力时，就不再把混合型管控体系作为一种单独的体系来讨论。

第二章　对标国际石油企业集团管控体系

本章先对标国际石油企业集团管控体系，并分析归纳出其未来的发展趋势，再从《财富》世界500强排行榜中选取了包括石油业在内的21个典型行业的前三名以内的50家国际领先企业集团进行研究。了解这些企业集团的特征和发展趋势，对于更加深入地认识我国企业集团在管控方面存在的问题，以及提出对包括"三桶油"（中国石油、中国石化、中国海油）在内的国内石油企业集团管控体系的改革建议有一定的借鉴意义。

一、国际石油企业概况

根据世界著名的普氏能源资讯（Platts）的划分，能源企业一般包括九大类公司，即石油天然气公司、勘探和开发公司、炼油和销售公司、煤炭公司、电力公司、独立的核电公司、天然气利用公司、综合公司以及石油运输公司。

能源行业的专业排行榜是标普全球普氏能源资讯（S&P Global Platts）发布的全球能源公司250强榜单。标普全球普氏能源资讯从2001年起，每年发布全球能源公司250强榜单，主要衡量标准是企业的资产、营业收入、利润和投资回报率。入选全球250强榜单的企业必须是上市公司，资产门槛最初为20亿美元，后来要求在50亿美元以上。

2018年8月，标普全球普氏能源资讯公布了2018年全球能源公司250强榜单，中国神华能源股份有限公司、中国石油化工股份有限公司和中国长江电力股份有限公司等37家中国能源企业上榜。

榜单显示，美国埃克森美孚公司（ExxonMobil Corp.）排名第一，第二名是俄罗斯卢克石油公司（Lukoil），第三名是美国炼油商菲利普斯66（Philips 66），第四名是德国意昂集团（E. ON），第五名是中国神华能源股份有限公司。

2008年以来，受金融危机影响，天然气需求降幅较大，石油价格暴跌，石油巨头中，如BP又发生了墨西哥湾漏油事件，对其经营效益有明显的影响。总体上，全球石油行业利润下滑超过了1/3。石油巨头们到21世纪都已进入发展迟缓的巨人阶段，由于体量太大，上下游业务发展缓慢，加上油价的波动，以及最要命的油田自然的产量衰退曲线，单单保持产量和储量不衰退，维持经营现金流来回馈股东和投资新项目已经让巨人们筋疲力尽了。"增长"在石油巨头们的世界里早已成为一种奢侈品，为了不坐吃山空，巨头们都把巨量投入放在新区块勘探和收购上。

这就推动了过去十年里的各种热点地区、大型油田的发现。从西非深海、里海、巴西盐下层深海勘探，澳大利亚液化天然气（LNG）项目，再到北美页岩气革命、莫桑比克/坦桑尼亚近海LNG项目……所有的勘探热点出现后巨头们都想过去接盘。

相比之下，包括中国石油企业在内的亚洲石油企业表现十分抢眼，国际影响力也逐渐上升。

2019年11月22日，美国《石油情报周刊》（PIW）公布了2019年世界最大50家石油公司综合排名。榜单从油气储量、油气产量、原油加工能力、油品销量四个方面，对全球大型石油公司进行综合考察。中石油排名第3位，连续19年位居世界前十大石油公司行列。沙特阿美公司拔得头筹，中石化和中国海油排名均上升1位，分列第19位和第31位。与2018年的榜单相比，排名前4位的公司并无变化，分别是沙特阿美、伊朗国家石油公司、中石油和埃克森美孚。与2018年相比，美国页岩气独立生产商在榜单中由8家降到7家。

二、对标国际石油企业管控体系

企业管控体系是指大型企业为了实现战略目标，在企业集团发展壮大的过程中，通过对下属企业采用层级管理控制、资源协调分配、经营风险控制等策略和方式，使集团的组织架构和业务流程达到最佳运作效率的管理体系。企业集团管控体系是一个相互影响、相互支持的有机体系，简言之就是通过一套制度和方法，保证公司整体战略目标和使命的顺利实现。这一点石油企业与其他类型的企业并无不同之处。

如前所述，理论上，按照总部集权和分权程度的不同，企业管控体系大体上分为运营管控型、战略管控型与财务管控型三种基本类型。下面以上述三种主要的管控体系为基准来分析对标国际上主要的石油企业目前所采用的管控体系。

（一）埃克森美孚：强大共享职能支持的战略控制型管控体系

1. 企业概况

埃克森美孚（ExxonMobil）源自两家美国石油企业埃克森（Exxon，前Jersey Standard）和美孚（Mobil，前Socony）。两家公司独立地扩张到全球范围以及其他产品领域。1999年，两家公司兼并成为埃克森美孚。目前埃克森美孚是世界上最大的非政府石油和天然气公司之一，也是市值最大的公司之一。2018年，公司营业收入达2902.12亿美元，同比增长18.76%，实现净利润208.4亿美元，同比增长5.73%。2018年，埃克森美孚盈利能力依然强势，但也存在相对尴尬的一面。这一年，在美国股价整体低迷的大背景下，其股价大幅下滑了22%，是其自1981年以来业绩最差的一年。

目前，埃克森美孚正在大力重组油气上游业务，以帮助应对上游业务的波动。据悉，2019年起其上游业务七家公司将重组压缩至三家。2018年埃克森美孚表示，在未来八年，投资将超过2300亿美元，该投资领域主要涉及美国的二叠纪盆地、巴布亚新几内亚的天然气出口设施，南美洲圭亚那的一系列重大油田发现，以及莫桑比克和巴西的开发。作为回报，其年利润至2025年预估将提升到300亿美元。

埃克森美孚的主要业务是石油、天然气和化工。拥有每天炼原油620万桶的世界最高炼油能力，其化工业务的回报率也居世界之首。该公司的战略是从其生产的每单位石油和天然气中发掘所有潜在价值以及最大化资本回报。

目前埃克森美孚在 33 个国家进行勘探和生产活动，全球员工总数约 10.37 万人。

2. 管控特征

埃克森美孚现阶段实行的是战略管控型模式，其特征如下。

（1）总部集权的战略决策体制

埃克森美孚整个公司保持着严格的自上而下的层级命令模式。公司权力分配按照严格的等级制度，关键决策集中在集团总部，尤其是在少数几个职位上。整体策略及多数的关键业务决策，包括领导任命，受最高管理层监督。

集团总部负责最终决策所有重大战略发展，公司的三大业务单元（上游、下游、化工）在决策筹备以及计划的过程中起到重要作用，但最终决策权仍在于集团总部。兼并收购以及新交易的评估由资产获取组负责，同样最终决策权在于集团总部。任何规模的资本支出决策（大于 1000 万美元）都需要总部的批准。

因此，集团总部所有的职能部门是集团业务的支撑和服务者，是其所在流程的所属者，但不是决策者。

（2）总部通过统一的政策和标准化作业流程实现对运营管理的参与

埃克森美孚总部不仅关注战略规划，而且对于业务单元的运营也通过制定相关政策、标准化的流程和系统来施加影响。公司一直重视优化运营，积累了较强的运营经验。例如，在安全和环保领域，公司使用了专门的运营整合管理系统（Operations Integrity Management System，OIMS），使其能够实现高水平的运营，帮助公司在安全和环境方面达到行业领先水平。这套运营整合管理系统包含 11 个方面的要素，分别是：管理层领导力、责任和义务；风险评估和管理；设施设计和建设；信息化和文档化；员工培训；运营和维护；变革管理；第三方服务；事故调查和分析；社会责任和紧急状况处理；运营整合评估和提高。

埃克森美孚的每个运营单元都需要设计并实施适合的、达到 OIMS 要求的管理系统。并且，内部和外部双向评估也将持续地进行，以保证各个评估单元满足这套管理模式的要求。其他方面类似，埃克森美孚对跨业务的标准化的关注优化了资本支出的分配,提高了资本回报率并且支持了股东回报最大化的目标。

(3) 发展强大的共享职能来支持总部相对集权的管理

埃克森美孚除了三大业务单元,还有一个重要板块,即全球服务公司。全球服务公司包含埃克森美孚信息技术、全球地产和配套设施、全球采购、业务支持中心四大核心职能部门。这个公司为所有业务单元提供相应的共享服务。埃克森美孚公司发展的这些强大的共享职能,可以帮助总部快速准确地了解信息,为决策提供支持。

埃克森美孚在2002年开始推行共享服务中心,将最基础的行政性的任务放在共享服务中心,如应付账款。后来,逐步把人力资源、IT、客户服务等加入共享服务。目前,埃克森美孚广泛地使用共享职能服务,设立了欧洲中心、美洲中心、亚太中心、大洋洲中心和非洲中心共五个共享服务中心,提供共享服务,如表2-1所示。

表2-1　　　　　　　　埃克森美孚五大共享服务中心

地点	财务运营	人力资源	IT	采购	客户服务
欧洲中心(布拉格和布达佩斯)	√		√	√	√
美洲中心(卡尔加里、休斯敦、危地马拉城、库里蒂巴、多伦多、新不伦瑞克省和布宜诺斯艾利斯)	√		√	√	√
亚太中心(上海、曼谷和吉隆坡)	√	√	√		√
大洋洲中心(惠灵顿)					√
非洲中心(开罗)					√

(4) 集团通过业务单元之间的合作与知识分享创造协同效应

战略管控型的企业集团通常会鼓励不同业务单元之间的合作与知识分享,从而创造更多的协同效应,并且为集团的管理带来便利。埃克森美孚的下属业务单元分布在上游、下游和化工三大块,处于一条价值链上,因此通过一体化运营,可以充分发挥协同效应。

在许多生产基地,埃克森美孚化工业务均和炼油业务在同一地点实现一体化运营。这些世界级规模的生产基地与技术中心网络相结合，能有效地满足各地区客户的特定需求。

（二）英国石油公司：集权—分权—集权演变中的战略管控型

1. 企业概况

英国石油公司（BP 公司）于 1909 年由威廉·诺克斯·达西创立，最初的名称为 Anglo Persian 石油公司，1935 年改为英（国）伊（朗）石油公司，1954 年改为现名。目前的英国石油公司由前英国石油、阿莫科、阿科和嘉实多等公司整合重组形成，是世界上最大的石油和石化集团公司之一。

BP 公司的主要业务是油气勘探开发、炼油、天然气销售和发电、油品零售和运输以及石油化工产品生产和销售。此外，公司在太阳能发电方面的业务也在不断壮大。公司总部设在英国伦敦。公司当前的资产市值约为 2000 亿美元，拥有超过百万股东，在职员工有约 85900 人。2019 年，公司营业收入达 2826 亿美元，实现净利润 40 亿美元。

2. 管控特征

（1）20 世纪 80 年代偏集权的战略控制型管控体系

20 世纪 80 年代，BP 公司的管理架构是由各业务板块子公司（在早期广泛多元化经营中设有 12 个，后在业务"归核化"调整中收缩为 4 个，这些业务群部都设有自己的董事会及首席执行官）和 70 个各国子公司所构成的多层级结构。公司总部对各业务板块子公司的管控属于较为集权的战略控制型管控。偏向于集权的战略过程或进程控制，成为这一时期管控的主要特征。相对来说，BP 公司在 20 世纪 80 年代实行的管控体系，尽管比前一时期有了开始分权的倾向，但是总体上看，总部的管控强度还是比较大的。

（2）20 世纪 90 年代偏分权的战略规划型管控体系

自 20 世纪 90 年代开始，BP 公司开始转向更大程度分权的战略规划型管控体系，总部的许多权力下放给了各个业务板块。当时由约翰·布朗负责的勘探开发业务群部（BPX），负责将霍顿更大程度分权的管控理念操作化。由四个区域运营公司（ROC）和职能部门主管与布朗共同组成的业务群部全球管理组（GMG），成为对遍布世界各地的油田（业务单位）进行决策和绩效管控的主体，区域运营公司则负责决策执行情况的监控和管理，但这一时期业务单位（油田）管理者仍旧没有多大的自主权，甚至无权控制本单位使用的资源。

1995年，约翰·布朗升任集团公司CEO（首席执行官）之后，就在次年推行的扁平化改革中将BP重组为150个业务单元（BUs），即150个业务单位，并以勘探开发业务群部为试点单位进行"资产（油田）联合体"模式的改革，由各业务单位负责人与由业务群部CEO及4~5位副总裁组成的执行委员会（ExCo）直接签订"绩效合约"，绩效评价讨论会也由之前的区域运营公司层面下放到了各油田负责人横向联结组成的"同僚小组"（Peer Groups）。

（3）2002年以后集团管控的集权化与正规化

BP公司在20世纪末开始转向外部成长，如在1998—2000年实施了对阿莫科公司、阿科公司和伯马嘉实多公司的三次并购。伴随并购后公司规模的迅速扩大，BP公司自2002年开始放弃了基于"绩效合约"和"同僚小组"的分权管控体制。在这场变革之中，布朗扩大了各业务单位的规模，使集团下属业务单位数量由原来的近150个减少到50个，并在业务单位下设立了再一个层级的利润中心。在业务单位间关系上，取代原来"同僚小组"运作方式的是上游业务按地理区域（如波斯湾、北海区）设立新的"卓越运营团队"（OPs），以促进区域内的业务单位在勘探、钻井、采油和项目管理等功能领域最佳实践和知识的交流；下游业务则设立按全球业务类别（如炼油、加油站零售、润滑油、海上燃油、航空燃油等）划分的"战略绩效单元"（SPUs）。这些单元向业务群部副总裁汇报，副总裁再向群部CEO汇报。

在并购中迅速扩大，由一家中等规模企业蜕变为石油业世界第二的BP公司，虽然很快以更强的经营实力和"超越石油"（Beyond Petroleum）新形象融入国际大舞台，但集团管控的挑战与日俱增。为了促进公司从"英国本土中流企业"向国际大型石油公司的转变，BP公司增设了管理层级，并对职能标准化日渐重视。在新的管控架构下，业务群部副总裁不仅负责辖下"卓越运营团队"或"战略绩效单元"的协调和短期绩效目标的达成，还需负责所分管领域的业务的长期成长，相应地也获得了业务战略性发展和资源配置的决策权。为了获取职能领域的规模和范围经济，公司总部层面设立了各领域的职能协调组，并加强了人力资源、信息技术、公共事务、品牌管理以及健康、安全、防卫与环保等部门的力量。经历了20世纪80年代到90年代分权化变革的BP公司，在业务群部层次上呈现出了由战略规划型向加大了集权的战略控制型管控体系回归的趋势。

（三）中国石油天然气集团公司

1. 企业概况

中国石油天然气集团公司（英文缩写CNPC，中文简称中国石油）是国有重要骨干企业，是以油气业务、工程技术服务、石油工程建设、石油装备制造、金融服务、新石油开发等为主营业务的综合性国际能源公司，是中国主要的油气生产商和供应商之一。

中国石油是1998年7月在原中国石油天然气总公司基础上组建的特大型石油石化企业集团，2017年12月完成公司制改制。中国石油是国有独资公司，是"产炼运销储贸"一体化的综合性国际石油公司。

2018年，中国石油实现营业收入2.77万亿元，利润总额1105.6亿元，净利润78.3亿美元。在世界最大的50家石油公司综合排名第3位，位居2018年《财富》世界500强排行榜第4名。标普全球普氏能源资讯公布的2018年全球能源公司250强榜单中，中国石油排名第47位。在"一带一路"中国企业100强榜单中中国石油排名第3位。2019年12月，中国石油入选2019中国品牌强国盛典榜样100品牌。

中国石油围绕建设世界一流综合性国际石油公司的目标，坚持稳健发展方针，以提高质量效益为中心，大力实施资源、市场、国际化和创新战略，规划到2020年规模实力保持世界一流水平，经营业绩、国际竞争力达到国际大公司先进水平，在建设具有全球竞争力的世界一流企业进程中走在中央企业前列。

2. 管控特征

中国石油现阶段实行的是以战略管控为主，同时辅之以财务管控与业务管控的集团管控体系。多年来，中国石油持之以恒地抓管理，不断探索创新，逐渐走出了一条符合中国石油实际的精细管理之路，也逐渐探索形成适应于中国石油各大板块业务的战略管控型模式。其管控体系基本与其独特的"产业链协同、一体化运作模式"相匹配。从横向管控能力与职能设计来看，建立了较完备的管控能力以及相应的职能部门。从纵向管控力度来看，形成了自上而下为主的战略和规划管理、资金集中和总部的投资管理、针对二级单位领导班子的深度人力资源管理和绩效管理以及基于生产指挥的运营管理，确保了公司对各业务的运营管控的实施。从协同维度来看，内外市场的有效协同，使天然气深加工燃气业务及储气库、煤层气业务对公司油气业务形成有效的市场协同，而且成为中国石油获取外部市场资源的有效辅助手段；从价值链深度协同看，基于公司生产指挥中心，形成了油气生产、储运、销售以及生产服务的深度协同、统一调度；从服务及能力协同看，财务集中管理、矿区服务等业务的委托管理等有效整合，协同了内部资源和能力。

针对业务性质的不同，中国石油对其战略管控型模式也有所区别对待。

3. 油气勘探开发业务

勘探开发业务是中国石油的核心业务，业务相关度、业务重要度和业务成熟度都很高，构成了公司的核心利润点，公司对该类业务可采取偏重于集权运营的战略管控型模式加以经营和管控，以确保战略目标的实现。

企业业务单元统一战略管理模式可以从以下几个方面进行构建：（1）公司对勘探开发业务实行统一战略资源配置，对业务的人、财、物、信息、技术以及市场等战略资源实行由集团成员共享、有偿统一调配，在集中和综合利用的原则下使其效率最大化。（2）战略管理权集中，经营管理权充分授予，"管而不死、活而不乱"，使业务在可控条件下良性运行。（3）业务单元执行统一战略目标，并通过一体化管理确保统一战略目标的实现。将战略目标分解成各业务年度计划及绩效目标，公司实施统一计划和效益目标控制管理。（4）公司对业务实施战略财务规划和管理。包括重大投融资、资金流量集中运营等，业务单元在此基础上实行自主经营，独立核算，公司通过合并财务报表加强对其财务监管。（5）公司掌握业务管理层的人事决策权，公司聘任业务单元经营管理者，并对业务实施综合经济绩效评价和考核。评价考核结果和经营管理者的收入分配、奖惩以及任免、晋升挂钩。（6）在公司的主导下构建积极向上的具有强大凝聚力的统一的企业文化，如企业愿景、企业精神、企业价值观、企业诚信观等，充分调动人力资源的积极性和主动性，消除企业阻力，提高竞争活力。

4. 生产服务及其他

生产服务及其他业务包括工程技术、工程建设等，业务相关度较低，不是公司战略发展的重心，属于业务成熟度较高的衍生业务，集团无须对其战略及管理过多介入，适宜采取财务导向型管控，仅从财务上对其运营结果进行监控。可高度放权，给予权属企业充分的决策自主权和经营权。对于生产服务及其他业务，公司实行偏重于分权的战略管控型模式，既可有效发挥公司整体优势，又可充分调动所属企业的积极性和主动性，利于企业更好地参与市场竞争。

5. 矿区服务

对于矿区服务业务，由于内部业务多，管理层级多，公司可采取分权的财务控制型管控体系，公司无须对其战略及管理过多介入，仅从财务上对其运营结果进行监控。

（四）中国石油化工集团公司

1. 企业概况

中国石油化工集团公司（英文缩写 Sinopec Group，中文简称中国石化）是 1998 年 7 月国家在原中国石油化工总公司基础上重组成立的特大型石油石化企业集团，是国家独资设立的国有公司、国家授权投资的机构和国家控股公司。中国石化集团公司控股的中国石油化工股份有限公司先后于 2000 年 10 月和 2001 年 8 月在境外和境内发行 H 股和 A 股，并分别在香港、纽约、伦敦和上海上市。目前，中国石化股份有限公司总股本 867 亿股，中国石化集团公司持股占 75.84%，外资股占 19.35%，境内公众股占 4.81%。

2018 年 8 月，经公司制改制为中国石油化工集团有限公司，是特大型石油石化企业集团，注册资本2749亿元人民币，董事长为法定代表人，总部设在北京。公司对其全资企业、控股企业、参股企业的有关国有资产行使资产受益、重大决策和选择管理者等出资人的权力，对国有资产依法进行经营、管理和监督，并相应承担保值增值责任。

公司主营业务范围包括：实业投资及投资管理，石油、天然气的勘探、开采、储运（含管道运输）、销售和综合利用，煤炭生产、销售、储存、运输，石油炼制，成品油储存、运输、批发和零售，石油化工、天然气化工、煤化工及其他化工产品的生产、销售、储存、运输，新石油、地热等石油产品的生产、销售、储存、运输，石油石化工程的勘探、设计、咨询、施工、安装，石油石化设备检修、维修，机电设备研发、制造与销售，电力、蒸汽、水务和工业气体的生产销售，技术、电子商务及信息、替代石油产品的研究、开发、应用、咨询服务，自营和代理有关商品和技术的进出口服务，对外工程承包、招标采购、劳务输出，国际化仓储与物流业务，等等。

目前，中国石化是中国最大的成品油和石化产品供应商、第二大油气生产商，是世界第一大炼油公司、第三大化工公司，加油站总数位居世界第二，2018年营业收入4305亿美元，净利润93.9亿美元。中国石油化工集团在2019年《财富》世界500强排行榜中排名第2位，在2019中国制造业企业500强榜单中排名第1位。

2. 管控特征

中国石化实施了以战略管控为主的管控体制，在全集团范围内实施集中管理组织结构，通过把资本分配到收益最高的地方来优化资产和资源的使用。执行委员会负责制订策略和经营，集团总部职能中心为全集团提供服务，并使集团的政策和控制制度得到贯彻执行。从组织模式看，中国石化实行以事业部组织结构为主体的管控体制，使多个部门的管理人员把精力集中在竞争条件和业务基础方面具有特色的业务领域中，事业部管理层拥有对本事业部运营和业务组合进行管理的决策权，有关公司政策由总部职能中心或事业部决定后由下属单位执行。

中国石化采用事业部制的主要考虑有以下几点。

（1）只有在关键职位的领导到位以后，集团新的业务规划设计才能细化和成功的实施。

（2）一个有效的、全集团范围内实施的集中管理组织结构使上市公司能够迅速地通过把资本分配到收益最高的地方来优化资产和资源的使用。

（3）一个在成本上有效率的集团总部职能中心可以给全集团提供优质服务并使集团的政策和控制制度得到贯彻执行。

（4）一个有效的事业部组织结构可以使多个部门的管理人员把精力集中在竞争条件和业务基础方面具有特色的各自的业务领域中。

（5）一个好的组织结构使权力和职责分明，并划清了对最终结果的责任。

3. 中国石化事业部制管理体制

（1）打造公司高层团队。中国石化决定组织结构中最高管理层将由董事会、首席执行官、首席运营官、各事业部的领导和财务总监组成。

（2）采用集中管理的组织结构，将关键决策权集中在公司高层。具体而言，中国石化集中管理的组织结构具有如下要点。

①执行委员会负责向董事会提交建议和执行董事会下达的有关策略和经营的指示。

②各级别的关键职能人员（如人事，财务会计，信息技术人员等）将主要对总部的相关职能中心负责而不是向相关的事业部/业务部负责。

③在符合董事会和执行委员会批准的公司政策的条件下，事业部管理层将拥有对本事业部运营和业务组合进行管理的决策权。

④有关集团政策性问题将由总部职能中心或事业部决定后由下属单位执行。

⑤在业务单元中（除由集团总部管辖的之外），其他关键职能人员将主要对所在事业部的职能领导负责。

⑥将严格限制违反政策的行为。

（3）理清执行委员会职责。每一个事业部配置一位执行副总裁负责管理，执行委员会由首席执行官领导，整体负责管理公司的经营和绩效。

（4）中国石化最终设计出如图 2-1 所示的详细的组织结构。

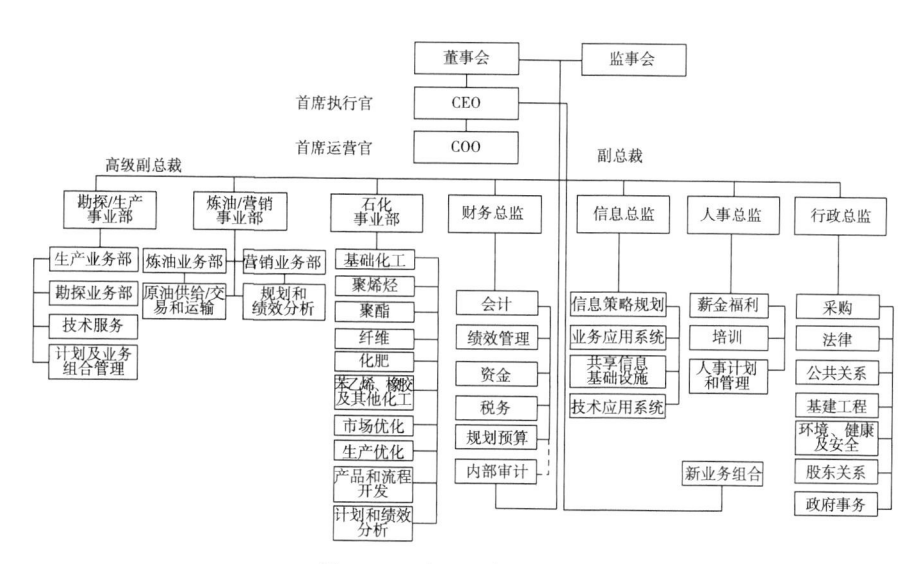

图 2-1　中国石化组织结构

（五）皇家荷兰壳牌集团

1. 企业概况

皇家荷兰壳牌集团（英文简称 Shell，中文简称壳牌）是世界著名的大型跨国石油公司，成立于 1907 年，一直由皇家荷兰石油公司占 60% 股份，壳牌运输和贸易公司（英国）占 40% 的股份。两家母公司均为上市公司，皇家荷兰石油公司的股票在阿姆斯特丹、伦敦、纽约、苏黎世等 9 个城市挂牌上市，壳牌运输和贸易公司在伦敦、纽约、巴黎等 5 个城市挂牌上市。该集团主要从事石油上下游及化工业务，集团总部分设在荷兰海牙和英国伦敦。

2018 年壳牌营业收入 3965.56 亿美元，同比增长 27.15%；实现净利润 233.52 亿美元，同比增长 79.95%。壳牌 2018 年的业绩表现非常强劲，创下了自 2014 年以来的最高年利润，并超越此前的埃克森美孚，问鼎全球最赚钱石油公司。

壳牌强势的业绩表现一定程度得益于低成本的资产组合经营策略，其自 2014 年国际油气市场低迷之后大幅削减成本，包括剥离大量大型资产。壳牌表示，将改变油价因大幅下降而收缩投资的策略，未来一段时间将维持或扩大投资规模，至 2020 年投资稳定在 250 亿~300 亿美元。此外，壳牌倾向于通过收购的方式扩展新石油业务，致力于成为一体化公司中的新石油领导者。

2. 管控特征

壳牌采用的是"上有头脑，下也有头脑"的战略管控型体系，在组织结构上采用专业管理与业务管理分离的方式运行。与大集团形象形成鲜明反差的是，壳牌的集团总部很小，主要在进行综合平衡和提高集团综合效益上做工作，如协调各下属单位之间的矛盾、平衡各公司间的资源需求、高级主管的培育、经验的分享等。为保证下属单位目标的实现以及集团整体利益的最大化，对各下属单位业务的相关性要求很高。

（六）中国海洋石油总公司

1. 企业概况

中国海洋石油总公司（英文缩写 CNOOC，中文简称中国海油）是国务院国有资产管理委员会（简称国资委）直属的特大型国有企业，是中国最大的海上油气生产商。中国海油成立于 1982 年，注册资本 949 亿元人民币，总部设在北京，现有 98750 名员工。国资委公布的 2018 年度中央企业负责人经营业绩考核 A 级企业名单中，中国海油获得 A 级考评。自 2004 年国资委开始施行中央企业负责人经营业绩考核制度以来，中国海油已连续 15 年获 A 级考评。

经过 30 多年的改革与发展，中国海油已经发展成主业突出、产业链完整、业务遍及 40 多个国家和地区的国际石油公司。公司形成了油气勘探开发、专业技术服务、炼化与销售、天然气及发电、金融服务五大业务板块，可持续发展能力显著提升。公司在 2019 年《财富》世界 500 强排行榜中排名第 63 位；在 2018 年《石油情报周刊》世界最大 50 家石油公司榜单中居第 32 位。2018 年中国海油营业收入 338 亿美元，净利润 78.5 亿美元。

2. 管控特征

中国海油采用集团公司体制模式，与专业公司为母子公司体制，与地区公司（含油公司和基地公司）为总分关系，在发展战略、投资决策、结构调整、利益协调、外贸统筹、资金筹措调度、审计监督、技术市场组织和人力资源开发等方面承担主导责任。中国海油的集团化管控体系采取核心层参与及战略管控结合型，通过股东会、董事会和监事会对上市公司行使管控职责。集团管理和控制功能主要集中于：战略制订与回顾，年度预算（计划制订），金融、资本业务的集中决策，风险管理和控制，战略业务单元的高管层任免，重大投资和购并项目的决策，绩效考核、内部审计和监管，资产、股权管理以及新业务开发和前期管理。以此保证中国海油各控股公司、子公司按照市场规律运作，发挥集团的合力优势和整体效应。

总的来讲，运营管控型和财务管控型是集权和分权的两个极端，而战略管控型则处于中间状态。目前，世界上大多数石油企业，如埃克森美孚、BP公司、壳牌等（也包括其他跨国企业集团，如飞利浦等）普遍采用战略管控体系，或正在转向这种管控体系，如表2-2所示。可以说，集团管控体系发展的一个主要趋势是总部管控职能趋向于战略管控。通过战略管控体系，集团总部可以高瞻远瞩，强调战略规划、组合管理、资源分配和新业务培育能力。总部既能避免财权分散的风险，又能使下属业务单元具有一定的灵活性。

表2-2　　　　　　　　国际主要石油企业管控体系

公司	管控体系	主要特征
埃克森美孚	战略管控	强大的共享职能支持
BP公司		集权与分权动态调节
壳牌		专业与业务管理分离运行
中国石油		基于业务与混合管控
中国石化		事业部制
中国海油		—

资料来源：根据有关资料整理。

当然，对于大型企业，没有最佳的管控体系，同一企业的不同层级，也可以根据管理责权与义务不同，采用不同的管控体系，以利于发挥各级管理机构的能动性与灵活性；而且动态地看，同一石油企业在不同时期也可以根据经营状况与外部环境的变化而调整运营不同的管控体系为公司服务。

三、国际领先企业业务管理架构与集团管控特征

以上主要从石油企业进行了集团管控的对标。为了支持与丰富上文关于集团管控体系的对标分析结论，下文将从其他行业领域，考察国际领先企业的集团管控特征。一般来说，其业务管理模式与集团管控特征主要体现在四个方面：业务单元划分、管理层级和权限划分、最高决策机制、职能的设置和标准化。

（一）超越法人结构的业务单元划分

强调核心业务单元的划分和职责，超越法人结构的框架，突出实现业务绩效管理和核心竞争力的提升。

业务单元的划分是企业首要关心的管理结构设置问题。企业为了有效进行投资业务组合管理，配置资源，明晰其多元化业务中的每项业务的绩效，发现和培养在这些核心业务上的竞争力，形成协同，并体现专业化的管理，通常将性质相同的业务放在一起组成业务单元。对于单一业务跨多区域的企业，进行价值链环节的整合，并在综合平衡市场、国家竞争力和资源优势的综合考虑下，通过全球统一布局以实现价值的提升也成为业务线条划分的明显特征。

下面从全球《财富》世界500强排行榜中选取了包括石油、金融、汽车、IT互联网技术、制药等在内的21个典型行业的前三名以内的50家国际领先企业进行研究，发现国际领先企业都非常明显地运用了业务单元（业务线条）的划分来构成内部的业务管理架构。对于少量业务非常单一的企业，则主要按照地理区域划分其业务单元（如表2-3所示）。

表 2-3　　　　　　　　　　国际领先企业业务管理架构

集团业务性质	业务单元的划分原则	代表企业
单一跨国业务	1. 大多以地理区域层层递进划分，每个层面都是虚拟的业务单元。通常划分几个大区，下面再按国家划分； 2. 以产品线为业务单元，并和区域形成矩阵模式。产品业务单元的盈利情况决定了产品的继续生产和停产，而与区域结合的绩效子单元的业绩情况也可以对产品在当地的开发和投放策略提供分析基础； 3. 每个业务单元为利润中心，盈利的程度和趋势决定了总部在该区域或对该产品的发展投入或退出的决策	沃尔玛（Walmart）、通用汽车（GM）、宝洁（P&G）
多元化不相关业务	1. 按照业务组合分成业务单元； 2. 业务单元下根据业务实现竞争力的不同，明确子业务绩效单元的构成（如按照产品大类或区域）； 3. 每个业务单元为利润/投资回报中心，其绩效的结果成为总部在该业务继续发展投入或退出决策的依据	通用电气（GE）、飞利浦（Philips）、惠普（HP）
多元化相关业务	1. 按照价值链的产业专业化构成来决定业务单元的划分，在价值链上的切分有利于同业绩效比照； 2. 按照核心业务的发展定位确定，以促进核心竞争力的聚焦和核心业务卓越绩效的实现	壳牌（Shell）、英国石油（BP公司）、必和必拓（BHP Billiton）

　　根据其业务性质的不同，企业业务单元划分的维度不尽相同，但核心思想是一致的，即有机地将战略目标和价值分解到不同的组织责任层级，实现对层层业务绩效单元业绩的清晰把控，以实现有效的投资组合管理和业务本身卓越绩效的实现。

　　国际领先企业为了推进战略的实现，重点突出了业务管理的线条，强调业务绩效负责人的主导权和对绩效目标的责任；而法人的设置则仅仅是辅助手段之一，注重于提供组织实体运转的合规、合法平台。而业务的管理需要遵从业务单元的指挥。例如，雪佛龙股份有限公司在其超过1000家子公司、分支机构、合作伙伴和附属机构中拥有股权。成立法律实体的决策通常由集团公司秘书处、税务部、财务部和法律事务部共同做出，其目的在于：满足法律和合同要求；减少集团整体税务负担；降低法律和债务风险；按照当地条款和条件聘用当地员工；各法律实体拥有各自的董事会并会根据当地法规提供账簿，以满足公司治理的要求。

业务管理架构的设计往往出于不同考虑：优化管理和运营流程；简化决策制定流程；衡量绩效。

经历了几十年的运转，国际领先的企业强烈体验到通过业务线条进行管理所带来的简化管理的好处：形成上下统一的企业价值观念和统一的战略方向，促进执行一致性；有利于业务组合的管理和投资的方向把握，以实现企业总体价值的最大化；有利于设定绩效目标，分配资源，并跟踪及有效管理完成的情况；有利于专业化的管理、发现改进的空间和实现在某个业务领域的核心竞争力的提升；有利于绩效责任落实到人，奖惩分明有力；有利于在同质性业务中建立标准化、统一化的管理基础，形成协同效应和最佳实践共享，也为科学决策提供坚实的支撑；有利于在业务目标的指引下落实组织、流程、政策和制度的具体实现。

经研究发现，这些企业在发展的早期，也曾经按照母子公司职能管理的形式管理，但是随着业务复杂化、全球化发展进程的推进，集团内的法人结构变得非常复杂，例如船务行业的老大——马士基集团，下属公司达1100家[①]；日本电话电报公司的关联子公司达756家[②]。母子公司职能管理的关系已经无法满足集团总部的管理效率和决策效率的实现，严重影响了企业绩效和市场竞争力的提升。具体来看，会带来四个方面的问题。第一，这样的大型企业若按照法人实体来管理，很容易造成总部机构臃肿、人员管理力不从心、管理失控等问题。第二，领导人员的精力和对业务的洞察力将迷失在众多的法人企业之中，并被日常琐碎事务所累，从而无法清晰地管理业务组合

---

① 数据来源：马士基集团2010年报。
② 数据来源：日本电话电报公司官方网站。

和制订企业总体发展战略。第三，无法形成各业务之间的协同效应。法人实体的设置可以是以融资、合作、合法渠道、优化税务等为目的，法人实体的责任主要也是为了合规、合法地按照公司治理规则运转。根据当地的情况和业务开展的需求，一个法人实体中一般包含了多种业务在当地的合规运作，如果以法人实体为管理绩效，则无法清晰地体现单个业务的经营状况，同时为了法人实体的绩效提升，会忽视或削弱核心业务内部的协同效应和全盘部署。第四，削弱专业化的管理和控制，并导致管理虚置。由于业务组合的复杂性和地域的全球覆盖，需要由对业务或地域具有深厚专业知识和洞察力的高级管理人员来制订策略、发展业务和管理运营，而跨业务、跨行业的职能管理很难满足专业化和当地市场的需求，导致职能管理虚设。因此，国际领先企业集团在发展过程中，都不约而同地采用了按业务线条划分业务单元的做法，从而最大限度地提升管理质量。

集团的业务划分和业务组合需要支持集团战略目标的实现，并根据战略发展和变化进行调整。

公司业务划分的形成受到多方面因素的驱动，但最终是要有益于实现公司的总体战略目标以及业务组合间的平衡和长期的发展的，并能有效培养和监控核心业务的竞争能力。如果企业的战略发生变化，其业务线条的划分方式往往也需要相应调整。

例如壳牌20世纪90年代之前主要的战略目标是全球范围的业务拓展，当时采用的是分散化的区域结构，使得企业能够快速进行本地响应，抓住市场，获得在当地成长的机会。20世纪90年代后，公司的战略开始向运营卓越转变，其业务划分变成了按照上、下游划分的价值链式结构，设立了勘探与生产、油品、化工、天然气与发电等业务单元，强调在价值链不同环节的运营卓越和竞争力，以及同质业务之间在全球的协同和最佳运营经验共享。在此期间，并购进来的资产和企业按照业务线条实现了重组和整合，并强调了业务单元的管理权威和卓越运营中心的地位。2009年之后，其战略继续演变。地缘政治在油气资源领域举足轻重，国家石油公司崛起，并掌握着70%以上的油气资源。非常规油气资源在北美的突破，逐渐形成了新的石油格局。为了配合这一战略转变，其业务单元再次发生变化，将北美的非常规油气开发提上战略日程，因而，在业务线条上把上游分成了国际上游和美洲上游两个业务单元，以强调北美区域的非常规油气开发和经营绩效的建立和发展；同时建立了"项目及技术"这一新的业务单元，利用成熟的项目管理技术形成新的业务发展平台，带来获得油气资源的协同效应，并重视从项目和技术业务平台获得绩效的增长。从壳牌的业务划分变化可以看出，其业务线条的转变完全是为了支持企业战略发展的需要。

世界逐渐转向偏好低污染石油，壳牌十分看好未来几十年内全球液化天然气市场的快速增长，于是在全球范围内进行油气业务的重大重组，这项重组对一个即使拥有126年历史的公司来说，仍是一个巨大挑战。2016年2月15日，荷兰皇家壳牌完成了收购BG的计划，这项收购花费了530亿美元，使壳牌一举摘下全球最大LNG公司的头衔，也取代雪佛龙成为全球第二大石油天然气公司，市值仅次于埃克森美孚。首席执行官范伯登一直探求如何将壳牌转变为一个更专业的公司，聚焦于快速增长的液化天然气市场和深海资源。这次收购将显著提升壳牌的油气储量和产量，也将注入大量的现金流。

又如通用电气公司（简称GE），其组织架构随着业务的发展和战略的变化，经历了多次的变化。从早期业务单一时期的集权管理到业务多元化之后的分权管理，GE不断地探索适当的管理方式，如成立战略事业单位等。到杰克·韦尔奇时代（1981—2001年），更是进行了大规模的调整。韦尔奇非常重视公司的增长，提出"数一数二"战略[1]和"三环图"战略[2]，旨在把不符合战略方向的业务剥离，投资于需要发展的医疗、金融等业务，GE在他的带领下完成了资本空前的增长。而现任的CEO伊梅尔特在新的市场环境下，提出了新的发展战略，如2008年金融危机的发生使其下定决心缩减过于庞大的GE金融，并提升自身在技术和基础设施领域的核心竞争力。在此战略的指导下，GE出售了GE金融的部分业务，使其规模缩小并更加集中；同时把原来放在同一个业务单元下的三个子单元（航空、医疗和运输）分开，成为三个独立的业务单元。GE的做法反映出集团业务管理架构与战略之间相互依存的关系。集团的

---

[1] 即所有业务必须在本行业内是排名第一或第二位，否则就须退出。
[2] 三环代表服务、技术和核心。韦尔奇用这种办法来发现有问题和需要重组或清除的业务。

业务管理架构必须随着业务的发展和战略的变化而不断调整,大型企业集团在当今不断变化的市场环境下,必须要保持组织架构的灵活性和适应性。反过来,正是大型企业集团按照业务线条进行管理,才可以清晰地看到各个核心业务单元的业绩表现,从而做出明确的业务和投资组合的判断。

(二)合理设置责任层级,支持总部角色向战略管控转变

应按照集团总部、业务单元、运营单元设置业务责任/管理层级,总部的角色更加趋向于全局战略把控;业务策略制定和运营管理权力下放,从大总部走向小总部。

企业关心的业务管理模式问题是组织层级的设置方式和权限在不同层级上的分配,即汇报条线和分权、放权的程度,以及随之相配套的决策和激励机制。国际领先企业集团通常都会采用的管理方法是按照集团、业务单元、运营单元来设置业务的责任及管理层级,并据此进行绩效管理,通过有效的授权实现责权利的统一。

责任层级的划分确保了各个层级的管理责任和管理侧重,促进了各个层级的管理聚焦和能力培养,且战略和经营目标层层分解到责任人。

业务单元就是按照业务线条划分的各项业务,在国际领先集团中常常被称为"Business Segment""Business Division""Business Unit"或"Industry Sector"。在各业务单元之下,有时还会按照更加细致的业务或产品类型设立子业务单元。最底层是运营单元,即真正的业务运营实体(如工厂、项目、业务单一的地区公司等)。例如:GE下设石油、金融、家用及商业解决方案、航空、医疗、运输六个业务单元,其中家用及商业解决方案下面,又按照产品分为家电、照明、智能平台三个子单元。在家电子单元下面,有家电的各个生产厂,是运营单元。

一般来讲,集团承担的是股东回报的责任,如 ROE(净资产收益率)、战略性业务增长,利润提升;而业务单元则负责该业务的总体发展和占用资本回报,轻资产的业务着重在利润的提升或战略性地理区域的业务增长;运营单元按照其性质不同而承担不同的责任,生产企业一般以运营成本为主要责任,即使表象是法人实体。

这种业务管理架构强调业务的经营责任，确保集团的运作以业务绩效责任为主线，弱化法人结构。集团总部会以业务单元和运营单元为考核单位，在各业务单元和运营单元设置管理团队，并按其职责设置相应的绩效考核指标。同时，总部的角色逐渐升华，更加趋向战略把控，业务单元成为卓越运营中心。

集团总部的角色在近几十年发生了较大的变化，虽然国外企业管控的类型由强到弱分为运营、战略和财务管控三大类别，但大部分实业性企业的集团总部对业务单元的管理为战略管控，并从原有的大总部的职能运作管理，走向小总部的公司战略发展和战略业务组合管理，以及新业务培育，同时兼顾提供共性的服务和标准化的职能管理。各业务发展的规划、计划，运营的卓越主要放权给业务单元，并对下属的运营单元进行运营管理。总部通过控制投资和费用预算，以及业务线条高管的任免来控制业务组合和战略方向。业务单元有精通专业的管理团队，对业务的发展和卓越运营有深入的认知和了解，能有效把握市场机会，挖掘改进空间，在资产或业务运作层面协同和实现竞争优势。业务单元的负责人直接对其管理团队进行绩效评估和提出任免意见，并由其业务直接汇报负责人审批和宣布。

所有企业都经历过初创、规模化和聚焦核心业务的发展过程，跨国性的集团也经历了从本国向全球化发展的阶段。在发展的不同阶段侧重有所不同。初创阶段更关注管理职能的建立和完善，步入规范化，而且管理幅度较小，因而总部的角色多为直接运营管理；而到了全球运营阶段，面对多元化业务，或业务全球化的分布，总部已经无法再通过职能进行日常的运营管理，其专业化程度、对当地市场的反应能力和管理的效率都无法支撑，从而将更多的精力聚焦在战略布局和战略执行控制。最后，通过标准化的控制和决策流程，以及完善的绩效考核机制来保障集团总部角色的转移。

国际领先企业集团总部角色之所以能够从集中的职能管控向战略管控转变，是依靠标准化的流程和完善的绩效考核体系来保障的。首先，集团围绕战略控制、投资控制、计划和预算控制、高管人员任免制订详细的政策和流程，以使这些重大的决策职能能够依据统一的规定来运作，提升决策的科学性和规范程度；其次，在上述重大管理事项上设定明确的权限分配标准，以使所有人员都明确了解哪些事项需要在哪个层面由哪些人员决定,从而保障决策权限的标准、统一性和控制力度;最后,还需要一致的价值观念和绩效考核体系来监督和保障整个责任层级的有效性,包括绩效数据平台和合理的奖惩机制,以使各责任层级的表现能够通过透明、公平、一致的标准进行衡量和评判。在这些政策和机制的保障下,集团各层次就可以按照统一的规则进行运作,集团总部就能将更多的精力投入战略把控,从而实现角色升华。

(三) 多元化的最高战略决策成员和统一的资源分配机制

1. 决策团体成员多元化、全球化

随着企业业务的多元化和全球化的发展,大多数领先的国际企业建立了多元化的决策层:由代表核心业务单元的负责人、地理区域的负责人共同组成的决策团体对公司的战略方向和重大事项进行决策。这样的决策团体充分代表了对业务和对区域市场的深刻洞察和远见,为企业的发展和决策带来平衡的、科学的决策视野。

决策团体会对战略的发展、投资的方向、预算的分配等问题进行充分的研究、探讨和商议,最终出台一致的决策和绩效目标方案。

例如,巴西淡水河谷公司的业务由国内的矿山业务和国际的矿山业务构成,矿山业务中又分成镍、铝、铜、锌业务等,全球的决策委员会由各个业务线条的负责人和在亚太、欧洲等区域的当地负责人共同组成。

又如,GE 每年的战略计划流程也是这种多元化决策体制的代表。每年 1 月,GE 都会在佛罗里达州的博卡拉顿酒店举行最高管理人员年度会议,这个会议是 GE 每年战略规划流程开始的标志。参加会议的不仅包括集团最高管理层,还有来自各事业部和地理区域的高级管理人员,共 600 多人。这些人员共同在这个会议上讨论公司未来 12 个月内面临的战略性问题,明确集团的战略主题和战略提议。这可以保证集团整体的战略发展方向是经过集团内各个层面的重要业务管理人员讨论和认可的,而不仅仅是集团总部少数人员的决策。基于最高管理人员年度会议明确的战略方向,GE 还会召开多个与战略规划和经营计划制订相关的战略审核讨论会议,如 S1 (Session Ⅰ,也叫 Growth

Playbook，增长攻略），S2（Session Ⅱ，也叫 Operating Plan，经营计划）等①。这些会议将企业的战略规划与资本预算分配、经营计划和财务预测等充分结合在一起，并且需要集团高层和各个事业部管理人员的多次讨论，特别是事业部的负责人，要面对上级和同级对其提出的关于本部门战略、经营计划和预算等问题的挑战。各方进行非常充分的讨论后，最终集团与各事业部就当年的投资项目、经营计划、预算、绩效目标等都达成一致。

2. 决策团体的 CXO 制

经过对全球跨国企业进行研究，我们可以发现基本所有这些企业的决策层都采用了 CXO 制，主要包含 CEO，COO（首席运营官），CFO（首席财务官），CIO（首席信息官），CLO（首席学习官），还有一些企业设置了 CHRO（首席人力资源、执行官），CTO（首席技术官）等。

CXO 制的最大的特点是打破割据的管理职能线条，而鼓励从全局和统筹的角度来发现绩效提升的空间，并跨职能领域解决问题和实现优化。

以 COO 为例来说明。当研究一个业务的 EVA（经济附加值）价值树，会发现很多变量都是相互抵触的，如能耗、功率和产出，需要各因素之间的优化平衡测算和决策。例如，原材料采购成本的降低对单位先进制造成本有直接的影响，但是，一味强调降低原材料成本有可能对产品的质量和合格率造成负面影响，最终产品价格和应有的收益率无法得到保障，收入降低，利润并不能提升。同样，一味追求设备投入的价格降低将有可能导致设备使用寿命的缩短、维修费用的增加以及利用率的降低。投资总额虽然降低，但并不能确保整体价值的增加，所以需要一个集中影响 EVA 的所有变量来进行综合分析和优化决策的模型，如将设备运营中的真实数据代入分析模型，找到最优的决策选择。而 COO 恰恰承担了这样的角色。

另外，CXO 的设置需要的是懂业务和懂专业的综合型人才，因而，即便是 CFO、CIO、CHRO 这些看似职能领域的高管人员，也可以紧密地将战略和业务的目标融于职能的管理中，并通过对业务影响的分析和把握来推动职能

---

① Ocasio W, Joseph J. Rise and Fall – or Transformation? The Evolution of Strategic Planning at the General Electric Company, 1940–2006 [J]. *Long Range Planning*, 2008, 41 (3): 248–272.

建设的改进，成为名副其实的业务发展的伙伴和支撑。而CXO的团体决策机制也可以在同一个战略目标之下，融合各自的专业特长来共同分析打造卓越绩效的提升空间，并通过整合所有影响因素的优化运营决策模型来统一认识和保证执行。

（四）标准化的职能管理和集中共享职能服务

标准化的共享职能服务，通过标准化和共享的IT平台深入每个业务单元和区域公司层面，严格贯彻总部的管理政策和制度，与业务的运营形成互相制约的矩阵，确保风险控制、服务效率和业务运营的透明度。

研究国际先进企业职能管理发展路径发现，职能被分成了三个层面，并由不同的组织承担。战略层面的职能，主要由决策委员会承担；专业化策略和运营管理，则落实到业务单元、子业务单元和运营单元；具有共性的总部管理层面的职能，如财务、人力资源、IT等按照管理和服务的性质不同，分别由垂直的总部职能线条和共享服务中心承担；中共性的、事务性的、交易层面的职能，则一般由集团层面或区域层面的共享服务中心提供。最显著的变化是总部的职能由决策者和管理者转化为专业流程的主导者和捍卫者，为业务的发展和风险的控制提供支持和服务。

三个层面的职能管理体系既有标准上的交叉和统一，又有管理的侧重，并在三个层面形成了体系化、规范化的管理制度和管控手段。而标准化、集成共享的信息技术平台将职能、业务和区域统一到一个平台，通过共识的价值观和绩效目标来监控和调整日常运营，以实现年度目标。

共性的职能服务通常是为业务提供支持职能的服务中心，应用标准流程和技术执行总部的规章和制度，以确保一致的标准、提升职能服务水平、有效地进行风险控制以及克服人为和主观的因素。共享服务中心嵌入了标准化的职能服务流程，使基础的事务性操作和数据得到有效的统一和贯彻，并形成风险控制和决策支持的底层基础。而一些企业管理的职能，如人员绩效等，总部职能可以制定优化的流程，以确保流程满足业务需求、各下属公司执行总部的政策和制度，保证流程在业务活动中被遵守，但由业务线条的各级人员对其相应的领域做出决策。

共享中心所提供的服务一般具有交易性、非核心、存在成本降低机会、流程驱动、不关乎具体地理位置等特性。通常设立的共享职能包括财务、人力资源管理、IT、客户服务、物流/物料管理等。其中，大部分国际大型集团企业都在财务领域实现服务共享，例如应付账款管理、应收账款管理、总账管理、现金管理、税务等。这些工作所要求的技能是通用的，非常符合共享服务的特质，最重要的是可以通过标准化的流程规范化和透明化财务的运作，使财务数据标准化，并满足总部的规范和业务的需求，同时与业务运营形成相互制约关系。共享服务可以带来的主要收益包括：将共享服务中心设在低成本国家可以降低人力成本；可以提高流程效率；避免非标准化流程和个人决策可能带来的风险；像独立经营单位一样运营，高度关注客户服务和成本管理。

由于集中共享职能可能带来的诸多收益，相当多国际企业集团都实行了不同程度的集中职能。例如：必和必拓公司设立了财务、人力资源、采购的共享服务中心；力拓集团通过集中的勘探和技术革新部门支持各业务板块；西门子公司设立了全球共享服务中心，提供会计、财务、人力资源管理、IT服务、采购、后勤等服务[1]；宝洁公司设立了全球业务服务部，提供技术、流程和标准数据工具服务，同时，总部还承担了会计、资金、人力资源、法律等共享的管理职能[2]。共享职能变成标准化职能经历了多年的发展，从最初的本地化、分散化的状态，逐步向区域化集中，有些还实现了全球的标准化。许多国际企业集团还选择将部分共享职能进行外包。

无论是总部职能还是共享服务中心，其定位都是通过流程的优化对业务发展和风险控制提供高效、优质的服务，是其所处专业领域流程的主导者，不参与任何业务决策，其服务水平依靠业务部门的评价和服务水平协议进行控制和提升。

---

[1] Building Global Shared Service, An Interview with Denice Kronau, U. S. Chief Financial Officer and Head of Global Shared Services, Siemens Corporations, http://www.leadersmag.com/issues/2009.1_jan/pdfs/kronau.pdf.

[2] 资料来源：宝洁公司2010年年报。

第三章　石油类中央企业集团管控现状

自 2003 年国资委成立以来，石油类中央企业集团在国资委的领导下，普遍扭转了"集而不团"的松散联合态势，集团化运作和集团管控意识显著增强，集团管控体系稳步完善，集团管控能力持续提升。通过调研发现，许多石油类中央企业集团已经克服了集团管控目标不清晰、管控架构不合理、管控执行不到位以及风险管理意识不够强等问题，集团管控的整体水平得到明显提升，"增强集团公司控制力"的集团管控目标取得了较大成效。

一、优化调整总部职能，集团总部管控能力得到提升

明确总部职能定位，强化总部能力建设。近年来，中国华能集团有限公司进一步明确集团总部职能定位，调整组织架构，增强总部的战略规划和管控能力。调查显示，资源协作配置、共享服务、风险管理、新业务发展与孵化是目前中国华能集团有限公司总部的核心职能，在"十二五"时期，其总部功能着重关注外部获取资源的能力、总体影响力及全面风险管理能力等方面。中国华能集团有限公司在 2006 年开展的"管理革命"基础上，以"所有权和管理权可分离、责权利相统一"为出发点，以实现集团公司整体利益最大化为目标，掀起了新一轮管理变革和流程再造。在这一轮管理变革和流程再造的过程中，中国华能集团有限公司首先明确了总部职能定位：公司总部是战略规划中心、投融资决策中心、资源配置中心、绩效管理中心、重大问题决策中心。围绕总部的职能定位，2007 年集团总部调整设立了规划发展部、

预算与综合计划部、运营协调部、企业管理部四个部门；2008年，为适应总部职能变化的需要，调整了开发公司、股份公司等产业公司领导体制，组建了科技事业部；2009年，研究设立了煤炭管理机构[①]。

中央企业集团总部的核心管理职能占比如图3-1所示。

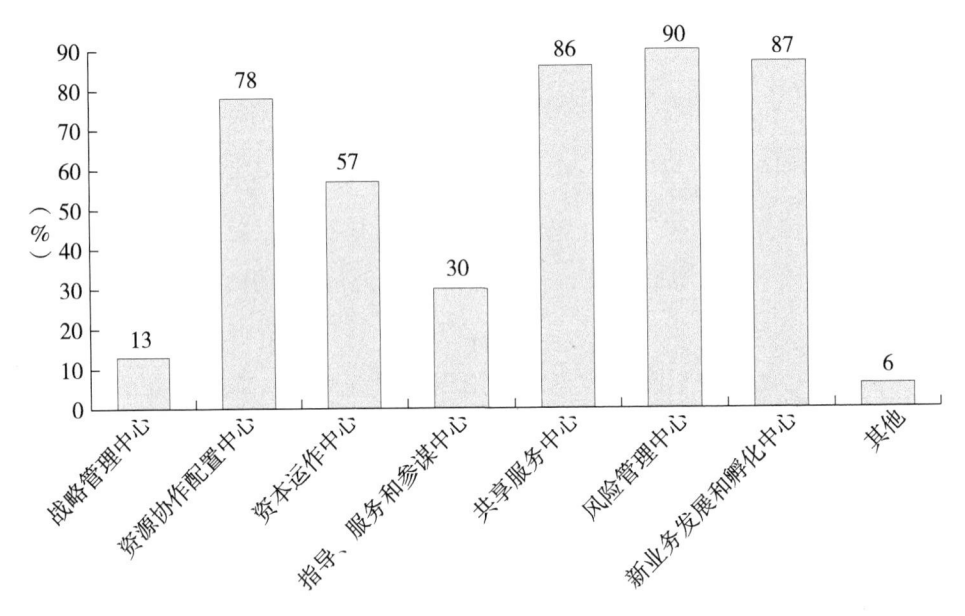

图3-1 中央企业集团总部的核心管理职能占比

（数据：战略管理中心13%，资源协作配置中心78%，资本运作中心57%，指导、服务和参谋中心30%，共享服务中心86%，风险管理中心90%，新业务发展和孵化中心87%，其他6%）

二、多数企业战略管控逻辑清晰，着力推进战略管控

集团管控需要服务于集团战略。集团战略的本质是通过集团产业组合、整合、协同效应的实现创造远远超越单体企业、单个产业的利润。下属成员企业的战略行动必须从属于集团统筹布局。

集团下属主要子公司的战略规划制订模式如图3-2所示。

---

① 《中国华能：管理创新推进企业做强做大》，国务院国有资产监督管理委员会官网"央企联播"（http://www.sasac.gov.cn/n2588025/n2588124/c4240638/content.html），2010年10月11日。

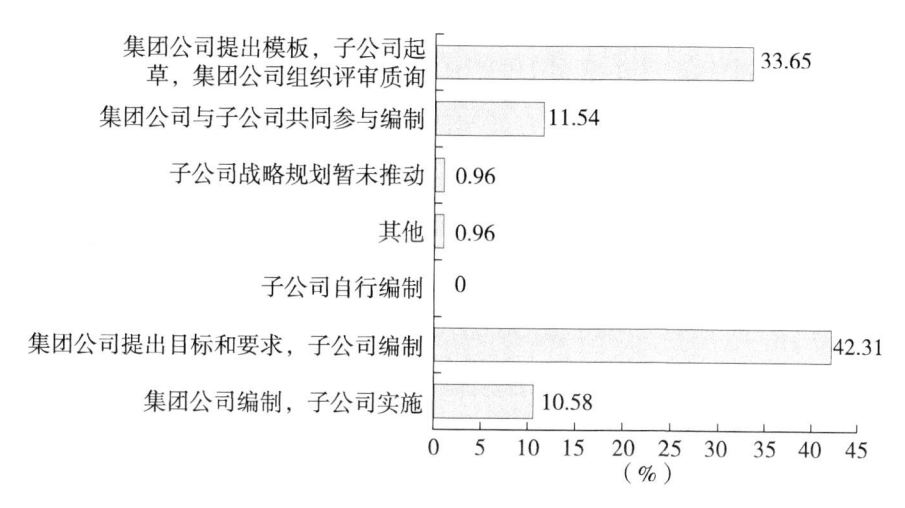

制订模式	百分比
集团公司提出模板，子公司起草，集团公司组织评审质询	33.65
集团公司与子公司共同参与编制	11.54
子公司战略规划暂未推动	0.96
其他	0.96
子公司自行编制	0
集团公司提出目标和要求，子公司编制	42.31
集团公司编制，子公司实施	10.58

图 3-2 集团下属主要子公司的战略规划制订模式

三、积极推进文化建设，渗透管控过程

中国大唐集团有限公司注重把企业文化建设与企业管理创新、制度创新相结合，制度刚性化与管理人性化相结合，实现制度与文化理念的对接，把企业精神、经营理念与核心价值观内化为广大员工的动力和自觉行动，注重将集团文化打造成为集团内部形成信任的基石和组织间协同合作的纽带，渗透到集团管控过程的细节之中，逐步建立系统规范的管理体系，有效规范了管理行为，增强了执行制度的软性约束力，促进了企业管理升级。中国大唐集团有限公司的"同心文化"，国家核电技术公司"以'核'为先、以'合'为贵、以'和'为本"的核心价值观和企业文化理念不但有力推动了企业员工素质的提升，树立了企业品牌形象，而且有效地促进了企业的改革发展。

四、建立健全风控体系，切实提升风控水平

近年来，风险管理日趋受到多数石油类中央企业集团的重视，尤其是金融危机发生以来，石油类中央企业集团更是主动进行风险管理，努力提高风

险管理水平，增强风险意识理念，石油类中央企业集团层面的风险管理工作取得了很大成绩。如 2009 年起，国家开发投资集团有限公司、中国广东核电集团有限公司等试行编制《企业年度风险管理报告》，系统梳理了集团及所属企业层面的重大风险，主动向国资委报送了 2009 年度全面风险管理报告。2010 年为强化内部控制对战略的重要保障作用，中国电力投资集团公司正式发布了《风险管理及内部控制标准》，引领电力行业风险管控实践，同时还发布了作为《风险管理及内部控制标准》的配套文件《风险事件案例选编》及《员工纪律及利益冲突守则》。

五、着力推进信息化建设，管控支撑日趋明显

近年来，石油类中央企业集团信息化工作明显加速，总体水平明显提高，信息化在集团化运作、集约化发展、精益化管理方面发挥了日益重要的支撑作用，各项工作取得了积极进展。根据问卷调查，信息系统对于石油类中央企业集团和主要成员公司在办公、人力资源、财务等内容上实现了上下互联。面对全球化竞争，石油类中央企业集团积极主动地以信息化支撑企业战略转型，推动企业发展方式转变。

信息化进一步提升了中央企业集团决策支持水平，使各级领导的决策更加及时、科学、有效，提高了决策质量和效率。如经过近十几年的努力，中国石油建成了集成、共享的综合性企业级综合管理与决策支持平台，有效提高了操作层面的工作效率、管理层面的管理分析能力，以及决策层面的决策质量和效率。

六、海外布局初具雏形，国际化管控体系初步建立

石油类中央企业集团对海外机构的管控内容方面，战略、投资、财务、人力资源、资本运作、品牌、审计、风险、预算、绩效等普遍受到重视，如图 3-3 所示。

必须指出的是，国资委的系列监管要求同时成为石油类中央企业集团向

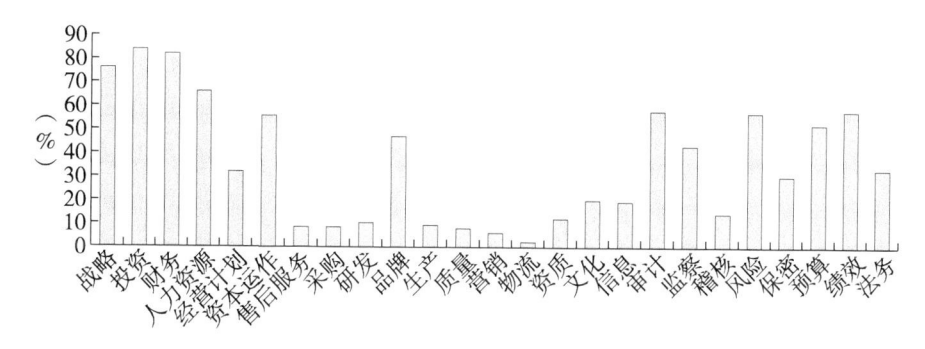

图 3-3　中央企业集团针对海外机构管控的比例

下管控的主要依据，依托国资委监管的系列部署，石油类中央企业集团在战略规划编制、全面预算管理、EVA 管理、全面风险管理等领域引领下属企业展开系列管理改进工作的同时，增强了集团的控制力。按照管控体系四分法的总结归纳可以发现，在石油类中央企业集团层面普遍采取的是战略规划型和战略控制型管控体系，没有一家中央企业集团采取的是财务型管控的松散管控方式，其主要原因是国资委监管的系列要求实际上是在助推集团公司在整个集团的战略、投资、财务、风险等领域发挥更多的影响力和主导权。

目前，石油类中央企业集团还没有完全建立起适应全球化和市场化要求的有效的集团管控体系，与国资委对其实现做强做优，将自身培育成具有国际竞争力的世界一流企业要求的管控能力还有较大差距。因此，为了下一步的管控体系建设与管控能力提升，石油类中央企业集团必须系统性地解决当前集团管控存在的突出问题。

第四章 我国石油企业集团管控体系选择

由于石油企业一般都是大型企业，进入门槛较高。研究表明，处于同一行业的大型企业管控体系具有很强的相似性。近年来，我国石油企业的发展已进入重大战略机遇期，企业集团管控体系建设被提升到重要的议事日程。如何选择合理、有效的企业集团管控体系，建立一套适合企业集团特定情境的集团管控体系，将是石油企业在转变发展方式和创建世界一流企业中面临的一个重要课题。向先进的管控体系看齐，并不是简单地套用和模仿，而是在综合考虑企业的远景目标和内外各方面因素的基础上进行集成地、自主地创新，以形成对企业自身切实有效的管控体系。

一、石油企业集团管控的目标与指导思想

（一）石油企业集团管控的目标

对于中央大型石油企业而言，基于其在国民经济中的重要地位及作用，以及现有的规模和实力，更需要实施对集团的有效管控。概括地说，石油类企业管控体系的建设要着眼于以下三个方面。

1. 前瞻性目标：确保石油企业创建"世界一流"远景规划的实现

做强做优石油类企业集团、培育具有国际竞争力的世界一流企业，是国家立足于国家整体发展战略考虑而给石油类中央企业集团提出的一项具有长期性、战略性的目标任务。这项目标任务的实现，需要集团管控体系搭建起"规划"与"执行"之间的桥梁。

2. 市场性目标：提升石油企业的整体竞争力和价值创造力

通过集团总部"母合优势"[①]的发挥，其下属业务单位实现价值创造的最大化，从而为集团所有子公司的现有及潜在的股东创造出最大价值。在市场化运作方式下，不能比其他可能的母公司创造更多价值的集团母公司，可改变其现有对业务单位的管控方式，或者将不匹配的业务单位外售，否则，该母公司终将因带来的价值毁损而丧失其作为集团总部的资格。所以，确保下属各业务单位"境况更佳"，是处于竞争性行业的石油企业在加强管控体系建设中首要关注的目标。只有这样，石油企业才能奠定微观层面的制度基础，在未来需要或者时机成熟时走向彻底的市场化和公众化。

3. 突破性目标：为推进石油企业的深化改革和可持续发展提供制度保障

石油类企业需要通过管理架构的合理化、总部及各层级单位权责关系的明晰化，以及管理者经营动力的强化等方面的管控体系建设措施，为推进石油企业改革的进一步深化及体系化提供宏观与微观相连接的突破口，以确保石油类中央企业集团在可持续发展道路上取得实质性进展。

（二）石油企业集团管控的指导思想

在全球经济一体化的时代，促进石油企业做优做强，使其成为在主营业务领域具有国际竞争力的世界一流企业，是石油企业管控体系建设的主旨。石油企业总部在改进和优化其对集团成员企业管控的过程中，需要从提升集团管控的有效性这一总体目标出发，做到三个"有利于"。

1. 有利于石油企业在机会风险把握中形成新的增长点

资产的安全和保值应该是石油企业管控的基本前提和目的，管控也是石油企业提高整个集团盈利能力和风险规避能力的基本途径。尤其是随着国际

---

① "母合优势"是古尔德等借用家庭中父母与子女间关系的比喻而提出的一个概念，其寓意是：在企业集团（拥有若干业务单元的商业大家庭）中，母公司（父母）与业务单位（子女）扮演着不同的角色，而且随着孩子的长大，子女对父母的需要会随之减少。父母需要平衡"劝说和鼓励"与"控制和惩罚"之间的关系。因此，在不同的企业集团中，或者在同一企业集团的不同时期，其母合风格可能各不相同，由此形成的母公司的价值创造力就表现为"母合优势"。另外，就像用于业务单位层面的"竞争优势"是相对于竞争对手来说的一样，"母合优势"也是相对于其他同样可成为特定业务单位的"所有人"来说的，换句话说，即存在竞争性母公司在争夺现存业务的所有权。

化经营和全球化竞争的发展，石油企业面临的经营形势将更加严峻和复杂，未来的不确定性，必定会对石油企业实现保值增值目标产生重要影响。石油企业必须从战略高度重视集团管控工作，建立起能够在全球经济一体化的挑战与机遇面前，有效化解纯粹风险和充分利用机会风险的制度、流程及机制，以增强整个集团的抗风险能力和稳健发展能力。石油企业机体能力的强化，不仅需要管理者树立风险意识，完善重大决策、投资、并购和财务等领域的风险管控流程，同时还要求通过制订集团总体战略发展框架引导下属成员单位进行创新和变革，在动态适应环境过程中增强机会的识别和把握能力，促使集团总部探索和改变不适应新环境的管理模式，下属企业在主动性、创造性发挥中要不断推陈出新，进行内部创新，从而形成新的符合集团战略要求的业务增长点。

2. 有利于石油企业培育和发展核心能力

目前，在2019年《财富》世界500强排行榜中，有129家中国企业（其中48家中央企业）上榜，但企业大而不强的问题还普遍存在。究其原因，虽然有一些历史因素，但因企业集团内部管理不善，没有构建起兼顾当前业绩与长期发展、利润中心与卓越（优异）中心并存、对新知识的探索开发和对现有知识的挖掘利用相结合的集团管控体系，有着密不可分的关系。对石油企业而言，其全球竞争力，不仅取决于源自母国市场和资源条件的母公司的专有优势，也源自各地域、各领域分支机构的知识获取、转移和集成的创新能力，以及金字塔底层的突破性创新能力。当前中央企业集团已经认识到，集团的价值创造优势与竞争力主要在于品牌优势，其次是内部协同效应、管理层团队、技术创新、产业整合、组织文化、资本运作等方面。集团品牌优势、内部协同效应的形成，产业整合的实现，管理团队能力的激发，以及技术创新能力的提升等，都需要有先进、适用而有效的集团管控体系的运作提供制度保障。通过合理设计，建立"集权有道、分权有序、授权有章、行权有度"的集团管控体系，使集团在当前生存和盈利与未来发展和提升的有机平衡中，全面提高在国内外市场的竞争力。石油企业应从集团培育和发展核心竞争力、实现可持续发展的需要出发，发挥集团总部在整合资源配置、统一协调发展战略、构建有效业务组合等方面的母合优势，使总部以最少的管理费用产生最大的价值创造作用。当然，石油企业还需要通过对集团总部与子集团总部或业务群部等多层管理主体之间的功能进行区分与定位，处理好集团内部产权架构与管理架构之间的关系，形成具有管理幅度、层次合理、符合专业胜任原则的管理关系结构。这样不但能促使集团所属的骨干企业成为各个行业领域中的领先者，而且有利于培植子集团特有的核心能力集群，使石油企业真正实现做强做优的目标。

3. 有利于石油企业提高经营和管理效率

改进和加强集团管控体系建设，首先会利于确保总部发挥价值创造而不是价值损毁的作用，使总部不再是一个只会让下属业务单位分担成本费用而不能创造真正附加价值的"强加"的顶层机构。其次，通过集团总部及子集团总部或业务群部等二级管理主体发挥其各具特色的母合优势，可以深入推进集团或子集团内部资源的优化配置，提高各种经营资源的使用效率。这些都有利于石油类中央企业集团达到提高效率、增强成本效益比的目的。最后，石油企业在加强集团总部的战略方向指引和发挥业务条线、区域条线或职能条线的管理职能的同时，通过各类延伸性的共享服务中心的建设，以及信息化网络的完善和其他交流渠道的疏通，有利于集团成员单位在分享最佳实践中切实提升业务运作能力和经营管理水平。

二、石油企业集团管控的影响因素

根据集团管控的权变原则，企业需要依照集团所面临的内外部情境条件来选择与之相匹配的管控体系。在选择集团管控体系中，石油类中央企业集团主要考虑的影响因素有集团业务特点、行业特征、集团发展方向、国家的制度要求、公司决策层的管控理念、管理现状、集团发展历程以及市场要求等。相关理论研究也表明，有一系列的因素共同影响着管控体系的权变选择。

以下部分将重点围绕集团所开展业务的特征、集团的规模与发展阶段、集团战略、产权关系、管理能力、领导者风格和文化融合度等，对这些影响因素及其与管控体系选择的匹配关系做具体说明和分析。

（一）集团业务复杂度

1. 管控体系与业务复杂度的总体匹配关系

通常来说，规模较大的企业集团往往有多种不同特征的业务。集团所经营业务的种类多少、相互间关联程度、各业务群内部的业务重叠或交叉程度、经营领域异质性程度、经营地域分布广度等，共同决定了这个集团的业务复杂程度。

与业务相对简单的集团可以采取类似单体企业那样依托总部职能部门进行集权式的运营管控不同，业务复杂度高的企业集团往往会采取相对分权程度比较大的管控体系，而且会出现集团内部管控体系多样化、复杂化的特点。这是"必要多样性"规律所决定的。实践也证明，以划一、简单的方式来处理复杂、多样的情况，势必导致管理控制的失效。

当集团成员企业所从事的业务种类比较多，而且各类业务表现出各不相同的特征时，集团管控体系的选择就需要考虑到业务的个性差异，以避免对不同类的业务单位采取"一刀切"的管控体系。另外，当集团主营业务的特征与其他集团看似相似但实质不同时，在选择哪种管控体系作为其学习和借鉴的"标杆"时，不可忽视对二者在其主业特征方面的比照与分析。否则，对标的模式不适合集团自身的业务特点，会导致"邯郸学步"的现象。

一般而言，从事的业务种类很多，而且基本上是非（弱）相关多元化经营的企业集团，可以采取财务型管控体系。在集团内部，处于成熟产业、竞争形势较为稳定的业务，可以通过一些小的、低风险的投资而迅速创造短期收益和利润的业务，在财务绩效方面大有改善余地的业务，也适合采取分权度高、重在激励业务单位经营主动性的财务型管控体系。但是应该看到，对单个业务当前经营成果的强调，可能带来两个问题：一是会模糊长期绩效与短期绩效的优先顺序，导致管理重心偏向财务性指标的严格控制，而忽略对业务的长期竞争优势培育和战略性开发目标追求中本应有的弹性和灵活性；二是仅关注个别单位的经营绩效则会妨碍各业务单位间的合作与协同。所以，财务型管控体系仅适用于那些关注短期财务目标不会影响该业务的长期发展前景，并且这一业务单位经营的自主性不会因母公司为实现集团业务单位间协同而施加的干预而降低,或者与其他业务之间的相关性很弱的业务单元。

对于那些需要在资产、技术和市场开发方面投以巨资,而且是着眼于未来的、风险性高的长期投资的业务单元来说,可能更适合采用战略规划型管控体系。对这类业务而言,在总部战略框架的指导下,给予熟悉业务经营特点的子集团公司(或业务群部)经理团队开发其业务板块竞争与发展战略的权限,并对其决策前的战略提议和方案进行评审,比采用财务型管控体系更适合。那些需要相关业务单位携手共创长期竞争优势的业务,则更适合集权度更高的战略控制型管控体系。相比较而言,财务型管控体系虽然给予业务经营者很大的自主控制权,但严格的预算程序和盈利指标约束会使其形成短视趋向和本位主义,所以不适合那些力图打造核心能力的业务。

战略型管控体系虽然通常被认为是可应用于多种情境的、具有相当灵活性的管控体系,然而,有些业务并不适合采取这种"中间地带"的管控体系。比如,如果急需要把一项业务从严重的财务危机中解救出来,那么,具有明确的财务目标约束的财务型管控体系会有助于经营者扭转不良的财务状况。

2. 与业务具体特征相匹配的管控体系选择[①]

在日用品制造业中,资本密集的流程型业务,如造纸、基础化工和钢铁业等,适合实行战略规划型管控。这类业务的投资(特别是产能建设方面)见效期较长,且面临资本量较大、风险性较高的决策,业务之间有一定的关联性,特别是分布在不同地理区域的相关产品制造厂之间存在协同效应,因此需要做出周密的战略计划,并订立明确的战略绩效标准,但是,对其实现过程的监控需要保持灵活性。

消费品类业务通常更适合实行战略型管控。这类业务的投资行动与结果之间存在一段较长时间的滞后期,特别是品牌地位的建立,不会立竿见影,因此不适合采用财务型管控。一般而言,消费品类业务竞争优势仅来源于少数几个简单的、可衡量的因素,所以便于其采用比较正规化的战略规划型管控体系。

---

① Goold M, John J Q. Strategic Control: Milestones for Long - Term Performance [M]. London: The Economist Books Limited, 1990.

对于研发密集型及采掘类业务来说，注重短期绩效的财务型管控体系是明显不合适的，相对分权的、具有弹性的战略规划型管控体系更为合适。无论从投资规模，还是决策的重要性和复杂性来看，这类业务都应采用非正规计划和不严格控制的管理方式。另外，这类业务的经营常常会面临较高的不确定性，且创新性要比效率性更为重要。因此，在对其设定控制目标时必须采取灵活方式，应集中于一些关键绩效标准，且不要过分强调短期的盈利。假如企业要对这类业务采取更为正规的管控程序，那么一定要侧重于确立技术研究或者勘探行业的"里程碑"作为行动的指引，但不要加以过于严密的监控。了解和控制战略性进展，要比对行为及其结果的奖惩更为重要。

再从业务成熟度的对比而言，对于行业成熟度比较高、主要以低成本战略来竞争的业务，如果投资已经建立，能够提供稳定的现金流，可以对其采取注重短期的盈利状况考评的财务型管控体系。然而，如果行业还处于成长期，当前需要大量的投资，且投资见效期比较长，那么，鉴于投资规模的增长与业务收入的增长很难在短期内相匹配，所以不宜采用财务型管控体系。至于新兴的或正进入快速成长期的业务，一方面，由于它还没有形成某种稳定的价值创造模式和竞争模式，过于关注眼前的利润会阻碍这类业务经营者做出有利于其长期成功的战略性决策，所以不适合采取纯粹的财务型管控体系；另一方面，这类业务也不适合采用战略控制型管控体系，因为新兴或快速成长期业务的前景并不明朗，构建竞争优势的最佳方式也不确定，再加上需要对环境变化做出快速反应，所以很难对这类业务实行具有清晰和明确的战略内容的实质性控制。综合这两个方面的考虑，对新兴或快速成长型业务实施相对不那么正规的、具有弹性的战略规划型管控体系，或者更为分权的战略创业型管控体系，更为合适。

从国际石油企业的经验看，BP公司管理者认为，相对于运营已久的、成熟的业务来说，新兴业务更需要加以关注。他们觉得，既然新兴业务是大家不熟悉的，那么就不能过多授权。总部需要仔细跟踪并关注新兴业务经营的进展情况，但不要设定具体的绩效目标，而是可以设定明晰的"里程碑"。不过这样做时也需清楚，这些"里程碑"可能也不是固定的，而是需要随着业务的发展而加以改变的。

总之，规模较大的企业集团通常会有多种不同特征的业务混合在一起，所以，其管控体系就会出现多样性的特点。对这样的企业集团，分类管控是一个基本的要求或趋势。当然，多种管控体系并存会给集团管控工作带来复杂性，而这也对管理层能力提出了更高的要求。

（二）集团规模与发展阶段

集团成员企业的数量、所涉及的经营领域与地域范围，以及集团发展的历史和现状，会影响到集团管控体系的选择。

1. 规模扩张过程中的管控体系

企业集团在发展初期，规模通常都不大，由于集团组建方式或发展路径的不同，其管控体系会表现出比较明显的差异。比如，通过内部发展而逐渐形成多业务单位的企业集团，通常会采用集权的、强总部的管控体系；而通过收购和合并组建起来的企业集团，则倾向于采用比较分权的、注重子公司个性特点的管控体系。

跨产业领域开展弱相关多元化经营的企业集团，不仅整体规模较大，而且成员企业的多样性也很大。在这种情况下，集团总部最好根据业务单位经营成功关键因素的相似性进行业务组合，设立必要的中间层管理单位，或者对类型广泛的成员企业采用偏向分权式的管控体系，否则可能造成集团总部不堪重负、决策缓慢甚至失误，导致业务单元的价值毁损。反之，如果集团整体规模不大，业务涉及的领域跨度较小，或者地域范围不大、管理主体层次简明，那么可以采用偏向集权式的管控体系，因为在这种情况下，集团公司管理人员可能对下属成员单位的业务比较了解，具备相应的管控能力。

另外，集团与主要成员企业的发展阶段也会影响集团总部对管控体系的选择与设计。例如"先有子后有母"的集团总部容易面临经营班子组建、核心职能和技术有待发掘等多方面的问题，同时由于历史原因，那些以前不受约束的、独立的子公司在心态和行为上比较强势，导致组建初期的集团总部没有精力和能力对下属企业采取集权式的管控体系，从而不得不临时性地采用分权式的管控体系。但是，如果集团总部建立的历史比较久，总部的经营班子已经磨合顺畅、核心职能和技术也已形成，那么，集团总部对子公司的管控力度就可能逐渐变大，从而倾向于采用较为集权式的管控体系。

如果集团决定进入新的领域而组建新的业务单元，或通过兼并收购吸收进来一些子公司，在它们处于新组建或兼并收购初期时，因其运作没有实现程序化、常规化，没有融入集团既有的管控体系中，那么，它们需要集团总部暂时给予更多的管理监控与支持，所以应该采用偏向集权式的管控体系；相反，如果成员企业处于成熟期，各方面的运作实现了制度化，且与集团的管控体系衔接顺畅，那么，集团总部就可以对它们采取偏向分权式的管控体系。

2. 跨地域发展中的管控体系

在跨国经营的企业集团中，业务单位角色的多样性使各地子公司优势互补。从管控体系角度来分析，企业集团在国际化经营中如果主要着眼于扩大市场、赚取利润，那么，注重绩效结果监控的、相对分权的管控体系是比较合适的。但是，如果跨国发展的主要目的是获取嵌入当地市场的知识，并寻求与母公司所拥有的独特的专长或技能相结合，那么管控体系的选择就比较复杂，并且会经历动态调整的过程。

大规模、跨地域、多领域经营的石油企业，集团管控中需要处理好集权与分权的平衡，这是由业务单位源自其独有知识和能力的内在地位所决定的。在规模既定的情况下，石油企业集团总部（母公司）与受控的业务单位或子公司各自的成熟度，会影响管控体系的具体设计。另外，设立区域总部或业务群部这样的次层级的管理主体，也是有必要的，或者说是由管理幅度原则决定的。石油企业集团若从石油业跨越到行业差异性较大的服务业、金融业时，由于其业务的多样性、独特性等特点，管理起来相对复杂，所以，对相对陌生的业务宜采用分权式管控体系，以保持其经营的自主性和灵活性。高科技产业从业人员素质相对较高，且对组织的应变能力和员工的积极性、独立性要求较高，对其也宜采用较大程度分权的管控体系。

（三）集团战略

战略是对集团发展的总体筹划，对集团所有成员企业的经营都会产生重大影响。因此，管控体系的选择需要紧密联系集团战略。集团战略包括发展战略、业务组合战略、业务单位的战略地位等。

1. 集团发展战略

企业集团在特定阶段所采取的发展战略取向的差异，必然要求集权或分权不同的管控体系来予以支撑。比如，集团在实施扩张型战略时，过分强调集权是不明智的，而应该积极鼓励子公司开拓外部市场，形成集团内多个新的经济和利润增长点，因此，分权程度较大的管控体系是更为合适的；在紧缩战略下，则必须强调较高程度的集权，以便实施对集团资源的集中统一配置；在稳定战略下，集团总部必须对投资融资权从严把关，而对有关资金运营效率方面的权力可以适当下放；在混合战略下，有必要对不同的子公司实行不同的管控体系。

2. 业务组合战略

在一定意义上，业务单元战略是集团公司战略的贯彻和体现，集团战略决定了业务单元战略，但业务单元战略又与集团层面战略一起，共同影响集团管控体系的选择和设计。从业务组合方面来说，集团战略一般可分为专业化战略、相关多元化战略和非相关多元化战略。这些不同的业务组合战略对集团管控体系的选择有重要影响。

对于采用专业化战略的集团公司，由于集团总部绝大部分管理人员本身就是该领域的技术或管理专家，他们对业务的运营特征非常熟悉，对如何增加业务单元的价值、强化其竞争优势有非常深刻的理解，因此，集团总部往往可以对这些子公司实施集权程度较大的管控体系，即运营管控型模式。

对于采用相关多元化战略的集团公司，由于业务的运营或产品技术具有某些共同的特征，集团总部能够通过为数量众多的子公司提供某些核心技术或管理职能而获得规模与范围经济，同时还可强化这些核心能力的建设与发展。因此，集团总部往往对业务关联强的子公司进行集权和分权相结合的管控，即战略型管控体系。比如采用这一模式的佳能公司，其集团总部强调子公司的发展必须基于精密机械技术、精密光学技术和微电子技术的结合，或有利于发展这些核心技术。

对于采用非相关多元化战略的集团来说，由于集团总部对各个业务单元的运作特征并不精通，业务的管理基本上靠子公司的经营团队、经营资源与实际控制权也基本上由子公司实施，因此，集团总部往往实施分权程度较大的管控，即财务管控型模式。比如，巴菲特领导的伯克希尔·哈撒韦公司，集团只强调子公司是否能实现其预定的财务目标，以及为完成财务目标应为子公司选拔什么样的经理人员。

3. 业务单位的战略地位

集团战略中影响管控体系选择的因素，还可能包括业务单位的战略性地位。如果子公司涉及的产业是集团的重点产业，是集团未来的增长点，集团公司应提高对其关注程度，并增加资源配置，所以往往会采用集权程度较高的战略控制型管控体系；反之，集团总部就有可能对该业务单元采用分权程度较高的战略规划型或财务型管控体系，而且可能减少对其资源配置。另外，实施国际化战略的企业，根据不同子公司所担负职能的重要程度的不同以及资源、能力和所处环境等的差异，集团总部对它们的管控方式及程度也各不相同。

对于处于国际化早期并采取低成本竞争战略的企业来说，各地子公司主要扮演执行者的角色，因此会受到集权度较高的运营型管控。担任当地分销者角色的子公司，因为依附于跨国集团供应其销售的产品，所以也不会有太大的自主权。至于那些需根据当地市场需求特点对公司提供的标准化产品或服务进行某种调适，但总体上说产品的异质性并不明显时，可采用比较集权的运营型或战略控制型管控体系。如果产品的异质性程度比较高，或者以聚焦于细分市场的差异化战略进行竞争时，宜给予这些地方子公司中等程度的自主权。那些在当地环境中嵌入程度较高，但主要是在跨国集团产业链的上游或中游环节起资源供应或运营保障作用的海外子公司，如果是集团利用差异化优势进行广泛或细分市场竞争的资源和能力贡献者，那么宜对其采用战略控制型或规划型管控体系，而成本竞争优势方面的贡献者则适宜采用财务型管控体系。

对于从事弱相关多元化经营的海外子公司，可以赋予其高程度的自治权，以减轻母公司的管理负担，同时获得投资收益。而在相关多元化经营的情形下，对海外子公司的管控，要比对具有同样战略重要性的国内子公司的管控更为分权。其原因主要是为了确保海外子公司从当地环境嵌入中获得互补的创新性能力。特别是那些担负着跨国公司战略领先者角色的子公司，因需要其在深度地嵌入当地市场及其他环境中获取相关的资源和知识，这种嵌入性就必须与地方子公司高度自治相匹配，从而促进其主动创新，并最终对集团在该业务领域的发展战略起到引领的作用。所以，对它们实行较高程度分权的战略规划型管控体系是比较常见的。尤其是当海外子公司在当地环境中由早期的"外来者"逐渐转变为当地关系网络的"嵌入者"，而不再是"圈外者"之后，母公司必须适时改变对它们的管控体系，给予这些具有重要战略地位的海外子公司更多和更大的自主权[①]。以上从战略重要性与当地环境嵌入性的综合考虑中所建议的管控体系选择，可归纳为如图4－1所示。

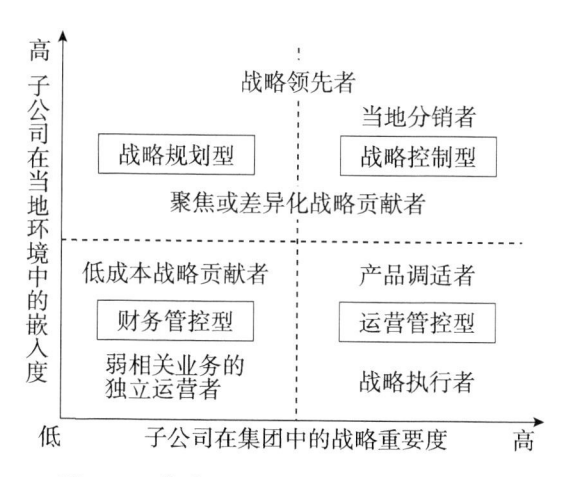

图4－1 海外子公司的角色与管控体系选择

（四）产权关系

企业集团作为介于单体企业与市场之间的中间组织形态，是由多个独立经营企业构成的、以产权关系为主要联结纽带的、相互协调和相互约束的企业联合体。企业集团内部涉及的产权关系主要包含三个方面：第一是母公司与成员企业之间的产权关系；第二是母公司及成员企业各自内部的产权关系；第三是集团成员企业之间的产权关系。企业集团内部这三种产权关系以及由

[①] Johnston S. Headquarters and Subsidiaries in Multinational Corporations: Strategies, Tasks and Coordination [M]. New York: Palgrave Macmillan, 2005.

此而派生出来的公司法人治理结构是影响集团管控体系选择的重要因素。

根据投资方在所投资企业中持有股权比例的不同，产权关系可以区分为全资控股、绝对控股、相对控股和参股等。就集团母公司作为投资方（集团核心层投资主体）的情形来说，按照其持股比例的不同，可以将与其有直接联结关系的集团成员企业划分为紧密层和半紧密层。对于不同边界范围内的集团成员企业，集团公司所采取的管控体系会有所不同。

1. 对紧密层企业的相对较集权的管控

紧密层企业，包括集团母公司全资拥有的子（分）公司，绝对控股的子公司和相对控股的子公司。虽然在原理上说，企业集团中除了分公司以外的其他各类成员企业，均是法律上与母公司平等的企业法人，母公司并不能直接干预成员企业的事务，但是，为了达到对具有重要战略意义的成员企业管控的目的，解决其间关系中因信息不对称、市场失效和机会主义行为等造成的交易成本过高的问题，集团母公司常常会通过持有这些成员企业较大比例的股权而将它们置于集团紧密层的边界范围内，并对之实施相对较强干预的战略控制型乃至运营控制型管控。

如果母公司在集团成员企业中拥有绝对的控股地位，或取得了成员企业的实际控制权，那么就可以对成员企业经营团队实行强有力的控制，并通过合法的程序直接介入成员企业的经营决策中，以实现集团管控的意图。有时，集团公司还会通过将大部分管控权限甚至经营方面的操作功能集成在集团总部，或者通过直接派出高管人员，实现对这些成员企业偏集权式的管控。但是通常来说，在产权关系清晰的情况下，集团公司会通过法人治理结构或产权代表对绝对控股或全资的子公司进行集权与分权相结合的管理和控制，并会根据产业战略、业务关系等因素选择相应的管控体系，如运营型管控体系、战略控制型或战略规划型管控体系。

例如，华润（集团）有限公司区别于李嘉诚长江实业集团有限公司旗下的和记黄埔有限公司的一个重要方面，是其坚持对所投资企业的控股，甚至绝对控股。这样，以控股地位为依托，华润对集团大部分业务单位（利润中心）采取了偏向集权的战略控制型管控，只对华润创业公司保持比较分权的管控体系，允许其作为投融资中心。

2. 对半紧密层企业的相对较分权的管控

半紧密层企业，即集团的关联公司，是指集团母公司参股但未达到控股状态的企业。通常来说，这些企业对集团发展可能并不具有战略性意义，集团公司只是从一般投资者角度对其进行参股，然后通过正常的法人治理渠道来完成对这些关联企业的管控。其管控重点是投资回报，如果要选择管控体系，最可能的是财务型管控体系。如果集团公司是从战略投资者角度对某一企业进行参股或相对控股，即使产权关系方面的联结并不那么紧密，集团公司也可能会比较深入地介入所投资的企业。这是一些集团公司亦将集团半紧密层企业纳入战略型管控体系影响范围的主要原因。

（五）管理能力

1. 集团总部管理能力的差异及其表现

钱德勒（1991）、埃格霍夫（Egehoff，2010）等对集团总部作用的研究发现，总部除需要扮演公关性角色和监管性角色外，还有一个很重要的积极的角色需要扮演，那就是起促进价值创造作用的创新性角色。可以说，集团总部管理能力的差异，主要不是体现在那些基本或比较消极被动的角色方面，而是在更大程度上取决于具有积极意义的创新性角色的发挥水平上。

西方开展多元化经营的石油公司在20世纪90年代前后纷纷将并购进来且运营了10余年但仍不见整合之效的采矿业务剥离出去。究其背后的原因，主要就是做石油业务起家的母公司的能力和资源与采矿业务并入该集团后的母合需要和机会不相称。表面上看，石油、采矿这两类业务都涉及勘探、精炼、技术复杂项目的管理和政府关系等，但是细致比较后会发现，这样的相关性认识是有偏差的。对采矿业来说，获得低成本的矿厂要比拥有高超的勘探和开采技术更为重要。不能正确地识别特定行业成功关键因素的母公司，只会损毁价值，而不是创造价值。采矿业的经营，需要管理者具备不同于石油业经营的机会风险判断和决策的能力。集团业务并入或售出的出发点从盈利与风险平衡的投资组合转到依赖母合优势发挥的业务联结。在西方不少石油公司主动退出采矿业的时候，近年来新兴经济体（包括中国）的一些石油公司则大胆收购非洲等地区的矿产或矿业公司，这点可能反映了不同母公司在发挥价值创造作用的母合能力上的差异。IBM（国际商业机器公司）个人电脑（PC）业务在附属于为工商企业提供一揽子解决方案的IBM旗下属于持续亏损的不良业务，但被联想集团并购后不久就扭亏为盈，且带动了在本国市场做交易型业务见长的联想集团进入一个新的在国际市场上交易型和关系型业务"双拳并举"的发展阶段。这些案例深刻说明了集团总部在促进价值创造方面形成其独特管理能力的重要性。

在大型集团公司中，作为管理主体的不单是集团总部或母公司，还包括子集团公司、业务群部或区域总部等二级管理主体。对于多元化经营的企业集团来说，总部的管理能力可以从发展新业务、更新业务组合、开发新能力或形成资源能力的新组合等方面进行衡量。对业务广泛分布于全球的多元化经营的跨国公司来说，对总部管理能力的衡量通常更为复杂。

2. 集团总部及成员企业管理能力与管控体系的匹配关系

集团及成员企业的业务发展方向是由集团总部高管人员来把控的。这不但要求集团领导层具有机会风险意识及在不确定条件下做出果断决策的战略前瞻能力，还要求他们具有动员集团各方面资源和能力去实现并不明朗的愿景目标的非凡的领导能力。没有这些"软管理"能力作为支撑，战略规划型管控体系就难以达到对集团成员企业发展的战略方向和长期绩效施加必要影响及干预的效果。

偏向于分权的战略规划型管控体系，不仅要求受权层级的管理团队有较强的战略管理能力，还要求集团高管人员有较强的"软管理"能力。如果集团高管人员的"软管理"能力较弱，但总部职能部门具有很强的"硬管理"能力，那么，这类集团采用过多依赖制度化管理的、集权式的战略控制型管控体系更为合适。总部通过设立各类专业管理机构，为集团成员企业提供有效的职能指导及共享服务，也可以创造出附加价值。对比之下，如果集团总部高管人员和职能人员的管理能力都不强，则必须选择偏向分权式的管控体系，否则，集团管控不但不能创造附加值，还有可能损毁成员企业本身的价值。

从当前趋势来看，国际上在集团管控中出现了分权的趋向。鉴于集团管控的真正目的并不是管理，而是确保成员企业的战略制订和执行行为与集团预期保持一致，以保证集团战略目标的实现，因此，从权力共享、责任共担的角度来说，"上有头脑，下也有头脑"的分权型管控体系日益受到一些注重并依靠"管理层发展"的企业（如 GE 公司、壳牌、飞利浦等）的青睐。在这种管控体系下，集团总部人员的"软管理"能力以及成员企业经理人员的洞见和决策能力，共同影响了集团管控体系的有效性。

再进一步从成员企业的层次来分析。如果业务单位经理人员的管理能力较强，有丰富的独立运作经验与能力，能制订符合集团战略意图的业务发展战略，并能有力地加以贯彻执行，以此确保集团整体战略的实现，那么，集团总部就更可能对其采用偏向分权式的管控体系。反之，如果成员企业经理人员的管理能力和经验较差，不能很好地制订符合集团战略意图的业务发展战略，甚至不能有效地执行集团的战略规划，那么，集团总部就可能对其采用偏向集权式的管控体系。

管理能力不仅表现在决策力、领导力与执行力方面，还表现在信息的获取与沟通交流，以及知识库、能力源的构建方面。一方面，衡量信息化水平的指标不仅表现为信息系统的完备度与信息技术水平，还表现在管理人员对信息技术与信息系统运用的程度和能力上。在激烈竞争的市场环境下，信息对集团的价值创造息息相关。对于集团总部而言，信息是科学决策的基础，是把握市场先机的前提。总部如果对集团内外部信息的把握能力较弱，则不适宜采取集权式的管控体系。另一方面，在现代组织中，信息资源是相对分散的。集团规模越大，业务越是多元化，信息资源就越分散。信息化技术的改进会有助于这些分散的信息资源集中使用。一般认为，信息技术会有助于分权，也有助于集权。对于发展初期的企业集团来说，信息化水平会更有利于总部实施集权式的管控。但是，如果先进的信息化水平与业务单位经理人员的杰出能力相结合，那么分权式的集团管控体系可能会产生更佳的效果。

管理能力还体现在知识库、能力源的构建方面。如果集团总部不仅在财务资源配置中起借助集团内部资本市场实现的"资金池"的蓄放作用，而且成为集团各方面经营管理知识的贮存地和支撑相关业务未来发展的核心能力源，那么，对集团总部采取相对集权的战略控制型管理模式是有效的。反之，如果集团依靠财务公司其资金调配的作用，依靠广泛分布于集团成员企业中的人力资源，以及独立运作的、以市场化体制联结的研发中心等作为知识库或核心能力源，那么，偏向分权的战略规划型管控体系就是可行的。这时，集团总部所做的就不是如何在集团成员企业中分配各种资源，而是开展能促进这些资源创生和转移的"基础设施"建设。

（六）领导者风格

领导者对集团所采取的管控风格，体现了他为了使自己能给集团带来最大可能的价值创造而采取的某一种连贯、明确的管理控制取向。这一取向可能是集团高层领导者个性特征的反映，也可能是他谋求最大限度地与特定组织及其所处的具体经营环境相适应的调适结果。在相当程度上可以说，集团管控体系就是集团高层领导者贯彻其管理哲学的方式和方法的体现。

1. 领导者个性与管控取向的关系

每个人在做出决策或采取行动时都会有自己的风格。人们对事物施以管控的紧密程度，实际上源于他对局势的掌控程度。

在管理学领域上，人们对领导行为方式进行了大量研究，归纳出诸多领导风格分类。罗夫·怀特和罗纳德·李皮特认为，存在三种基本的领导方式：专权式、民主式、放任式（俱乐部式）。吉米·道南和约翰·麦克斯韦尔将领导者区分为五种：居高临下的领导者、与人商量的领导者、耐心说服的领导者、以身作则的领导者、下放权力的领导者。虽然不同学者有关领导方式或风格的分类并不相同，但他们一致认为，这些不同类型的领导风格并没有优劣之分，在实践中领导者必须根据不同的管理对象和环境而采取不同的领导风格，才能取得较好的效果。

集团管控体系作为管理模式的一个重要构成部分，会折射出集团高层管理者所偏好的领导风格。比如，当领导者的风格为专权式时，会偏向采用以行政管理型为主的集团管控体系；当领导者的风格为民主式时，就会偏向采用以分权为主导的集团管控体系；而当领导者的风格为放任式（俱乐部）式时，集团内部会呈现出各企业的管控体系灵活多变、随意性很大。再如，有些领导者偏好细节把握、事必躬亲，那么就会倾向于采取集权式管控体系；有的领导者更喜欢并且善于抓大放小，那么他在集团管控中就会倾向于采取分权式管控体系。

2. 领导者成长历程对管控体系的影响

领导者的特质并不一定是与生俱来的。除了正规的教育和培养之外,领导者的成长历程和环境也对其管控取向有一定的影响。一般来讲,伴随企业从无到有产生和从小到大发展过程而逐渐成长、成熟起来的企业家,事必躬亲往往成为其领导行为的一种习惯。尤其当这种成长轨迹与领导者个人对分权缺乏足够安全感的心理相结合时,这样的集团领导者往往会倾向于沿用集权式的管控风格。对比之下,"空降兵"类型的领导者,由于他在新组织中的威权基础弱,被接受度比较低,所以会倾向于采取分权式管控体系。

3. 领导者适应情境要求的管控风格调整

在许多研究者注重并强调领导者风格对集团管控体系选择有着直接影响的同时,也有些学者指出,个性对人的行为风格的影响并不是绝对的。特别是情境领导理论认为,个性只是从事有效领导行为的因素之一,并且往往不是决定性的因素。领导者个性与管控取向之间并不只是简单的对应关系,而可能存在必要情况下的调适。

例如,前美洲银行 CEO 理查德·罗森伯格是一个和蔼、合群的人。由于银行属于受到高度管制的行业,即使一个很小的失误,甚或一张错误的图表,都有可能带来灾难性的后果。面对这样的经营环境,他有责任对美洲银行施行严格的运营控制,并将此作为自身最重要的职责。我们不能凭此便认为理查德·罗森伯格是一个具有"箱式"性格的人(Farkas & Wetlaufer, 1996)。在合规、安全等问题受到高度重视的行业中,组织中的成员必须遵守一套程序、财务以及公司文化方面的规章制度和行为规范,并将部门及个人的绩效评价与此挂钩,以确保清晰的责任和行为的可预见性。

在高层管理者流动性高、经理市场发达的国家中,个性与情境要求不匹配的领导者,如果不愿意或者不能够改变自己的领导行为风格,那么,可能出现两种结果:一种是现任领导者以另谋高就的方式,主动离开不适合自己的岗位或组织;另一种是由董事会出面干预,在企业面临危机或需要转型之际聘用具有更合适领导取向的经理人取而代之。

一般而言说,成功的 CEO 会洞察组织的总体经营环境,判断组织需要从领导者那里得到些什么,然后选择最适合组织需要的领导取向。有时,这种取向会与领导者本人的个性相符合,有时则不然。事实上,一些杰出的、有调适力的领导者往往会抑制自己的某种个性,或者培养某种本身并不具备的个性,以期更有效地实施对其所领导的组织的管控。当然,如果高层管理者的流动性并不高,且呈现个人的强权式领导风格时,适应情境要求的领导和管控风格的调整就可能较少发生。这时,集团所面临的整体绩效的严重滑坡乃至亏损和倒闭的威胁,就是促进集团管控风格调整乃至领导者更迭的外在力量。

(七) 文化融合度

组织文化对集团各层次员工的价值取向和行为方式都具有强有力的导向和支配作用,从而影响集团管控体系的选择与效力。如果集团形成了统一的组织文化,或者母公司文化对其他集团成员企业具有很强的融合力,那么就易于推行集权式的管控体系。如果集团众多成员企业中已经形成了多种的亚文化,在这种情况下,由于观念、认知方面的差异比较大,集权管控的效率将大大降低,甚至有可能出现管理失效的情形。

具体来说,当集团内部各类或各区域业务单位的价值观系统有差异时,对面临相对稳定经营环境且主要以成本领先方式进行竞争的业务实行财务型管控体系是合适的;具有某些共同的价值观但总体上文化差异比较大的企业集团,可以实行战略规划型管控体系;至于具有许多共同的价值观,但是不同业务单位对同一种文化的内涵可能存在含义广泛的理解或诠释时,战略控制型管控体系更为合适;而具有共同的价值观,且对这一种文化内涵的理解基本趋于一致,即文化融合度很高时,则适宜采用运营型管控体系。

以上是从直观角度来说明文化融合度对管控体系选择的影响。另外,总部有关价值创造模式的见解被集团成员企业经理层所接受的程度,集团母子公司经理层在经营理念、价值观、企业道德标准等方面的一致程度,制度流程体系得到遵循而形成的规范化、标准化程度,以及集团总部对业务单位管理者的信任程度等,也都从某些侧面反映了集团在文化方面的融合度。这些都会在相当程度上影响集团管控体系的选择和设计。

当然，对于我国石油类中央企业集团来说，企业文化的建设大同小异，跨企业的文化差异并不十分显著，或者虽说有亚文化，但没有形成文化冲突，这种情况下集权管理的效力还不会受到很大影响。因此，石油类中央企业集团管控体系的选择应当充分考虑集团及成员企业文化的现状。归纳而言，石油类中央企业集团总部与成员企业在文化上的融合程度越高，上下层级的经营班子在价值理念方面越具有共性，集团总部对业务单位的信任程度就越高，就会偏向采用分权式的管控体系。尤其是当集团各个业务单位经理人员都培养起浓厚的绩效文化的情况下，由他们相互联结、协商讨论、共同决策的分权式管控具有创造价值的基本制度条件。

三、提高石油企业集团管控能力的建议

（一）更新集团管控理念，基于集团战略构建管控架构

集团管控是企业集团总部及其授权的管理主体，对集团所属成员企业基于战略统筹需要，综合运用政策、规范、资源等手段影响经营管理行为，以使集团所实现的价值大于成员企业各自独立运营所可能创造的价值总和的行为过程。这一概念的核心内涵是，站在集团整体角度，通过战略决策、统筹规划、协调指导、检查监督、支持服务等一系列行为，形成对承载集团战略需要的集团化运作体系的顶层设计，而不是狭隘地理解为权责界面划分和决策指令贯彻。

从整体战略布局来说，石油企业作为国民经济中具有举足轻重地位的资产运营核心，需要根据其扮演的战略性角色来创设与其使命和责任相匹配的分门别类的管控体系。在这个过程中，关键是要理顺产权链条，明晰石油企业集团的身份、使命和责任。石油企业集团管控需要始终以集团价值最大化为根本原则和导向，基于集团战略合理设计集团管控的整体框架体系、运作机理。

首先，集团管控是集团战略实现的有力保障和支撑。石油企业开展集团管控，首先应明确集团的战略，清晰界定不同业务板块对集团战略实现的差

异化贡献，基于其间的战略区隔来设计管控体系及运作机制，以便针对不同业务板块构建匹配的、合适的管控体系，从而打造出总部机构精干高效而又具有卓越管控能力的集团管控体系。集团有四个优势，即结构设计优势、战略统筹优势、产业组合优势和协同效应优势，这四个优势其实都服从一个整体谋划——集团战略，只有通过集团整体战略设计，这四个优势才能发挥出来。而集团战略的实现需要集团管控强有力的支撑。具体而言，集团通过调控内部关系，优化资本运作与产业组合，促进集团战略的达成；通过调控下属各业务的风险，可以降低集团系统性风险；通过组织和职能管控，实现总部能力的强化，并达到组织结构的高效化；通过确保各业务的战略不会偏离集团战略，实现整体价值的最大化。总之，集团管控应确保集团下属单元运行在集团战略预设的轨道上，确保内部资源的有效整合，确保内外协同效应的产生，确保集团整体战略的达成。

其次，集团管控是企业集团进行产业整合的基础。石油企业是我国现在和未来重要的经济支柱之一，在未来的经济发展中，多数石油类中央企业集团将作为石油、石油产业组织者的角色推动产业发展。作为产业组织者，石油类中央企业必须具备超强的并购整合、变革管理、制度创新与输出等能力，同时还需通过产业重大技术、产业商业模式、产业组织方式等方面的创新，优化产业发展路径，突破路径依赖，引导产业链升级，实现可持续发展。在此过程中，石油企业必须保证在集团运作有序性的基础上保持活力和创新，实现产业组织目标，而强有力的集团管控可以通过治理、控制，保障组织运行的有序化，同时可以通过总部价值环节设计和运行的一系列宏观管理活动优化调整组织运行，激发集团整体活力。

最后，完善的集团管控体系是石油企业参与全球竞争，构筑核心竞争力的重要保障。无论是集团资源优化配置还是产业供应链优化，大型集团企业管控体系从粗放式向集约式的转变，都是为了支撑集团企业能够持续成长，并在不断变化的市场环境中实施业务模式创新，形成差异化的竞争优势。竞争优势的构筑本质在于创新，而创新的来源在于组织优势的发挥，而这需要高效运作的管控体系提供保障。近年来，中央企业国际化的步伐加快，参与全球竞争的态势越来越明显，中央企业需要融入国际商业规则，在尊重相关利益方诉求的基础上合法合理地体现管控意图,既需要在所在国法制监管环境下合规运作,也需要构建体现自身管控战略意图的体系。

随着石油企业普遍在向超大型集团发展迈进,石油企业各层级的功能定位及战略焦点将发生变化,集团管控的理念也将发生变化。如集团总部由过往的投资中心定位,转变为做"主业+大投行"。主要工作聚焦于如何管控子集团及其下属公司,如何实施多元化管理,如何形成一套可复制的管控体系。子集团及事业部由过往的利润中心定位转变为行业整合中心,主要工作聚焦于如何完成产业整合者转型,如何建立运营管理功能,如何对所属的孙公司进行管控;运营单元由过往的成本中心定位转变为优异中心,扮演有竞争力的产品或服务的提供者的角色,主要工作聚焦在项目或产品的运作上,如何完善和强化管理,如何打造核心竞争力,如何保持协同一致性。集团管控理念的具体变化如表4-1所示。

表4-1 新旧集团管控理念对比

旧集团管控理念	新集团管控理念
1. 集团总部是出资人,基于产权关系进行出资人管理;	1. 集团总部不仅以出资人身份进行产权管理,还需对权属业务单元进行管控;
2. 集团总部通过子公司分红而获利;	2. 集团总部通过构建协同效应而创利;
3. 集团总部需要管住、管牢子公司;	3. 集团总部要管出集团最大价值;
4. 集团战略是子公司战略的加总;	4. 集团总部整体战略决定子公司战略;
5. 派出人员只要本级利益最大化即可,依此进行规范的治理运作;	5. 派出人员必须是集团总部的利益代言人,还必须要遵循内部程序;
6. 集团总部是一个精简的机构;	6. 集团总部必须能履行相应功能;
7. 集团总部重要的是资产	7. 集团总部重要的是可复制的管控体系

(二)明确集团管控层级和各层级的职能定位,设计并动态调整集团管控体系

集团管控体系具有指向性作用,管控机制和相应能力的定向构建需要根据管控体系而定。石油类中央企业集团需要基于集团战略,结合集团业务特征、集团规模和发展阶段、集团战略、产权关系、管理能力、领导者风格、

文化融合度等影响因素，合理选择符合集团发展要求的管控体系，实现管控体系构建与集团战略实施的高效协同，并以集团管控体系的适时动态调整来匹配集团战略实施。

1. 梳理集团业务单元，开展分层分类管控

业务结构趋于复杂化的石油类中央企业集团应当充分认识到，集团母公司针对各个不同业务板块或者不同子集团实施的管控，应当反映不同业务各自的特点和对管控体系差异化的要求。进一步讲，对于产业板块或子集团内部不同的孙公司而言，二级管控体系也需要因地制宜去构建，避免采取一套看似"普适"却不顾及实际差别的"一刀切"的管控体系。在压缩管控层级并确保集团管好子集团的基础上，为协助子集团管控下属孙公司，石油类中央企业集团应该积极主动地进行多层级管控体系的整体设计。集团母公司不仅要设计自己对子集团的管控，还要协助子集团设计子集团对孙公司的管控，而后者更多是对集团管控原则、管控理念、重大制度安排的一些必要干预，这种干预的背后是为了帮助集团形成更好更大更强的发展能力和整体优势。

在对下属业务单元进行分级分类管控体系的构建中，首先在管控理念层面上，要克服追求模式划一的简单化倾向，应树立类型化、情境化管理的思想；其次在实操层面上，要厘清各业务单元的业务关联维度及其边界，以此清晰定位各业务单元的角色和独立性程度；最后在业务单元的划分上，要遵循在弱关联处分割的原则，以免人为地切断业务单元之间的自然联系。

在决定如何划分业务单元时，需考虑的关键因素包括集团业务的多元化程度、未来的发展战略、各业务的盈利模式以及海外业务的拓展情况。具体而言，业务多元化的集团，一般适合依照行业或业务线条来划分业务单元；而单一性业务的集团，则可考虑按照地理区域、价值链环节以及两者的结合来划分业务单元。就未来的发展战略而言，要求依照集团核心业务的构成来划分相应的业务单元。再从业务的盈利模式来看，对于多元化程度较高的集团，如果仅按行业划分仍然有太多的业务单元，这时可以考虑将盈利模式相类似的业务按同类项归并为一个单元，其下再细分为子业务单元；对于海外业务较多的跨国集团，适宜采取业务线条与地理区域线条两个维度结合的矩阵式业务单元分设方式。具体以哪个维度为主，应统筹考虑其海外业务的分布范围、成熟情况、业务种类、当地市场和政策环境与国内的差别等，以便决定到底是以区域为主还是按照业务线条为主来进行业务单元的划分和管理。总之，应该在集团总体战略的指导下，根据业务特点和发展目标层层细化业务单元，促使具体业务单元面对特定的市场能在分工合作中获取竞争优势。

在梳理集团内部业务单元的同时，要明确集团管控层级和各层级的职能定位，突破过往单纯预算管理视角的投资中心、利润中心、成本中心和费用中心四张标签。对于业务结构多元化的中央企业集团，应该赋予各业务板块单元专业化管理的话语权和决策权。集团总部的职能定位要上移至高端的领域，更多关注集团总体的战略发展方向和业务组合等重大事项，而将产业或业务领域内的发展规划和绩效优化等的权力下放到子集团层面，使之成为"旗舰"，发挥行业领军作用。

具体对母、子、孙三层级管控体系的职能定位，可参考如下原则：一是集团母公司或总部要由过往的投资中心定位，转变为做"主业＋大投行"。集团公司负责制订集团的战略决策，在做强自身主业、把握主业发展方向的同时，做好集团公司或者多元化经营公司的长期决策，包括远景目标及长期财务目标、投资组合、重大资源分配、绩效考核等。母公司发挥大投行的优势，为权属企业的发展提供资金等支持，以形成类投行的集团管控体系。二是子集团/事业部要由过往的利润中心转变为行业整合中心。其主要职能是规划业务单元组合，分配子集团资源，分析成长机遇，创造和利用协同效应等。工作重心应聚焦于如何完成产业整合者转型，如何建立运营管理功能，如何对所属的孙公司进行管控。三是运营单元要由过往的成本中心定位转变为优异中心，扮演有竞争力的产品或服务的提供者的角色。工作重心应聚焦于如何成为项目或产品的卓越运作者，如何完善和强化业务管理，如何打造核心竞争力，如何保持经营协同一致性等。

2. 基于四种基本模式方案，设计先进适用的集团管控体系

石油企业集团本部及其下属企业，在经营规模、所处行业、发展战略、经营模式等方面通常存在比较大的差异。石油类中央企业集团管控体系的选择不能教条化、机械化，搞"一刀切"。需要根据各自实际情况以及整体发展战略，结合四种基本管控体系的特征分析和利弊论证，选择最适合自身需要的集团管控体系，并定期对集团管控绩效及风险进行评估。由于集团战略对于价值最大化的构建经常处于阶段性调整与更新中，集团管控体系的分类构建或选择也不是机械的、一成不变的，而是可以根据显示需要对不同的管理模式进行有效组合。

就管控体系选择的一般原则来说，对于最高层级的石油企业集团母公司，即作为"特殊公司法人"并以国有资产的整体合理配置为使命的国有企业来说，因为其受管控对象的广泛性及多样性，需根据旗下持股的资产或企业的性质不同而分别实行战略控制型或财务型管控。具体地说，对于关乎国计民生的保障性或公益性国有企业，需要从整个国家发展兴盛的大计出发，进行相对集权的战略控制型管控，而不适合实行较为分权的战略规划型或财务型管控。但是，对于竞争性国有企业，则可参照国际上大型的"纯粹控股公司"的做法，通过财务型管控体系来促使其下属持股企业沿着市场化、公众化的方向转型并且创造良好的经济效益。在承担并平衡以上两种性质截然不同的"使命"过程中，妥善处理社会责任与盈利责任的关系，是这类国有企业成功运作的难点，也是关键点。鉴于其履职过程中存在较大的角色冲突，对作为"特殊公司法人"的国有企业的监管，除了通常意义上的股权监控外，还需要施以相当程度的行政监管。

相较而言，对于作为"（一般）公司法人"的石油企业集团公司来说，主要应该实施股权线条的监管，宜弱化行政监管。根据具体的产权隶属关系，其自身可能会受到国有企业或者终极所有者其他类型代表的股权监控。因为这类集团公司通常是以业务经营为主、辅以产权经营或者两者并重的"混合控股公司"，其业务领域虽可能跨越若干不同的行业，但相对来说彼此的相关性会比较强，而且需要以长期的能力培养和竞争力提升而不是短期的利润作为经营目标，因此，并不适合采取财务型管控体系。也就是说，战略规划型或战略控制型应该是业务多元化的中央企集团更为合适的管控体系。而对于经营业务较为单一的石油类中央企业集团，运营型管控亦是可取的管控体系。总之，不同类型的中央企业集团母公司要个性化地设计或选用适合自身的集团管控体系。

3. 剖析管控体系影响因素，依照变革驱动力设计变革推动策略

根据集团管控的权变原则，企业需要依照集团业务特征、集团规模与发展阶段、集团战略、产权关系、管理能力、领导者风格和文化融合度七大影响因素（如图4-2所示）选择相匹配的管控体系和管控途径。这些因素是支撑集团管控体系科学设计和合理运行的必要条件，它们并不是彼此孤立或者并重的。

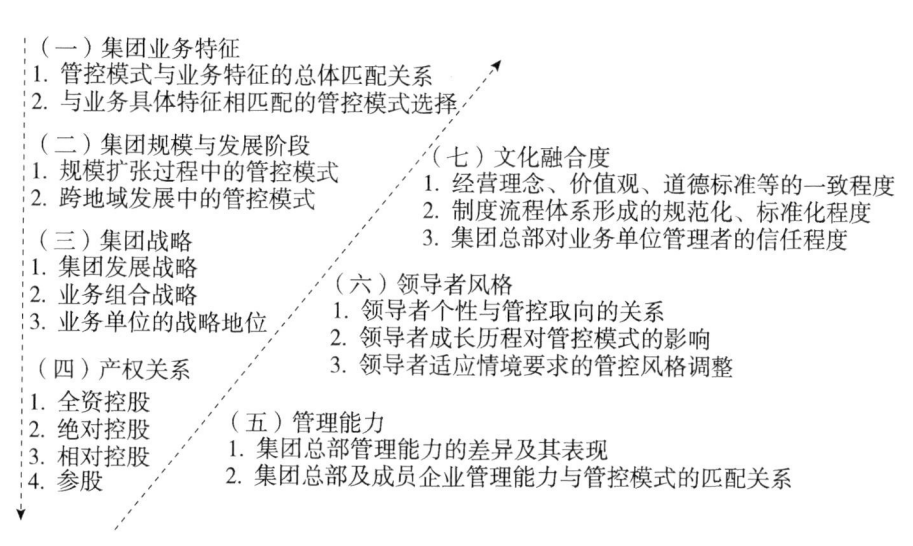

（一）集团业务特征
1. 管控模式与业务特征的总体匹配关系
2. 与业务具体特征相匹配的管控模式选择

（二）集团规模与发展阶段
1. 规模扩张过程中的管控模式
2. 跨地域发展中的管控模式

（三）集团战略
1. 集团发展战略
2. 业务组合战略
3. 业务单位的战略地位

（四）产权关系
1. 全资控股
2. 绝对控股
3. 相对控股
4. 参股

（五）管理能力
1. 集团总部管理能力的差异及其表现
2. 集团总部及成员企业管理能力与管控模式的匹配关系

（六）领导者风格
1. 领导者个性与管控取向的关系
2. 领导者成长历程对管控模式的影响
3. 领导者适应情境要求的管控风格调整

（七）文化融合度
1. 经营理念、价值观、道德标准等的一致程度
2. 制度流程体系形成的规范化、标准化程度
3. 集团总部对业务单位管理者的信任程度

图4-2 集团管控体系的主要影响因素

一般而言，在影响管控体系选择的诸因素中，集团战略对于整体价值最大化拼图的设计是最具决定性的主导因素。基于集团战略选择的管控体系可能与其他影响因素对管控体系配适的倾向性相一致，也可能相背离。彼此保持一致的因素，事实上就构成管控体系变革的有利推动因素，是助力；彼此相背离的因素，其实是变革的阻力，需设计出针对性的策略加以应对和解决。如基于集团战略考虑，需要下属成员企业快速响应市场需求变化，那么，集团领导者事必躬亲、亲历亲为的领导风格往往会阻碍向一线的授权。在这种情况下，需要加以改变的不应是管控体系本身，而是集团领导者调适其领导风格，以便能够和谐推动集团战略的实施。识别管控体系的影响因素及其所起的主导或从属的作用，是确保管控体系能够顺利贯彻的重要前提。

（三）立足集团战略，顶层设计集团管控体系

集团管控体系是集团战略落实的载体，是集团价值最大化得以实现的运行机制的总括。目前，某些石油企业集团管控体系缺乏顶层设计，是造成许多集团管控实务没能与集团战略相匹配或者匹配滞后的重要根源。过往集团管控中统一资金、统一销售的"几统一"做法不过是对管控事项重点的厘清界定；全面预算管理、风险管理的上下贯通，也只是站在管控条线的角度予以抓手支撑。在全面提升集团管控能力中，有必要由点、线、面上升到系统层面展开集团管控体系的顶层设计。

一个理想的集团管控体系通常需要具备管控战略导向明确、管控理念统一清晰、管控利益协调一致、管控定位科学合理、管控体系求同存异、管控组织健全严密、管控机制清晰系统、管控事项完善到位、管控途径规范可行、管控决策执行高效、管控制度柔性完备、管控能力胜任匹配等多项特征。根据"整—分"逻辑，每个模块设计和运行的内在机理都要具体体现集团管控体系运行的整体价值创造最大化和相互摩擦损耗最小化的要求。不应该仅是集团总部单方面的"己所欲施于人"的管理，而应是引导集团所有成员企业都朝着集团整体价值最大化的方向努力。应该在兼顾相关方利益诉求基础上的分进合击，群策群力。

1. 树立集团利益最大化理念，推动业务板块化整合

集团内部必须树立集团一盘棋的全局理念，必须明确成员企业并不是通过类似"物理叠加"方式的合并报表的构筑就能自然成为一个有竞争力的集团，而需要在集团内部谋求利于实现有机整合的"化学效应"。集团管控体系的构建必须确保集团下属业务单元围绕集团战略预设的轨道运行，打破各经营主体的疆界，在兼顾权属企业相关各方利益诉求的同时谋求集团整体价值的最大化，以取得集团成员企业通力合作的效果。为此，有必要在集团层面旗帜鲜明地阐述和宣贯集团"一盘棋"的管控导向和理念。

基于此，集团在调整和优化管控体系中必须着力做好相关企业间的专业化重组和整合工作，使集团内部以交易体系为主线的资源再配置和绩效评价与激励机制，能够产生"分""合"效应的兼收并蓄。也就说，既能驱动各

成员单元的创新与竞争活力,同时又有利于形成矢量合力最大化的"聚指为拳"效应,是集团管控意图和政策定向设计的需要。

为了确保"分""合"效应的实现,需要基于集团整体发展的战略规划而灵活地选择母子公司、总分公司、事业部、矩阵式或混合型组织架构(如图4-3所示)。同时,要通过必要的产权运作,促进集团内外相关业务单元或企业的资产重组和业务整合。以合并同类项的方式厘清各业务板块经营单元的构成及边界,既能促使集团资源能力获得更加集约高效的配置和利用,同时又利于确保管控体系所涉及的主体和客体能够进一步明确其聚焦的业务领域及相互关系的接口。

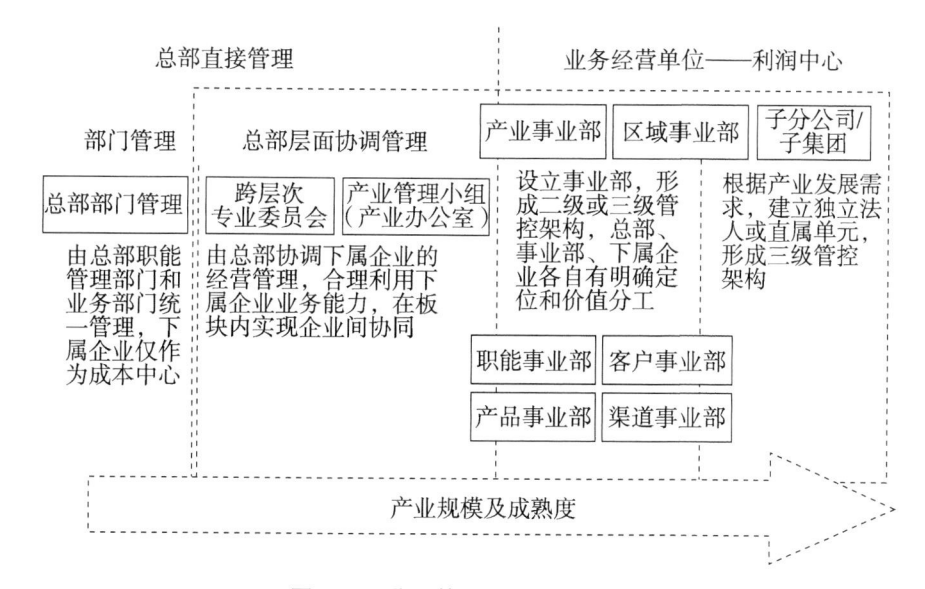

图4-3 集团管控的基本组织架构

此外,针对过往"管子不管孙"的管控盲区,集团公司有必要对二级公司向下管控提供指导意见,通过"通则""指引""规范"等形式推动二级公司对下属三级公司和业务单元的管控重点进行系统梳理分析和体系构建,与集团层面管控体系进行有效融合对接,着眼于引导二级公司层面的价值创造与增值服务。

2. 编制集团管控专项规划

石油企业集团要在编制战略规划的同时,编制集团管控的专项规划。可以说，集团管控体系与集团战略的对接和协同，在很大程度上取决于这两类规划的同步编制和彼此衔接的程度。就像集团战略要体现在战略规划上一样，集团管控也要体现在管控规划上。要使管控规划与战略规划相互匹配、相互对接，这样才能保障管控体系对战略形成有效的支撑。

在实际操作中，为确保管控规划与战略规划的衔接，必须做到在战略规划设计的第一天就考虑到日后管控承接战略的需要，并依此对管控规划进行预埋，在战略规划中切实体现管控体系构建规划，从而保障每一阶段的战略都能有相应的管控体系衔接。只有这样，才能实现长期持续的战略推动，破除管控变革片段化和长效机制提升不足等战略实施障碍。

3. 打造集团管控"宪法"

集团内部需要订立一个正式的纲领性文件，作为集团公司对所持股或控股子公司实施管控的通则，用以规范或调整集团管控关系、行为、权利、义务和责任。因为这类纲领性文件在集团管控中发挥提纲挈领的作用，概称为"集团管控法则"。

集团管控法则作为对集团成员企业具有普遍约束力的纲领性文件，在具体实施中需要依据各集团实际情况来制定，并且通过集团公司授权体系和总部管理部门的细化管控制度来加以体现和落实。各级组织应在遵循这一法则的前提下，制定各自的实施细则或具体制度。

4. 逐级推进集团管控体系深化

集团管控体系的设计有其内在逻辑。简约的集团管控体系设计，要秉持"3W2H"问题解决思路。具体来说，一是要基于战略管控导向的解读，切实明确"为何管"（why）的问题；二是明确管控体系的选择问题，即"怎么管"（how）的问题；三是解决"管什么"（what）的问题，主要针对管控机制的设计和管控事项的梳理，承接管控体系贯彻落实所需的具体内容；四是针对"谁来管"（who）的问题，通过总部组织建设和业务板块责任单元职能调整匹配各级管控主体的确立，特别是总部调适内部管理和向下管控的精力分配和任务重心；五是"如何管好"（how well）的问题，通过管控能力建设和配套保障措施促进管控体系的运行效果。

基于以上思路，在集团化管控实践中，不能简单地将管控理解为就是解决母公司做什么、子公司做什么的问题，因为这些仅涉及"谁来管""管什么"两个方面，只是管控体系设计逻辑上的一环，孤立地看待和解决缺乏系统性。从系统化设计的要求来说，集团总部应该基于集团管控导向（"为何管"）和管控落地线索（"为何管""怎么管""如何管好"）予以整体规划，分步实施。此外，大型集团在往下逐层建立管控体系时，应该明确绩效责任得以有效落实的具体责任单元（对"谁来管""管什么"的细化），并采取措施确保集团成员企业之间及其与母公司之间高效地协同和无缝地合作。要基于对下属业务单元的清晰的战略定位，分级分类进行管控体系建设，达到对不同类型业务单元设计差异化的管控体系的效果。

石油企业应该根据各板块业务经营单元的发展现状和趋势，利用管控体系构建模型，灵活有序地阶段性调整成员企业管控体系，并适时升级管控配套体系，形成适应企业转型、提升有利竞争力的市场化、专业化运作方式，促使集团管控更具柔性和价值创造性。

5. 前瞻性构建跨国管控体系

随着经营地域的扩展和国际化进程的加速，石油企业集团要积极稳妥地推进全球化管控体系建设，合理设置海外业务管理的组织架构，明确集团总部与海外专业分支机构经营与管理职能定位，并在实践探索和经验总结中最终形成一套成熟的适合自身全球化管控需要的可复制管控体系。

按照责权利相统一的原则，要科学划分集团公司与国际分支机构的职责与权限，探索职能模块、业务条线、区域板块的矩阵式运作模式，实现跨地域、多层次经营的资源有效配置方式，促使集团母公司发挥宏观管理的作用。

要发挥集团在海外分支机构发展过程中的技术和资源支持、竞争优势附加值注入、品牌无形资产支撑、战略引领及推动国际联盟合作等关键作用，就要强化集团母体对海外分支机构的影响力和控制力。

（四）制订管控体系建设关键举措，确保集团管控落地

鉴于集团管控体系是一个动态的复杂系统，需要长效的机制和能力作为关键支撑。在管控体系建立或完善过程中，每一阶段的管控机制构建和管控能力提升的行动方案，应该一方面遵循并体现集团战略规划和集团管控导向等大的方向，另一方面又能根据情况的变化或条件的改善进行因地制宜、因时而异的个性化设计及灵活调整。集团总部要在制订管控专项规划的同时制订管控体系建设的分时期行动方案，使管控规划每一阶段的管控机制构建和管控能力提升的具体目标及相应的行动计划得以按步落实。

1. 明确总部职能定位，强化职能服务支撑

目前尽管大多数石油企业已在战略、财务、人力资源、企业文化、信息、资产、审计等常态管控事项上形成了一定的积累，但跟国际领先公司相比还有比较大的差距。尤其是随着石油产业整合、国际化发展步伐的加快，对集团总部管控能力的要求进一步提高。随之而生的，中央企业集团在投资、并购、供应链管理、国际化等方面管控与理想水平的差距会进一步拉大。而且在全球化、信息化背景下，集团总部在咨询服务能力、复合型人才的培育能力、知识发现能力、机会感知与把握能力、制度安排能力等方面的能力建设，更有进一步加强的需要。因此，石油企业要结合自身集团与国际领先公司的实际差距和未来可能面临的挑战，明确并循序渐进地推进总部建设的具体工作内容和步骤，并以"战略里程碑"方式限定各项工作完成的时间节点。

总部在集团战略制订和实施中具有承上启下的关键性作用，中央企业集团应该将总部建设提高到集团战略高度加以推进。一般来说，对于实行战略规划型或战略控制型的中央企业集团来说，战略管控、资源配置、统筹协调、绩效监控是其总部重点强化的职能管控内容。鉴于此，集团管控能力提升的行动方案中就需要明确采取什么措施能加强总部战略规划中心、投融资决策中心、资源配置中心、绩效管理中心、重大问题决策中心等关键职能建设，提升总部关键管控能力，以便将集团总部打造成承接战略、推动管控的有力的管理支撑平台。

具体来说，石油企业集团总部建设的重点事项包括如下：一是强调整体价值创造，提升建设总部核心职能。遵循集团整体的价值创造导向，在强化财务、人力资源等基本管理职能的基础上，重点提升总部的战略引领、资源整合、宏观管理等价值创造性职能。二是压缩管控层级，推进职能管理扁平化。以通过压缩管控层次，使集团的组织架构尽可能扁平化，以提高集团管控系统运作的效率。通过推行大部制等做法，实现职能管理扁平化，重构业务流程，缩短管控链条，促使集团组织架构精干和高效化运转。三是按照胜任力要求推进总部人力资源的动态管理，实现干部"能上能下"、人员"能进能出"。要通过订立总部关键岗位人员任用评价、薪酬激励机制和教育培训机制，实现人力资源管理动态化，确保总部人员的胜任力。

2. 推进下属企业治理规范运行

基于现代企业制度运作本质规律的理解，全面提升集团规范化治理水平。特别是在以战略规划型管控体系推进授权的中央企业集团中，集团所属成员企业自身的治理能力的强弱，会影响甚至决定着集团管控机制的运行是否可行、有效。因此，应在集团管控能力提升中重点明确如下几点：一是如何探索实现子公司的股权多元化，包括是否稀释控股股东的持股比例、以何种方式引入战略投资者等；二是如何在做实子公司的基础上，建立和健全子公司的股东会、董事会、监事会，并且完善董事、监事派出制度等；三是在合规的基础上进行适当的治理条款预埋，设置利于集团管控的下属企业董事会运作机制，进而通过发挥子公司董事会的决策功能和对子公司经理层的有效约束和控制，推进"有制衡的分权"制度的落地。

3. 结合风险经营理念推进集团内部责权利统一

各业务单元应根据集团战略和管控体系的需要赋予专门的绩效责任，并采取措施确保集团成员企业之间及其与总部之间的高效协同和无缝合作。要强化业务体系上的绩效管理和人员任免职能，并在统一标准和模板及操作手段的基础下，赋予其相应的业务板块战略规划、投资决策、预算编制和内部人员任免的权力。在对所赋权力给予必要的质询和监督的同时，对其配置相关的资源，并支持其通过联盟构建活动扩展其在集团内外的网络化联结。与这样的权责设置相配套的，集团总部要按照事先商定的绩效目标和关键考核指标进行定期的考评和监督。

集团总部在设立对业务板块或子集团公司的绩效考核指标时必须明确：业务经营类集团或子集团处于"受控"状态的表现，并不仅是在财务绩效上，更是在战略绩效上。当前中央企业集团中除了少数业务单元（上市公司）适合实行财务型管控体系，从而可对其进行严格的财务绩效考核之外，绝大多数业务板块经营单位的考核，应该更多着眼于长期性的战略绩效及其实现中的阶段性目标。总之，应该有合适的尺度来衡量得到赋权的业务单元的用权和履职情况，做到制衡与授权有机结合。

集团环境下的责权利的设定和修正也可和全面风险管理体系相结合，突出风险经营的理念，在审慎防患和严格控制纯粹风险的同时，有效驾驭机会风险。集团总部在沿着业务线条开展全面风险管理工作中，要以价值风险敞口为要项控制的依据，确定详细的涉险事项的决策权限配置方案，通过对责任担当人的权责的有效落实而实现对蕴藏于各项决策中的机会和风险相平衡的控制。集团管控和风险管理的殊途同归在于都是追求价值，利用不确定性而收获损失最小化和盈利最大化的好处，而不是片面地消除不确定性。这意味着，因为决策迟延错失机会的业务单元，要同决策失误引致损失的业务单元一样，都受到必要的惩罚。对于处于发展期的集团化企业来说，追求正面的绩效提升要比防范负面的损失，更具有积极意义。依此，在评价集团各层级决策单元履职情况时，需要将机会把握、引领发展等作为与风险防范和控制具有同等重要性的目标约束，而不能仅从纯粹风险的狭隘角度追究决策失当的责任。

4. 完善集团管控制度流程

制度流程是集团管控中带有根本性、全局性、稳定性和长期性的问题。企业的长远发展不仅要靠人，更要靠制度。目前，石油企业集团管控还存在着控制力不强、制度执行不力、流程不规范等问题。要通过建立和强化一整套行之有效的制度流程，保证集团体系运作有章可循、有据可依。

首先，要着力改进和完善集团公司及下属企业的治理制度。集团公司是集团管控的核心力量和第一级管理总部，其自身治理制度的完善是集团管控能力提升的根本保障。无论采取何种集团管控体系，集团公司本身必须扮演好出资人和管理总部的双重角色，因此集团公司本身的制度流程建设居于至关重要的地位。再从集团下属企业来看，实行分权式管控体系的企业集团，需要强化集团子企业尤其是业务板块责任单元的治理。在以战略规划型管控体系进行授权的石油企业集团中，在特定产业领域或业务板块内扮演二级总部角色的子集团公司，其治理制度是否完善会极大地影响其战略规划的质量高低。要在做实集团二级子企业的基础上，建立和健全子公司的股东会、董事会、监事会，并且强化母公司对子公司的董事和监事派出制度。另外，要在满足合规要求的基础上进行适当的治理条款预埋，设置利于集团管控的子公司董事会运作机制，进而通过发挥子公司董事会的决策功能和对子公司经理层的有效约束和控制，推进"有制衡的分权"制度的落实。

其次，要分层设置管控制度和管理流程。要基于不同层级管控主体的权责划分，明确制度流程的层次及其适用范围，以及更新与维护的责任主体。为此，需要在集团内部明晰制度流程建设的层次，使具有强统一性、强制性要求的管控制度和流程的设置权限保留在集团总部。同时，根据普适性和特殊性兼顾的原则，要尽可能在保持全集团范围制度流程的一致、统一、规范、标准的前提下，充分发挥各级管理总部在执行过程中修正、完善相关制度流程的主体能动性，使各层、各类的业务单元分行其责，分层分类订立出更适合其特定产业或业务领域运营实际的制度流程。一般而言，管理流程类的规定可以适当放权到相关业务经营单元或支持服务中心来制定，而规范、办法、规则、标准、指引等制度类文件类别，更适宜进行集中统一设定。尤其是部分管控制度有强制性的，宜由集团总部集中制定并责令所涉及成员单位遵照执行；部分管控制度体现倡议性的，在集中制定的同时可建议所涉及的集团成员参照执行；部分管控制度侧重原则性、指导性的，可要求所涉及的集团成员根据制度精神进行延伸细化、分层制定。

再次，要持续修正和优化制度流程。各级管理主体需明确制度统筹管理职能部门的归属，并将制度建设纳入每年例行工作重点。要在广泛征求意见的基础上，年初就明确新增、修订、废止制度清单，并且明确责任部门和时间进度要求。要定期组织开展制度流程的梳理和分析，发掘制度流程操作漏洞，并适时修订不切实际、与现状偏差较大的制度流程，以便将制度流程建设纳入日常管理基本范畴。

最后，要固化重要制度流程，使制度流程建设朝着常规化和精细化方向发展。要通过重大事项督办和流程痕迹问责，保证集团管控重大事项、事项的主要方面、关键环节能得到及时和全面的执行，避免重复出现避重就轻完成、选择性完成、部分环节完成等现象，从而保证集团管控意图得到正确理解和切实贯彻。同时，要采用信息技术手段，锁定制度执行流程，使其具有不可逆性。

5. 持续改进集团管控运行机制

像 GE 的业务管理系统一样,要通过管控运行机制来推动整个管控系统的规范运作。对石油企业集团来说,目前需要从以下方面进行重点强化和突破。

第一,每半年针对集团内部中层以上人员发放一次集团管控的满意度调查问卷,作为集团管控工作改进的重要来源依据。

第二,开展对标管理。对标学习要持续,成员企业对业内龙头企业、先进企业、类似企业要各选择 1~2 家进行常态跟踪研究,比较指标数据和经营优劣,借鉴行业最佳实践以改进内部经营管理,定期提交对标报告并在集团内部进行经验分享。

第三,完善集团经营例会系统。将集团公司及主要子公司的常态会议纳入全年日程安排,从会议议题选择、逻辑关系建立、会议材料准备到会务组织,建立规范成熟的模式和流程。通过这些会议,高效建立保证集团顺利发展的决策机制,使集团的战略意图、工作部署、重大事项安排得以贯彻落实。

第四,定期举行专业系统会议。人力、财务、审计等职能部门每年至少举办一次专业系统会议,交流经验,制定政策。包括借助集团平台优势,协助下属公司与金融机构、行业协会、媒体、公检法、政府部门沟通,在人大、政协两会提案,争取政策支持和奖项评比。

第五,建立畅通的对外沟通联系渠道。建立与主要政府部门和企事业单位、主流媒体的联系网络,增加集团品牌、企业品牌和企业家品牌曝光率,推进舆情监测工作,制定公关危机应对预案,配合开展各类主题的公共关系和宣传活动,为集团发展营造良好的外部环境。

6. 建立和完善科学的管理手段、工具和方法

为了提高集团管控的有效性,真正实现高质量的集团管控,石油企业需要根据自身情况和特点设计出科学的管理手段、工具和方法,如投资项目库、投资决策分析模型、战略制定模板、经营绩效分析方法等,并在实践中不断进行优化。这些手段、工具和方法可以帮助集团总部提高管控的决策质量和工作效率。

要通过植入制度表格、信息通报、知识管理等多项模块,固化审批流转程序,将基层信息数据同步获取和数据挖掘、商业智能有机结合,提升决策质量和效率；引入效能管理的理念，监控管控指令贯彻效率和准确性化督办工作，在集团管理信息系统中固化督办流程。

7. 通过共享服务中心实现标准化流程和数据集成

共享服务中心的建设，有助于集团提升职能服务的总体水平。石油企业集团要积极实施职能管理和职能服务运作的分离，培育共享服务中心，有效利用低成本、先进的技术平台，实施高绩效的协调运转流程，提升规模效应，降低成本，增强标准化和透明度，并对职能管理和业务运作中依靠个人因素形成的漏洞给予有效制约。为此，石油企业在进行共享服务中心建设时，需要做到以下几点。

（1）确定共享业务职能范围与费用分摊原则。

要识别哪些是集团大多数业务经营单元可以弱化或剥离的非关键性、事务性职能，以确保这些由分散转向集中或集成的职能服务活动既具有最大的可共享范围，又不会伤害业务单元面向市场运营所需要的业务流程的相对完整。现阶段石油企业需要重点考虑的问题有：集团中哪些职能应该被共享？应该设立几个共享服务中心？地点在哪里？规模多大？共享服务中心与目前现有的职能部门是什么样的关系和汇报线？共享服务分摊多少费用？

（2）对集团内具有共享性质的职能服务活动进行业务运行模式分析和相应工作流程梳理，依据业务共性和共享价值来确定共享服务运行模式，确定共享业务职能范围与流程，以使共享服务中心真正成为促进业务单元提升竞争力的集成性支撑平台。

（3）在加强共享服务中心及其附属机构职能的同时，积极推进基础设施建设，实现流程、方法和手段的标准化。

共享服务并不是简单的业务集中，而是在流程标准化的基础上，按照专业化原则切割部门或岗位，以便一方面提高事务性工作处理的效率，另一方面借助操作的标准化提升集团内控水平。因此，要将集团管控的制度流程及标准尽可能地嵌入共享集成平台的具体操作流程和配套信息系统，以确保各项业务运作具有相对稳定、有序可控的行为规范。

（4）积极利用共享服务中心的标准化流程来集中处理会计核算、固定资产记录、薪酬发放、人力资源数据管理等事务性工作，并在此过程中积累标准化、集成化的数据，以供集团各层次分类人员和部门共享。

8. 设立相关的委员会，加强沟通与协作

石油企业集团要以客户为中心，以流程为依托，建立涵盖价值链全环节、贯穿集团各层次的端到端流程体系，打破部门本位主义，提高流程效率。同时，围绕一些跨部门的重大事项，集团企业有必要建立临时性或常设性委员会，开展统筹协同、集中决策，提高决策效率。委员会的好处是可以打破部门界限，由来自不同部门的人员充分发表意见、沟通想法，并形成决策。它是促进集团横向协同、贯通管理层级的重要工作机制。集团应根据实现协调的需要，设置承担不同核心责任的委员会，并设置合理的人员结构、数量和议事规则。

跨层次专业委员会尤其需要重视，可作为母公司影响成员企业的重要横向协调决策平台。跨层次专业委员会除了具有议事和协调的功能外，还可在一定情形下被赋予部分决策功能。其商议事项可涉及招标、营销、品牌、安全、预算、投资等多个领域。

跨层次专业委员会不等同于董事会专业委员会，人员可来自本企业和外部机构，母公司和兄弟单位人员视为专家评委亦不违反监管要求。其作用是，可以积聚集团内部散落在不同企业的专业人员智慧，同时不扩张组织和人员编制。就石油企业集团而言，其组建可以依托对口职能部门，推进专家库建设，充实集团以外的专家比重，以委员会决议共识部分取代上下级行政指令，以在尊重专业意见的同时更好发挥协商决策和行动协调的作用。

9. 坚持以内外部客户为中心，提升市场响应力

随着集团型企业的膨胀，集团和事业部各层级离客户越来越远，客户服务理念和意识越来越淡薄。因此，在集团型企业内部应树立客户意识，尤其各层次的管理人员应建立内部客户服务意识，强化上一环节自主为下一环节服务的观念；同时，各层次管理人员应建立为直接创造价值的基层或一线服务的共识，尽量缩短各种报告、报表讨论、修改及完善的流程和时间。

在很多集团型企业中，各层管理人员过于强化自身的管理职责和意识，一味强调对基层人员和单位的管控，各种管理制度和流程犹如强加在业务人员身上的枷锁，导致业务人员和基层人员寸步难行，影响对客户的服务和市场响应。集团中各层管理人员需强化自身的服务意识,从管控也是一种服务,是为了更好地促进各环节、各部门的协调与合作的理念出发,切实改进管控流程,增进对现场的支持力度,确保集团能够快速响应内外部客户的需求。

要依托流程再造和标准化建设,谋求"一次把事情做对,是效率最高的方式",借鉴集团内外部经验教训,总结提炼最佳实践,设定科学合理的程序规范要求,合理确定管控体系运行责任主体,突破薄弱环节,推进风险可控与流程高效动态平衡,从而打造具有世界一流竞争力的集团管控体系运行长效机制。

10. 构筑多样化管控意图达成途径

无论从石油企业集团层面,还是业务板块或业务单元层面,由于所选用的管控体系不一样,就需要相应地构筑其各具特色的管控方法和手段,以实现个性化管控落地实施。

从理性角度来分析,对于绝大多数从事多元化经营的企业集团来说,不同业务板块在未来获得成长的空间或机会、成长的方向目标及具体实现方式往往是千差万别的,因此,集团总部在对各业务板块的成长或发展议案实施管控中,就需要采取多样化的方式或手段。

集团型企业达成管控意图的方法多种多样,战略、文化、政策、程序、标准等诸多方面都可以承载管控意图,而不能简单地把管控视为集分权配置或人治制度化。这些只是集团管控运行的一部分,而不是全部,如表4-2所示。

表4-2　　　　　　　　　常见的管控意图达成方式

管控手段	典型做法
权限设定	根据管控深度和广度的不同,通过决策权、审核权、执行权、提议权、知情权的授分权运作对管控事项加以约束和控制
人事安排	通过委派董事、监事、高管和相关管理人员,发挥承载管控运作,体现集团管控意图
战略统筹	通过战略规划设定下属公司发展方向、商业模式、阶段性战略目标,配置资源和引导能力建设方向,同时基于战略分解对应经营计划、预算与绩效等资源配置和目标驱动机制

续 表

管控手段	典型做法
文化灌输	引导下属公司确立集团战略和管控倡导的价值观、信念和行为模式等，使下属公司自觉自愿服务于集团发展全局，增强内在凝聚力
政策引导	集团公司根据集团管控需要制定集团内部政策和原则纲领，对不符合政策导向的经营管理行为，集团公司将及时实施工作检查、纠错纠偏和责令整改
程序流程	对流程中资源输入或规划设计的上游环节进行指导、适度干预和验证评估；对中间执行环节，重点推动方法和标准建设，检查中间环节的合规、进度和执行情况；对下游环节，重点工作和重点问题组织经验交流、总结反馈、制订改进计划，提出新的工作目标与要求。实现管理程序上的闭环跟踪控制
信息标准	主要采取信息挖掘、指标监控和对标纠偏的方法对成员企业经营管理活动所设定的标准加以管控。以指标运作在预设阈值内波动关注为主，突破标准构成例外管理的触发机制。对重要标准的缺漏问题、科学性问题、执行不到位问题，集团公司将直接进行整顿
风险评估	总部基于集团风险偏好指导下属公司经营决策，制订风险评价标准和风险应对机制，通过全面风险管理体系建设推动下属公司的风险管理工作。对于重大风险和重要风险，由总部牵头部署应对策略

（五）构筑配套保障措施，夯实集团管控体系运行基础

1. 积极推进管控企业文化体系建设，强化集团内在合力

要匹配管控体系落地实施的需要，加强集团文化建设。要通过建立和宣传贯彻集团管控理念，建立正确的、起支撑作用的集团管控文化，强化文化理念对集团成员企业的引领作用和凝聚作用。

通过将集团管控企业文化体系核心理念渗透到集团管理的各个层面，并植入具体制度和规范中，可以推动管理的优化和深化，促进制度标准与价值标准的协调同步。尤其要在各级管理层中加强学习培训、加大干部交流、加速人才引进，培育与管控体系适应的集团文化，增强管控文化的辐射力、感

染力和渗透力，不断推动集团管控文化持续改进，增加总部管理权威性，巩固职能建设成效。

2. 优化人才梯队建设，提升管控主体胜任力

员工能力强是集团管控体系落地的重要保证。很多集团型企业由于不同层级之间员工能力存在较大差异，导致各种制度与流程在执行过程中层层衰减，执行不到位。因此，集团型企业需要根据自身特点不断提升员工能力，避免管理断层。现阶段，石油企业需要从如下方面采取措施，切实保障集团管控效能的落实。

（1）以高层次人才为重点，打造一支骨干人才队伍，促进各类人才队伍的基础建设，全面推动集团人才支撑梯队建设，实现人才集群与公司产业集群协调发展、相互促进，建设适应公司生产经营和改革发展需要的经营管理、专业技术和操作技能三支人才队伍。

（2）通过做好管理人才的梯次配备和需求预测，建立分层分类的后备干部选拔培养机制，对后备干部进行重点培养、动态管理，建立并不断完善经营管理、专业技术、技能操作等多种岗位序列发展通道，拓展人才快速成长的空间。通过推进"长、家、匠"分离和"长、家"分设，在专家团队中选拔专业领军人才，辅以授予称号、落实待遇等激励措施，激发相关人员的工作热情与创造激情，发挥人才效用。

（3）通过实施海外高层次人才创新创业基地建设等项目，创新人才开发工作机制，重点抓好领军人才、与企业盈利水平密切相关的专门人才培养工作。

（4）为增强集团凝聚力和板块内融合的需要，建议集团总部中层副职和子公司管理层副职首次任职前需分别在子公司和本部挂职锻炼三个月，以提高其换位思考能力。建议不同板块也积极探索干部交流和竞聘上岗的方式，取长补短，增进融合。

（5）有针对性地解决短期及中长期时间内的关键人才队伍缺口问题，形成人力资源工作的持续动态推进机制。

3. 建立构建集团共享信息平台，支持管控意图落地

集团总部对管控体系的执行需要高质量的、集团内部一致的信息作为决策的基础，流程和手段的信息化是执行力的重要保障。中央企业集团需要建立标准化和共享的信息平台，深入每个业务单元、区域公司层面，形成全集团内统一的、准确性高的、可比性强的数据和信息。这可以帮助集团获得一体化监控数据，使集团总部在战略制订、投资、计划预算、经营绩效管理等关键管控环节能够做出更加科学的决策，同时帮助集团总部为业务部门提供更加高效的指导和建议。

石油企业在推进集团管理信息系统建设中，需要对原有的各部门信息统计与报表报告进行有效整合，形成管控定期填报报告，结合重大事项报告机制、子公司总经理办公会等重要决策抄报机制，构建畅通的母子公司信息渠道，以便集团总部及时、准确地获取子公司的信息。

需要特别强调的是，石油企业在重视信息系统软硬件的规划和建设的同时，不能忽视手工信息系统的报告，要切实改进会议召开、报告流转、报告分析、信息递送、信息后处理以及信息流管理等工作，以便形成一个完整的、畅通的信息系统。

第五章　埃克森美孚战略控制管控体系

(一) 企业概况

简要历史回顾：埃克森（Exxon，前 Jersey Standard）和美孚（Mobil，前 Socony）源自 1911 年美国标准石油公司（Standard Oil）反托拉斯的解体。这两家公司独立地扩张到全球范围以及其他产品领域。1999 年，两家公司兼并成为世界上最大的国际非政府石油公司，即埃克森美孚。

财务状况：2019 年，埃克森美孚营业收入达 2902 亿美元，实现净利润 208 亿美元，在 2019 年《财富》世界 500 强排行榜上排名第 8 位。

业务与人员：埃克森美孚的主要业务是石油、天然气和化工。拥有每天炼油 620 万桶原油的世界最高炼油能力，其化工业务的回报率也是世界最高的。该公司的战略是从其生产的每单位石油和天然气中发掘所有潜在价值以及最大化资本回报。目前埃克森美孚在 33 个国家和地区进行勘探和生产活动，全球员工总数的 7.1 万人。

(二) 业务管理架构：从分散到按照价值链划分的集中化模式

埃克森和美孚都起源于美国国内石油生产。在 20 世纪 50—80 年代，两个公司分别开始海外扩张，在美国影响力增强的地域（如东亚）发展了国际勘探能力，但是与美国国内业务鲜有整合，国际附属公司主要是独立于公司总部运营的。这个趋势随着埃克森和美孚国际业务的扩大而延续。这个阶段，公司的标准化程度还比较低，为了拓展市场，这种区域自治的组织架构是比较适当的。

1999年两家公司合并之后，公司的组织架构开始转变为集中依托价值链分块的模式，弱化了对区域的强调。目前，埃克森美孚的组织架构已经从一个松散的分权制模式转化为全球协作的集中化模式。该公司沿着价值链被分为11个附属公司，分为上游、下游、化工三大业务单元和一个全球服务公司。每个业务单元根据自身的情况和特点，设立了不同的业务组织和研究机构（如图5-1所示）。

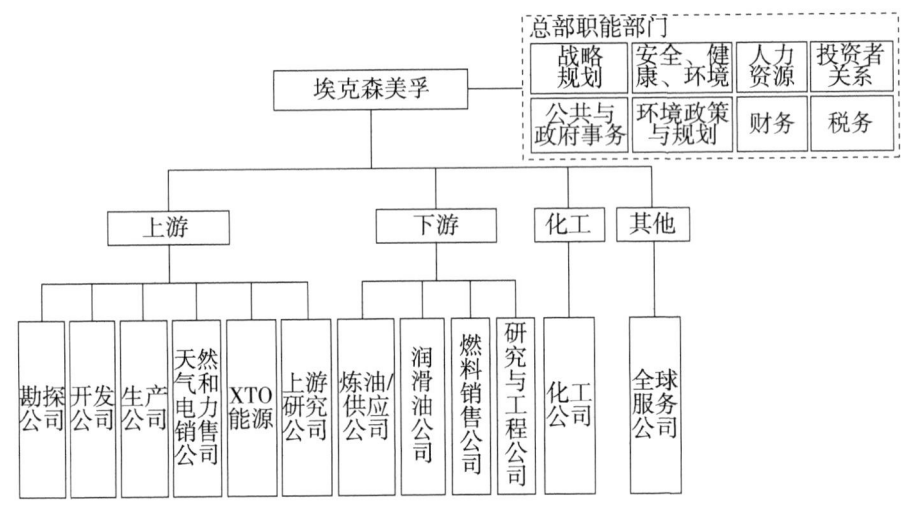

图5-1 埃克森美孚业务管理架构

埃克森美孚的业务单元架构非常明显地体现了业务部门要按照业务特点来进行划分的要求。首先按照大的业务线条划分业务单元，在业务单元之下按照更加详细的产品或业务活动设立业务子单元/运营单元。近年来，通过在上游和下游业务单元内设置技术公司，配合较大的资本支出和运营支出，紧密地将其整合进入公司的业务模式并且使公司实现技术价值。

三大业务单元下的11个公司（例如上游的开发公司，相当于业务子单元）分别都由总裁领导。除上游的勘探公司比较特殊（它是全球性管理，没有根据地域进行分割），其他公司的结构大致按照资产（地理）和技术功能（例如钻井、工程）分为更下一级的组织层级（运营单元）。地区（例如非洲）通常按照国家或是资产进行划分。技术和支持部门人员被设置在地区内，但直接向对应的职能主管报告，虚线内的职能部门向地区副总裁汇报。地区主管通常是经理级别,不是高层级的员工。

(三)管控特征

埃克森美孚现阶段实行的是战略控制型管控体系,其管控特征在第二章已详细论述,此处不再赘述。

埃克森美孚的每个运营单元都需要设计并实施适合的、达到OIMS要求的管理系统。并且,内部和外部双向评估也将持续地进行,保证各个评估单元(Assessable Unit)满足这套管理模式的要求。其他方面类似,埃克森美孚对跨业务的标准化的关注优化了资本支出的分配,提高了资本回报率并且支持了最大化股东回报的目标。

发展强大的共享职能来支持总部相对集权的管理

埃克森美孚除了三大业务单元,还有一个重要板块,即全球服务公司。全球服务公司包含埃克森美孚信息技术、全球地产和配套设施、全球采购、业务支持中心四大核心职能部门。这个公司为所有业务单元提供相应的共享服务。埃克森美孚发展的这些强大的共享职能,可以帮助总部快速准确地了解信息,为决策提供支持。

另外,埃克森美孚的运营一体化也体现在合资项目上。例如,埃克森美孚化工上海研发中心于2011年3月投入运营。该研发中心坐落于中国上海紫竹科学园区,占地2.7万平方米,是埃克森美孚化工第三大研发中心。上海研发中心可为亚洲客户提供全方位支持,其中包括在福建省投资的世界级的炼油化工一体化合资项目,以及规模翻番的新加坡大型化工装置。

埃克森美孚的运营一体化还体现在其综合体项目的安排上,从而最大程度上获取协同效应。例如位于美国得克萨斯州的贝塘市的综合体就包括埃克森美孚的一家炼油厂,两家化工厂和一家位于钱伯斯市的塑料生产厂,一个工程办公室以及化工技术和研发中心总部,一体化的运营有助于提高工厂和产品的产能。

埃克森美孚还很注重知识分享。由于它的业务单元的架构安排上通常是按照资产(地理)和技术功能(例如钻井、工程)分为更下一级的组织层级(运营单元)。相近的运营单元的同一技术功能的副总裁(例如工程副总裁)

往往会进行跨公司合作以及知识整合。

(四) 实施条件与原因分析

从前文的分析可以看出，埃克森美孚现阶段实行的是战略控制型管控体系，其特征是总部集权的战略决策体制、强大的共享支持职能、标准化的作业流程、业务单元的合作等，这些因素所带来的协同效应和运营质量确保了公司的竞争地位。

埃克森美孚战略控制管控体系的最终形成主要由公司的组织架构、业务特点、人员能力、支持职能、企业文化等多方面因素促成。

1. 集中的依托价值链的组织架构

埃克森美孚在兼并了两个公司之后，将集团总部的组织架构进行调整，转变为集中依托分块的模式，不对国内和海外业务进行区别对待，将所有业务单元的下属公司总裁都集中在美国办公，避免地区权力过分膨胀。这种模式使集团总部可以在整个业务范围内更有效地分配资本，进行项目评估和业务开拓，避免了地区权力中心的形成，放缓了投资渠道管理，有效支撑了公司的战略控制型管控。

2. 按价值链整合的业务单元，充分发挥协同效应

埃克森美孚的业务是整合在一条价值链上的，上游、下游和化工业务间具有较强的协同效应。通过战略控制管控体系，总部可以很好地协调多个业务单元的关系，使协同效应得到最大的发挥，并促进集团整体绩效提升。

3. 总部与业务单元拥有大量运营专家

埃克森美孚作为专业的石油公司，总部和业务单元层面拥有众多的运营专家，这些专家只有经过多年的积累，才能为公司制定出统一的标准化政策和流程，以及建立运营整合管理系统。在这些标准化的政策、流程和系统的支持下，集团才能实现更为集中化的管控。

4. 共享职能（特别是信息系统）的支持

埃克森美孚广泛使用建立于标准化和共享信息技术平台上的支持性职能服务，其中许多服务都是通过集中的数据库在企业内共享。其强大的共享职能为它实行战略控制型管控体系打下了非常重要的基础。它最大的作用在于，加强了集团全球运营的一致性和标准化，不仅提高了运营效率，还避免了分头决策可能带来的风险；同时，它为总部对业务单元相对比较细致的管理和决策提供了信息及流程支持。

由于信息平台渗透到运营的每个"神经末梢"，集团总部会在较短的时间内发现运营中出现的异常并采取针对性的措施与行动。

5. 统一、严谨、执行力至上的企业文化

埃克森美孚的企业文化是严谨受控的，执行力至上是企业的核心。总部是唯一的业务决策和政策制定机构，员工要对业务决策完全遵守和执行。同时，由于其流程、政策和标准的精细化、可操作性，由上至下的执行有充分的可实施性，促进了执行力文化的建立和稳固。埃克森美孚的这种统一严谨的企业文化有助于其实施战略控制型管控体系。

（五）启示

希望采用战略控制型管控体系的企业集团，应该注意和考虑以下方面。

总部不仅要有很强的战略规划能力，还要有很强的运营管理知识和能力，所制订的业务层面的规划、计划及绩效目标应贴切市场，具有专业的视野和洞察力；所制订的管理细则、流程和制度应符合业务的实际情况和特点，在共性和特性中有合理的平衡，且具有操作手册一样的可执行性。如果没有这方面的能力和人员储备，企业很难实施战略控制型管控。

业务单一或者相关多元化的企业集团适宜采取战略控制型管控体系，而业务多元化程度很高的企业集团采用此体系不仅不能展现出协同价值，且容易造成总部管理力不从心或总部机构设置臃肿庞大的局面。对于业务特别多元化的企业集团，集团内部的协同效应有限，而总部要参与众多业务单元的运营管理，必然会受到资源和能力上的限制，因此，对于多元化程度高的企业，总部很难实施相对集权的战略控制型管控。

战略控制型管控体系需要有很强大的、共享的、较高标准化基础的信息系统平台的支持，总部会参与下属单位的运营决策，如果没有很强的信息管理系统的支持，没有标准化、精细化的数据作基础，集团无法了解下属业务单位的具体情况，从而无法做出科学的判断和决策，无法有效实施管控，而仅仅成为官僚的审批机构。

标准化、精细化的政策、流程和数据基础是实施战略控制型管控成功的重要因素。在大型的企业集团，集团总部需要牵头制定贯彻到底的政策、流程、标准和制度，细化到岗位和操作手册，并嵌入集成的信息技术平台中确保执行。如果总部仍然只是制定方向和指引，不具体到操作流程和配套信息系统，则集团管控会很容易偏离到官僚的行政审批式的职能管控（当集团有很强的职能部门时）或战略规划型管控（当业务单元比较强势时），甚至管控失去机制，沦于就事论事的繁忙和无序中去。

第六章　BP公司集权—分权—
集权的管控体系

BP公司创建于1909年，初期业务主要分布在波斯湾（伊朗），20世纪60年代开始关注美国阿拉斯加和欧洲北海的油源开发，并很快在20世纪70年代实现了量产。进入20世纪70年代后，BP公司紧跟"多元化"的脚步，进行了覆盖煤炭业、矿业、化工业、饲料业，甚至计算机行业的广泛且多样化的业务拓展，从一家主营石油天然气的公司转变为一家多元化经营的大型公司。1979—1987年，英国政府分批将其持有的所有BP公司的资产出售，BP公司遂转变成一家公开上市公司。在1981—1990年担任公司董事会主席的彼得·沃尔特斯爵士领导私有化后的BP公司先后建立起12个下属的独资子公司，包括BP国际石油公司、BP国际化工公司、BP石油勘探公司、BP国际天然气公司、BP煤炭公司、BP国际矿产公司、BP食品公司、从事计算服务和信息技术业务的西康（Scicon）国际公司、BP船运公司、BP创业（Ventures）公司、BP国际金融公司、BP国际洗涤剂公司，并持续持有自1970年收购、后增持至55%的美国俄亥俄标准石油公司的股权。

BP公司在20世纪70年代业务相对单一，主要开展探油、探气、炼制、储运、销售等纵向一体化的经营活动，这一时期实行的是便于公司进行统一协调的集权度很高的运营型管控体系。20世纪80年代中期之后，为适应其广泛及多样化业务管控的需要，BP公司开始逐步转向具有相当程度分权的战略控制型管控体系。

作为一家整体上市、业务经营范围覆盖油气全产业链（勘探、开发、生产、炼制、物流、营销及零售）并跨越多产业领域（石油化工、煤炭、有色金属、海运、计算机等）的石油和石化集团公司，BP公司在20世纪80年代初期的多元化虽然涉足领域很广，但子公司均具有比较明确的业务线条，故将这些业务板块的子公司称为业务群部。这些业务板块子公司下通常设立业务领域和地理区域两类机构进行管理。例如，BP国际石油公司旗下设有炼油、加油站零售、润滑油、液化气、海运等九个业务发展部（负责特定业务领域的战略性发展，可称为"事业部"），以及遍布全世界的50多个各国子公司（负责当地的业务运营，通常称为"业务单位"）。BP公司在战略型管控体系总体框架下，在不同时期实行了集分权程度各不相同的集团管控。其总体的趋势是，20世纪80年代后期开始由集权向逐步加大放权程度和精简总部机构的方向转型，2002年后又从较大程度分权转向更为集权的管控体系。其历史演进过程如图6-1所示。

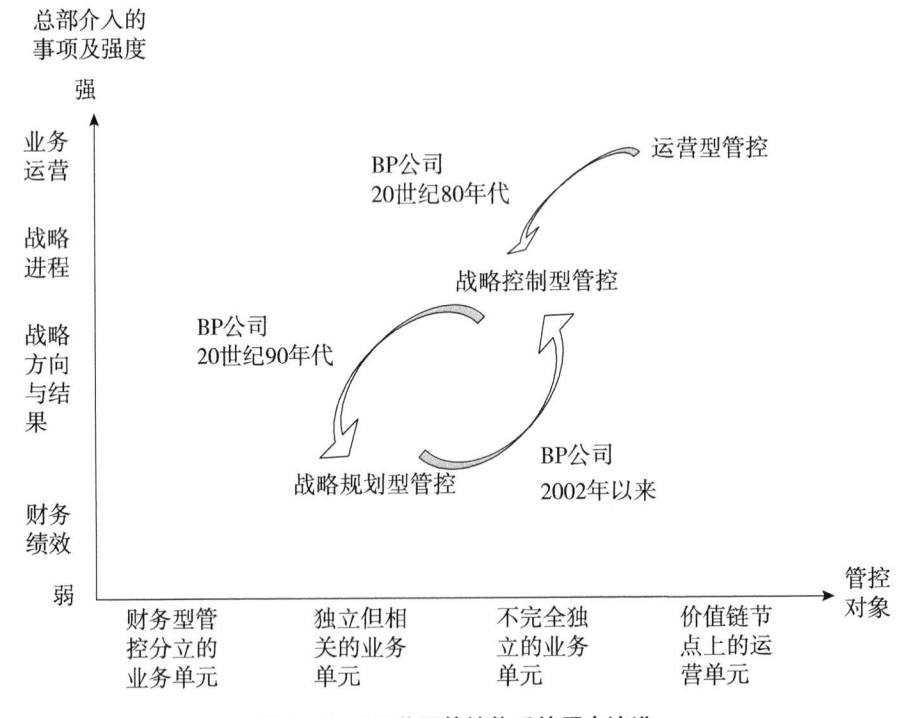

图6-1　BP公司管控体系的历史演进

（一）20世纪80年代偏集权的管控体系

在沃尔特斯爵士领导时期，即20世纪80年代，BP公司总部对各业务板块子公司的管控属于较为集权的战略控制型管控。从上游业务（油气勘探与生产）、下游业务（炼油与营销）和石油化工三大业务板块之间的关系来说，由于原油是后两个业务板块的最基本投入物，所以，BP公司各板块业务之间存在着明显的相关性。但是，与前期纵向一体化时期高度集权的运营型管控不同，BP公司在向分权管控体制转变的过程中，凭借世界范围高度发达、运行良好的原油市场交易机制，这些业务板块之间不再局限于内部的交易，而是引入了第三方交易（如原油采购与贸易，对内和对第三方的海运[①]等），从而使各业务板块子公司成为独立运营、独立核算的经营实体。与此同时，BP公司总部直接介入各业务板块的战略性决策中，比如主要勘探投资、炼制能力优化、零售终端品牌建设等重要的决策都集中在BP公司总部。并且，BP公司在设立"里程碑"时，不仅关注长期性结果分阶段实现的相对软性的战略目标"里程碑"，而且更关注战略实现过程中重要的行动事项"里程碑"。因为BP公司当时处于扩张时期，行动的"里程碑"比绩效目标（产出）的"里程碑"更受重视，而且也易于确立和监控，所以，偏向于集权的战略过程或进程控制，成为这一时期管控体系的主要特征。

由于石油和天然气业务的投资周期长、勘探开发风险大，不可能实施严格的短期财务绩效控制，所以，BP公司建立了一个包含三阶段的正规的战略计划程序：第一阶段是由业务群部提出十年期及更长时期的战略规划，提交总部评价。这通常以每两年滚动的方式来进行，由各业务群部制订该板块业务建立起可持续的竞争优势地位（而不是详细的量化的预测数）的战略方案。总部战略评审结束后会提出该板块业务组合和绩效目标的指导性意见。第二阶段是依据总部批准的战略，由业务群部每年制订一个五年期的发展规划，

[①] 1980年，BP公司的油船部门被组建为BP船运公司。改组的目的是，让这个部门成为BP公司的利润中心，而不是服务于自己公司的成本中心。然而，航运市场的衰退让这个利润中心一直处于亏损状态，截至1985年年底，其亏损达到1.6亿英镑，故而在1986年，BP公司将这个"包袱"彻底甩掉。

做出与其战略目标一致的中期发展预测。第三阶段是运营计划的制订，包括确立年度预算以及非财务指标方面的"里程碑"。各业务板块在制订运营计划时，要求针对战略评审阶段所确立的业务经营成功关键因素（KSFs），设立以"某时点前做某事"形式表达的重要行动事项及其进展的"里程碑"。业务单位的主动性和首创性，就体现在这个包含了具有战略过程控制意义的运营计划中。BP公司总部的企业控制部（CCL）会以常规方式对各业务条线确立的"里程碑"进行评审和批复。那些含糊不清、模棱两可的"里程碑"，有时会直接被否决，但如果是某些战略目标本身难以被转换为精确的、可衡量的"里程碑"，企业控制部会与企业计划部（CTP）一起讨论和共同审核。各个业务线条子公司的董事会，则负责评审和通过其下属业务单位确立的"里程碑"。对于运营计划执行的情况，BP公司一般是每个月进行绩效目标完成情况考核，每个季度进行非财务的"里程碑"及重要项目进展情况考核。在这种偏集权的战略控制型管控体系下，由于总部管控的力度较大，BP公司为此配备了相当庞大的总部管理机构。

1989年罗伯特·霍顿接替主席职务后，对整个BP公司进行了大规模的裁员，将总部人员从2000人减至350人，并把公司总部旗下的多级管理部门撤销。1992年接任的大卫·西蒙继续了这一合理化和分权运动，将员工数由9.7万人减少到1995年的5万人。

（二）20世纪90年代偏分权的管控体系

自霍顿推出"1990项目"开始，BP公司开始转向更大程度分权的战略规划型管控体系。1995年，布朗升任集团公司CEO，次年推行的扁平化改革中将BP公司重组为150个业务单元，并成立"同僚小组"。例如，上游业务板块根据油田所处的生命周期阶段，设立了早期、新开采期、收入稳定期和后期四个阶段的油田领导者同僚小组，下游业务板块也根据所面临的类似挑战（如在欧洲和北美市场的零售）设立技术相似或业务相关的业务单位领导者同僚小组，使同类业务单位间能够共享知识和互助合作。

尽管同僚小组的构建方式并不完全一样，但都遵循这样一些原则，即作为组织正式设计的拥有直线职权的合作团体（与业界以非正式组织方式设立的"实践团体"有明显差别),参加者为对绩效负责的业务单位领导者,小组规模一般限定为10人左右,以自主管理的方式运作,围绕绩效目标的达成进行由议题驱动的富有生产性的讨论和决策。BP公司之所以将同僚小组限定为10人左右的规模,是为了使这一合作团体能小到每个成员都能产生强烈的个人融入感,同时又大到能有多样化的视角和观点以及相互学习的机会。从而围绕共同关注的议题进行富有生产性的讨论和知识交流,使参与同僚小组的各业务单位领导者能借此实现并改进其承诺的绩效目标。当然,不同的同僚小组所关注的议题可能不同。比如,同属于上游业务板块,早期阶段同僚小组会围绕有关新勘探技术应用中的诀窍或者与当地政府建立关系的方法等展开交流和讨论,而后期阶段同僚小组则侧重如何从成熟期的油井中抽取石油以实现成本效益最大化等议题。由于每个业务单位可能在特定的领域有所长而在另一些的领域有所短,这样的互补性就使同僚小组成员具备同时发送和接受知识的可能性。而且,业务群部执行委员会在与每个业务单位按年度签订绩效合约时,会在自下而上与自上而下的几轮的交互过程中约定具有相当挑战性但仍具备可达性的伸展性绩效目标。这个"伸展性"意味着所约定的绩效目标要达到两方面的提高:一方面,要比各个业务单位发挥现有能力可达到的水平高出一定的比例;另一方面,就同僚小组整体来说,其预期达到的水平还要比各单位预期水平之和高出许多。这样就给同僚小组成员注入了一种相帮互助的压力和动力,使各单位领导者有意愿去分享和合作,从而形成业务单位之间的横向的网络化联结。

　　20世纪90年代初期至2001年,BP公司实行的绩效合约制度体现了管理重心向基层单位下移的分权体制。负有利润责任的业务单位直接与业务群部执行委员会在上下磋商中约定的伸展性绩效目标,主要包括业务单位下一年度将在净收益、现金流、资本支出和生产量等方面达到的水平,以及这些目标的优先序和实现过程的重要"里程碑"(涉及与其他业务单位合作的机会,成本降低方案,健康、安全、防卫与环保,以及管理团队发展等)。磋商过程首先是自下而上的,即由业务单位根据自己所能达到的水平制订运营计划,提交给业务群部执行委员会评审;然后在自上而下的过程中,由业务群部执行委员会从整个业务群要达到的目标出发,提出各业务单位及其同僚小组应该达到的目标水平。这样商定的目标就成为集体承诺去完成的任务。每个季度，业务群部执行委员会要对约定绩效的完成情况进行评价，并将结果报送集团公司CEO，以建立起各业务单位领导者对整个集团的责任感。在平时，同僚小组会以自我管理的方式，在浓厚的绩效文化、共担的伸展性目标、合作者评价和团队奖惩、上层管理者的支持等各种促进组织分权和互助、互学机制的作用下，使实现有一定难度的伸展性绩效目标得以顺利达成。

在这种横向联结的绩效导向管控体系下，基层的直线管理者（业务单位领导者，BULs），而不是业务群部或总部的职能人员以及区域管理者，成为带动BP公司经营绩效迅速提升的一股重要推力。而且，这些业务单位领导者不仅对同僚小组中伙伴的合作质量做出评价，还会在由他们以自主方式召开的质询会上对伙伴所陈述的投资意图和计划做出直爽的、开放性的评估，使业务单位的资本支出计划在经得起对其业务有同样了解的同僚小组成员的质询和挑战下得以修正、通过或否决。正是因为有了这种得到授权的自我管理团队成员（业务单位领导者）的相互合作与制约，寻求"同僚协助"（Peer Assist）并接受在资本支出决策方面的"同僚质询"（Peer Challenge），使拥有自主权的业务单位能够不像以前那样依赖公司总部职能专家的指导建议和区域管理机构的权威监控[①]。到2001年，BP公司在机构和人员大幅精简的情况下，总体销售业绩和盈利水平都得到了很大提高。

（三）2002年后逐步正规化的集团管控体系

BP公司自2002年开始放弃基于"绩效合约"和"同僚小组"的分权化管控体制。业务单位领导者不再能单独决定是否以削减员工培训或广告的预算来更好地达成绩效目标底线，而是必须服从公司的政策。业务单位中职能专家的职业生涯管理也由公司职能副总裁负责。业务部副总裁及其下属的职能负责人通常需要和公司总部该职能领域及其他相关领域的副总裁一起，在公司执行董事的介入下，共同讨论决定这一领域的职能战略和资源配置决策，

---

① Roberts J D. The Modern Firm: Organizational Design for Performance and Growth [M]. Boston: Oxford University Press, 2004.

并解决业务线条和职能线视野的冲突。作为对 2002 年设定"过于乐观的产量目标"问题的一个应对措施，BP 公司虽然继续鼓励业务单位在相互学习中提出依然具有伸展性的绩效目标，但侧重点由原来的年度目标的达成转向了五年目标的进展，并且引入更为详细的计划程序，对业务单位的投资以及职能和运营的创新进行周密评审。另外，由于原有浓厚的绩效文化在公司规模扩张中大为减弱，伸展性目标实现的责任也不再像原来那样由业务单位联合体来分担，而是很大部分落到了负责业绩达成及寻找协同机会的副总裁身上。概言之，经历了 20 世纪 80—90 年代分权化变革的 BP 公司，在业务层次上呈现出了由战略规划型管控体系向加大了集权的战略控制型管控体系回归的趋向。

由于公司扩张中出现了绩效目标优先次序上向产量目标的倾斜，而不是将安全目标置于所有运营活动的核心地位，以及在重视"职能质询"更甚于"同僚质询"的管控转型中未及时建立起安全管理的职能和流程体系，BP 公司在 2005—2006 年出现了美国得克萨斯州炼油厂爆炸、阿拉斯加北坡石油管线原油泄漏等安全事故。这些运营可靠性问题使 BP 公司不得不将安全没有保障的炼油厂关闭，加上因对项目进程控制减弱而带来的项目完成期限推迟，导致 BP 公司的销售收入开始出现与预期水平的显著差距。2007 年 5 月接替已到退休年龄的布朗担任 CEO 的托尼·海沃德这样评价 BP 公司在 2007 年的业绩：因项目延误和运营可靠性而导致的营业收入的降低，以及公司管理业务的方式过于复杂而造成的成本上升，是带来公司财务绩效不令人满意的两个主要因素。

2010 年墨西哥湾漏油事件发生后，在新任 CEO 鲍勃·达德利的领导下，BP 公司的经营理念开始从前期偏重于"数量"转向更注重"价值"。与这一经营理念转变相适应的，BP 公司正在做出"专注战略性资产而非非核心资产，探求新机会而非死守成熟油田资产"的选择，旨在建立更优的资产组合，打造更为强劲的上游和下游业务，从而获取足够的现金流，以便对未来进行投资并回报投资者。

作为对墨西哥湾漏油事故的一个应对措施，致力于"用安全和可持续方式创造长期价值"的 BP 公司，一方面转向更多地从价值增长角度分析资产对公司的作用，通过剥离非战略性资产，以最大限度地释放资产潜在价值，以此解决因巨额赔付产生的现金流问题；另一方面积极以管理组织架构的重组来加速实现公司业务战略和发展布局的优化调整，以强化并开拓新的战略增长点，确保公司实现"安全、信任和价值"的目标。具体表现是，BP公司在危机出现后很快在集团总部设立了"安全与运营风险部"（由其向各业务运营部门派驻代表，对技术活动进行指导和必要时的直接干预）。这一职能部门的基本职责是，确保集团在世界各地的业务单位按照2008年公司推出的"运营管理体系"（OMS）开展业务活动，以便以统一口径和系统化方式贯彻执行公司在安全、风险管理和运营纪律性方面确立的世界级标准。除此之外，BP公司还在2010年第四季度决定将分布在全世界29个国家和地区中的上游业务（油气勘探与生产）拆分为勘探、开发和生产三个独立的板块。原勘探生产板块负责人安迪·伊格里斯的职务被免除，新任命了三位进入公司最高领导团队的执行副总裁来负责各板块业务，并直接向集团CEO鲍勃·达德利报告，这样使每个板块在集团核心领导层面具有了更高的能见度。

拆分后作为一个全球性业务群部运作的勘探板块，是BP公司的优势所在和价值创造的关键源泉，负责油气资源基地的获得、勘测与评价工作，其业务开展很大部分是由BP公司持有股权但由BP公司负责运营的独立公司来完成；开发板块负责完成油气田及其他重大项目安全和合规的建设，通过新成立的"全球油气田组织"，将全球范围所有的钻井与完井活动都交给一个集中领导的油气田部负责，以确保井下作业的安全和可靠性；生产板块中并入了原来独立分设的天然气与电力业务群部，因其业务范围包括了产业链上游环节的采油、采气，中游环节的运输、贮存与加工，资源基地的开发，以及对美国、加拿大、欧洲等国家和地区的天然气、液化天然气和电力的营销与贸易活动。这些生产活动分布在24个国家和地区中，按地理区域分设业务单位，业务单位领导者向生产板块主管领导下的地区部总裁报告。这样将上游业务拆分为三个板块，有利于保证更高程度的清晰性和责任制，并将专业人士整合到同一个板块团队中，提高了各自的管理能力。除此之外，BP公司还设立了"战略与整合部"职能机构，负责三个板块业务的优化和整合，并提供财务、采购与供应链、人力资源、技术和IT等方面的支持。

BP公司的下游业务（炼油与营销），主要覆盖原油供应与贸易、石油炼制、石油化工，以及原油、油品、石化产品等的营销与运输及相关服务，其市场覆盖全世界70个国家和地区中的批发商和零售商。下设业务机构分为燃料价值链（FVCs）和国际商务（IBs）两个板块。前者按照区域来设立部门，通过运营炼油厂、终端、输送管道和加油站等物质资产，开展从原油采购到面向最终消费者的销售这整条价值链的业务运营；后者则以全球产品部的方式来组织包括润滑油、石油化工、航空燃油和液化石油气（后类业务正在剥离中）等产品的制造、供应和营销。

把强化安全、重获信任提升到公司"打造新价值主张的根基"的BP公司，正在剥离非战略性资产中加大对战略性项目（尤其一直为整个集团最强项的勘探领域）的投资，以打造更多样化的上游业务组合；根据供需模式的变化，BP公司正在重塑下游业务组合（如将在美国的炼油能力减半），以便适应欧美稳中有降的需求；且在其他地理区域对燃料价值链进行升级，在亚洲等高速增长市场探索机遇，并继续拓展高品质润滑油和石化业务。在这些业务结构调整的同时，BP公司正试图将一个目前比较松散的、拥有8万员工的全球性组织打造成更系统化和标准化的组织，从而保证决策能够在合适的级别做出，而且员工清楚地了解决策的适用标准。

为贯彻"新价值主张"理念，BP公司开始明确地将绩效管理和奖励体系与安全和风险管理直接挂钩，并进一步与团队协作、能力建设、耐心倾听以及合乎标准等关键行为挂钩。在公司的员工制订目标时，也要求他们明确表明如何对实现长期目标和短期目标作出贡献。出于对安全和可持续性的关注，BP公司把安全、能力、技术及关系建设作为公司提高绩效的关键性投入，而非仅仅重视油气生产之类的产出。

（四）启示

BP公司的案例可以为中央企业集团管控体系的构建带来以下启示。

（1）中央石油企业集团在业务发展和环境变化的过程中，管控体系不能一成不变，而应根据集团业务复杂度、集团规模与发展阶段等各种内外部情境因素，适时地进行调整和变革，因地制宜地构建对自己适用且先进的管控体系。不同的企业集团,以及同一集团在不同时期,适用的管控体系会各不相同。BP公司的历史沿革表明,并不存在普适的、万能的管控体系。企业千万不可盲目对标和照搬其他企业的做法,而必须量身打造、量体裁衣,根据应用情境打造符合集团阶段性特点以及发展要求的集团管控体系,以确保集团管控意图的实现。

(2) BP公司通过价值链的切分,把价值增值过程不同环节或区段转为产业来经营,以市场化的原油购销体制,使上游的资源型业务与下游的面向消费者型业务相对独立。尤其是墨西哥湾漏油事故后,将上游业务重组成为勘探、开发与生产三个独立的全球业务群部,各司其职,使业务管理结构更趋于专业化且更加集中,并体现决策权配置与知识专长的结合。另外,与资本密集的上游业务需要更长期的视野及设置更多的战略过程控制的"里程碑"不同,下游业务更倾向于人力密集型而非资本密集型,因此在决策时需考虑的时间视野相对较窄,但对市场需求的变化却需要做出灵活、快捷的反应。因此,通过准允引入第三方交易的市场化体制,让不同的业务环节或线条作为相对独立的板块来运营,有助于其根据各自业务特点实施分层分类管控。BP公司就是基于这种业务特性差异的认识,把产业链各环节作为多元化集团的业务组合来进行战略型管控,而不像传统的纵向一体化的企业只是依靠行政性权威,把各业务单元作为被动地执行战略的非自主、非独立单位实行高度集权的运营型管控。这是BP公司作为一家整体的上市公司,能够在业务多元化、跨国化的大型企业集团的管控中发挥母公司价值创造作用的重要制度基础。管控对象的相对独立,是战略型(包括战略控制型和战略规划型)管控体系区别于运营型管控体系的组织性根基。没有业务单元的相对独立作为基本支撑,体现某种程度分权的战略型管控体系势必"有名无实",难以使各业务线条应有的自主权得到落实。

(3) 从历史进程来看,BP公司在20世纪80年代从一家广泛多元化的企业调整并收缩为专注于石油、天然气及其衍生产品生产和销售的有限多元化的企业,再从20世纪90年代注重资产数量和业务增长时期实行偏分权的战略规划型管控体系,到21世纪跨国并购完成后又从较大程度分权转向更为集权的战略控制型管控体系,管控模式可能轮回,但管控的举措并不是简单地回到过去。模式转换过程中可能潜存着管控体系某些关键要素的空缺。比如，BP公司在全球大收购后实施的管控体系转型中，因为之前作为"英国本土中流企业"运作中所形成的绩效文化融合度不可能短期内就在新并购企业中培育出来，这使前期依靠绩效导向文化和业务单元领导者横向联结的战略规划型管控不再可行。与此同时，由于前期管理组织结构的扁平化和精简，转向战略控制型管控更多依靠的纵向权威体系及包括运营安全在内的职能管理等举措还没有构建到位。漏油事件发生后，BP公司很快采取了"亡羊补牢"的措施，包括在总部增设安全与运营风险职能部门，以及重构上游业务管理架构等，使安全和风险控制标准成为指导组织各层面员工行为的基本规范。这是大型企业集团管控体系转型中通过渐进式调试过程来对潜存的制度缺失做出应对的一个示例，也反映了历史轨迹对集团管控的实践具有不容忽视的影响。

第七章 中国海油集团管控体系

一、党的领导，将政治优势转化为企业竞争力

中国海油在建设中国特色世界一流石油公司的征程中，始终坚持党的领导、加强党的建设。

中国海油在成立以来的创新、开放和发展实践中，从集团决策层到基层班组，从主业到基地服务，从自主经营到国际合作，都对国有企业的制度优势具有坚定的正确认识。在正确的信念指引下，中国海油从经营理念、企业制度、经营方式和职工行为中，将党的领导和党员的先锋模范作用转化为企业的核心竞争力、领导力和对企业全体职工的影响力。中国海油通过正确地贯彻党和国家的方针政策，从国民经济和社会发展的整体需要出发，不断做大做强中国海洋石油工业，不断拓展企业的发展空间和市场，不断延伸企业的服务体系，进而充分发挥国有企业的政治优势。

（一）发展历程和创新实践

中国海油的历届党组都高度重视党建工作，各级党政工团组织、各级管控人员和党建工作人员认真按照党组要求，积极探索党建工作新思路、新方法、新途径。中国海油的党建认识和工作实践，既是一以贯之，又随着企业发展和时代变迁而不断深化；既承继了中国石油工业的优良传统，也呈现出鲜明的海油特色，自始至终对企业的创新、发展和稳定发挥着不可替代的重要作用。

中国海油党建工作经历了重点转移、"五五一"工程、双优统一、政治优势转化等阶段。

1. 重点转移

作为中国创新开放的产物，中国海油致力于服务对外合作，发展生产经营。企业生产经营的转变，给对外合作初期的中国海油带来了思想政治工作重点转移的要求。为此，中国海油把思想政治工作的重点放在转变职工的思想和观念上，坚持把创新开放的难点作为思想政治工作的重点；坚持以思想政治工作推动干部职工解放思想、转变观念；宣传按照国际惯例办事，促进对外合作和企业创新发展。

2. "五五一"工程

"五五一"工程的具体内容如下。

党委发挥政治核心作用，做好五个方面的工作，即执行中央方针政策，发挥保证监督作用；加强精神文明建设，发挥政治领导作用；参与企业重大决策，发挥促进发展作用；带领职工办好企业，发挥团结凝聚作用；做好群众组织工作，发挥领导协调作用。

党支部发挥战斗堡垒作用，落实"五到位"，即健全组织，支委工作到位；完善制度，依章办事到位；模范带头，完成任务到位；联系群众，思想工作到位；严格管控，督察工作到位。

激励党员开展"一个党员一面旗帜"活动，要始终保持积极进取的精神状态，具有实现信念的创造活力，站在创新发展的前列，发挥先锋模范作用。

3. 双优统一

党的十九大召开后，国有企业创新进入攻坚阶段，迫切需要加强和改进国有企业党建工作，为其提供强有力的思想政治保证和组织保证。中国海油党组结合海洋石油实际和国内外环境变化，提出了面向 21 世纪的六大战略，即有效益的发展战略、天然气战略、资本运营战略、低成本战略、高科技战略和扩大开放战略，并强调要在建立和完善现代企业制度方面取得突破性进展。这个优快发展海洋石油事业的战略构想，对加强和改进思想政治工作提出了新的更高的要求。

围绕总公司党组面向21世纪的战略，努力实现"优快发展生产经营"与"发挥思想政治工作优势"的统一（双优统一），中国海油从党群和行政两个方面入手，完善领导体制，调整工作内容，改进工作方式，努力把发挥思想政治工作优势同运用市场机制结合起来，很好地解决了政治与经济、精神与物质协调统一的问题。为了适应社会主义市场经济和建立现代企业制度的要求，中国海油坚持在生产经营中发挥思想政治工作优势，通过发挥思想政治工作优势促进生产经营优快发展。

4. 政治优势转化工作的提出与初步实践

2019年，中国海油党组提出，以较快的发展速度、较强的盈利能力和较好的发展质量在2035年建成具有国际竞争力的综合型石油公司，2050年全面建成现代企业制度。在此基础上，将中国海油建设成世界一流的综合型石油公司。新的发展形势和任务对中国海油的党建与思想政治工作提出了更高的要求。为了适应新的发展形势和应对新的工作任务，推动思想政治工作为促进企业创新、发展与稳定，实现企业价值最大化发挥积极作用，中国海油紧紧围绕党组提出的战略目标，不断加强党建与思想政治工作，不断探索思想政治工作新思路、新方法。

中国海油党组提出"把国有企业的政治优势转化为企业核心竞争力"。通过召开研讨会、成立课题组进行深入研究，并结合工作实践，中国海油逐步形成了比较完整的理论体系和思路。针对党建和思想政治工作在企业创新发展中遇到的新情况、新问题，中国海油不断进行理论探索，并意识到思想政治工作要做到五个转变，即把工作内容从宏观转变为微观、把着眼点从一般宣传转变为促进落实、把工作方式从"单点"转变为"多元"、把工作体系从独立转变为融合、把政工人员从部分转变为全体。

中国海油将创新学习型组织作为思想政治工作的重要内容，根据国内外市场形势发展的要求，在不同层次展开广泛的学习活动，各级领导班子通过举办各类读书班、轮训班、研讨班来带头学习；坚持群众性自我教育，发动职工解放思想，转变观念；强化企业内部沟通；将表彰先进、树立典型也作为思想政治工作的重要内容之一。这些措施推动了中国海油将国有企业政治优势转化为企业核心竞争力的初步实践。

5. 政治优势转化工作的深化与全面实践

党的十九大以来，全面从严治党不断向纵深发展，国有企业党建工作提到了前所未有的高度。面对新形势、新任务、新要求，中国海油党组切实提高政治站位和政治觉悟，认真落实全面从严治党政治责任和主体责任，做出了建设中国特色世界一流石油公司的战略部署。其中，"中国特色"是根本依据。中国海油是中国共产党领导下的国有企业，这决定了公司始终坚持党对国有企业的领导，坚持"在经济领域为党工作"的理念。

在党的十九大以来的历次主题学习教育活动中，中国海油党组始终坚持问题导向，把推进学习教育与解决思想、作风、组织等各方面的实际问题紧密结合起来。"突出问题导向，夯实党建工作基础"的党建思路，为中国海油的政治优势转化进入深化与全面实践阶段提供了坚强保障。

加强思想建设。提高党组和各级党委理论学习中心组学习的质量，探索形成党组理论学习中心组学习"1＋2＋3"的模式创新；突出"关键少数"在思想、作风等各方提出更高要求，强化"关键少数"的理想信念和综合素质，发挥"关键少数"的示范带动作用。依托中国海洋石油集团有限公司干部学校（海油党校）举办各类人员培训班，加强对企业领导人员的党性教育、宗旨教育、警示教育。举办中国海油党的建设工作座谈会、群团工作座谈会和深入学习贯彻党的十九届四中全会和全国国有企业党的建设工作会议精神研讨会，进一步加强党建工作的顶层设计和总体规划。成立公司党建政研会并探索开展政研会分校建设，推动理论研究工作更好地为党建宣传思想工作实践服务。

加强党风廉政建设。中国海油把落实中央"八项规定"精神、纠正"四风"问题上升到政治纪律和政治规矩的高度来认识，坚持"红线文化"，扎紧制度笼子，对"四风"问题露头就打，执纪必严。大力推进党风廉政建设责任制落实，以零容忍的态度惩治腐败，以接受中央巡视组专项巡视和审计署经济责任审计为契机，加大问题线索核查和案件查办工作力度，形成强有力的震慑效应。注重发挥好巡视"利剑"作用，实现了对设立党委的二级单位巡视的全覆盖。制订公司党组派驻纪检组试点工作方案，向所属单位派驻纪检组，深入推进党风建设和反腐倡廉工作。通过整合纪检监察、党组巡视、内部审计、派出监事会、风险管控等监督力量，不断完善监督体制，中国海油建立事前、事中、事后全过程监督的预防和惩治腐败体系，并推进作风建设常态化、长效化、制度化，以持之以恒、久久为功的劲头，全面深化正风肃纪。中国海油认真践行"四种形态"，严格日常管控，落实谈心谈话制度，加大综合考核评价和提醒、函询、诫勉力度；按照"三个区分开来"要求，合理划定容错界限，根据上级精神扎实推进中国海油容错纠错机制建设。

加强组织建设。成立了中国海油党建工作领导小组，党组书记任组长，党组副书记任副组长，其他党组成员任小组成员，定期听取公司党建工作汇报，研究推进党建重点工作。严格落实党建机构和人员职数配备，选优配强所属单位党组织负责人，推行"人事管控和基层党建一个部门抓，分属两个部门的要由一个领导管"。成立海油党校，推动党员领导干部和基层党支部书记教育培训全覆盖。成立了党组办公室、党组组织部、党组纪检组办公室、党组宣传部、党组统战部和党组政策研究室，分别与集团公司办公厅、人力资源部、监察部、思想政治工作部、直属党委和政策研究室合署办公，党组的工作机构更加健全。推动全面从严治党向基层延伸，在全系统开展党支部达标工作，让支部成为"团结群众的核心、教育党员的学校、攻坚克难的堡垒"，努力营造"做合格党员，建达标支部"的生动局面。扎实推进"六有"服务型党组织建设，使各级党组织服务意识明显增强、服务能力明显提高、服务成效明显提升。坚持党管干部原则，严格执行民主集中制，严格规范动议提名、组织考察、讨论决定等程序，保证党对干部人事工作的领导权和对重要干部的管控权。持续深化三项制度创新，加强和改进年轻干部培养选拔工作，加大竞争性干部选拔力度，进一步调动干部员工的积极性、主动性和创造性，不断增强企业的生机和活力。

加强制度建设。出台《贯彻落实全面从严治党要求加强党建工作的七项措施》；坚决贯彻落实《中央企业党建工作责任制实施办法》，制定《中国海油党建工作责任制实施细则》，深入推进第一责任、直接责任和一岗双责的落实；不断优化党建工作考核机制，与组织绩效和负责人个人绩效紧密挂钩和更好匹配。党组与各所属单位签订党建工作责任书，每年年底进行考核；制定《中国海洋石油总公司落实党风廉政建设党组（党委）主体责任纪检组

（纪委）监督责任实施办法》并推动"两个责任"层层落实；全面开展所属单位党委书记抓基层党建工作述职评议考核，制定《中国海洋石油总公司所属单位党委书记抓党建工作述职评议考核暂行规定》。

2014年下半年到2018年年底国际油价暴跌，并在较长时间里在低位震荡。在行业性的生产经营"严冬"环境下，中国海油通过不断加强和改善党的领导，加强和改进党的建设，引领、保障和推动了中国海油的持续健康发展，为统筹推进"五位一体"总体布局、协调推进"四个全面"战略布局贡献自身价值和力量。

（二）党建创新实践

中国海油坚持党的领导，保持高度的政治站位和政治觉悟，不断加强党建与思想政治工作，坚持在发展生产经营中发挥思想政治工作优势，充分发挥国有企业党组织的政治核心作用。这也使得中国海油党建工作措施在不同时期的发展历程中具有稳定性和延续性，其中具有中国海油特色的创新性实践做法如下。

1. 突出"在经济领域为党工作"的使命与担当

党的中心工作是经济建设。国有企业是经济建设的重要支柱力量，"在经济领域为党工作"是国有企业的职责使命，也是国有企业党建工作的出发点和落脚点。

具有海上油气资源对外合作专营权的中国海油，作为行业对外开放的先行者，最早正是通过党建创新来转变员工观念、统一思想认识、凝聚员工力量。例如，对外合作刚起步时，许多职工对海洋石油对外合作的决策很不理解，认为"合作是出卖国家主权""对外承包是出卖廉价劳动力"，部分领导干部也存在不少疑虑。为此，中国海油党组通过组织群众性的大讨论，破除了旧的传统观念和"左"的思想影响，使大家认识到，只有承认落后而又不甘于落后，才是清醒的有作为的爱国主义者，才能有效地保障海洋石油企业创新和发展战略的实施。

中国海油牢记"在经济领域为党工作"的重大使命，树立鲜明导向、强化使命担当；通过明确发展目标，理直气壮做强做优做大，提高核心竞争力和资源配置效率,不断增强国有经济活力、控制力、影响力、国际竞争力和抗风险能力。在新形势下,中国海油宣传建设中国特色世界一流石油公司战略目标;通过加强"报、刊、网、视"一体的宣传阵地、党组领导接待日活动和联系点制度,做到内宣立足基层坚持正面宣传、外宣突出主题加强舆情管控,领导干部与群众直联互通,切实提高宣传动员和舆论引导能力和水平,使中国海油改革发展顺利推进。

2. 推进党建工作与生产经营深度融合

中国海油改革发展各个阶段都离不开党建工作。党组坚持以"管用有效"为原则,把党建与生产经营结合起来,以党支部建在项目上,成立跨单位的联合党支部等形式,努力探索党建与生产经营融合的"点""面"全覆盖,为实现健康可持续发展保驾护航。中国海油把党的组织建设与公司加强人力资源建设结合起来。在总部机关和所属单位层面全面落实"同一分管"(即党委工作和人事工作由同一名党组或党委成员分管),推进干部交流任职、搭建分层级干部梯度,为党建与生产经营融合提供组织保证。

为了打通党建与生产经营融合"最后一公里",中国海油不断夯实基层基础,以编制基层党委、党支部工作手册和基层党组织书记示范培训等为抓手,将从严治党向基层延伸。2017年4月至2019年年底,党组在全系统深入开展"党支部达标"工作,以"提升基础管控、强化堡垒作用"为总体要求,以标准化管控和支部达标为手段,实现全系统党支部基础工作标准化管控,把全系统2300多个党支部(总支)打造成坚强的战斗堡垒。通过开发"海油e支部"手机App和微信公众号,以公司党建信息及时、准确、快捷传递为目的,以全系统2233名基层党组织书记为对象,搭建了一个以手机移动终端为载体的信息沟通和数据分析平台。中国海油通过构建党建工作与企业生产经营管控工作"一体两面、无缝对接"的体系,使公司党组的重大决策部署迅速传递到基层党组织,特别是海上平台、船舶等一线党组织;同时也能够使一线的声音反馈到公司党组。

中国海油通过扎实推进党建工作与生产经营深度融合,围绕生产经营创新工作载体、搭建活动平台,努力做到两手抓、两促进,把党建工作成效转化为企业发展活力和竞争实力。特别是在应对行业性的生产经营"严冬"期间，这项创新性制度发挥了巨大作用，保障了中国海油的降本提质增效效果。

3. 立足海油实际，体现海油特色

中国海油紧密结合自身实际，创新党建工作载体和方法，丰富党建工作内容和形式，初步形成了适应新形势新要求、符合企业自身特点的党建工作模式创新。

立足"油"的实际，体现"油"的特色。大力弘扬"石油精神"，发挥好"石油精神"鼓舞人、塑造人、凝聚人的作用。当面对低油价的严峻挑战时，切实把"石油精神"作为企业攻坚克难、夺取胜利的宝贵财富，鼓励、引导干部职工立足本职拼搏进取，为公司创新发展作出更大贡献。在大力弘扬"苦干实干""三老四严"的"石油精神"基础上，形成了以"双赢、创新、开放、平等、人本"为元素的海油特色企业文化。

立足"海"的实际，体现"海"的特色。逐步成立渤海、南海西部、南海东部及东海四个地区管控局，以及五个地区党委，实行公司党组和地方党委双重领导，切实加强各地区党的建设领导力量。组织开展建设海洋强国大讨论，深入学习和大力弘扬丝路精神，把海油的发展融入海洋强国建设、"一带一路"倡议等国家重大决策部署中。立足海上生产经营的实际，积极创新党建工作的内容、载体和方式，开展了"我爱蓝色国土"征文活动、海洋日以及海洋人物评选等系列宣传活动，《海油故事·启示》得到广泛关注。在创新发展中，发扬群众路线，坚持以人为本，总结出海油特色的"三真、四实、三贴近"（"三真"指用真理说服人、用真情感染人、用真实打动人；"四实"指思想务实、工作扎实、作风求实、措施落实；"三贴近"指贴近实际、贴近生活、贴近群众）工作法。

立足"企"的实际，体现"企"的特色。根据所属企业不同情况，把党的领导总体要求写入公司章程，确保党组织在公司管控中的法定地位。厘清党委和其他管控主体的权责边界，完善"三重一大"事项决策的内容、规则和程序，落实党组织研究讨论是董事会、经理层决策重大问题前置程序的要求。根据股权多元企业、海外企业等的不同特点，创新落实"四个同步、四个对接"，推动党组织"应建尽建"；在"处僵治困"过程中做好组织关系转接、党组织隶属关系调整等工作。

4. 创新国有企业海外基层党建工作

坚持党的领导、加强党的建设是我国国有企业的光荣传统。中国海油在努力推进"横向到边、纵向到底"的网状大政工格局的构建中，坚持"企业发展到哪里，党的组织就建设到哪里"，努力实现各层组织"全覆盖"，发挥组织的整体作用。分布广泛、严密完善、富有活力的基层党组织是中国海油战斗力的基础，是贯彻落实党的路线方针政策和各项工作任务的战斗堡垒。

中国海油的海外资产已接近40%，在海外更要坚持党对国有企业的领导不动摇，更要时刻牢记"在经济领域为党工作"的使命。在"走出去"的过程中，中国海油党组不断完善党组织工作机构；通过成立海外企业党委，对所有驻外机构、专业公司海外作业单元的党组织进行统筹管控。

在符合当地国情和法律规范的基础上，海外党建工作为中国海油的海外业务发展提供有力的思想、政治和组织保证。例如中海油伊拉克公司，多年来党总支积极探索和实践国有企业政治优势在海外项目中的作用发挥。2016年6月至2019年年底，中国海油伊拉克公司党总支以创建"六有"服务型党组织为契机，联合中海油服、海油发展、海油炼化党支部成立了中东海油之家；并以专业为区分，把支部建在业务上，将原来的第一、第二党支部优化改组为油藏党支部、地面党支部和综合党支部。中国海油伊拉克公司党总支提出"一体化、一条心、一个方向"的"三一"党建理念，谋求上下游一体协同发展；构建"联合、联动、联通"的"三联"党组织建设机制。

（三）政治优势转化

1. 政治优势的来源

国有企业是中国特色社会主义事业的重要支柱，中国共产党执政的重要基础，完善社会主义市场经济体制的关键力量，要在国际竞争中立于不败之地、成为市场的强者，尤其是要与西方国家企业同台竞技，就需要培育并保持自己独特的核心竞争力。

中国海油通过系统总结历史经验，从自身妥善处理党组织政治核心作用与建立现代企业制度、规范法人治理结构关系的创新实践出发，认为在国际上和其他跨国公司竞争不可替代的软实力在于国有企业具有的政治优势。以国有企业本身的特色属性为基础，党的建设、思想文化建设等各项政治工作生成的、以综合优势为外在表现的政治能量，是国有企业核心竞争力的重要组成部分。

中国海油的政治优势来源于由党的领导建设所塑造的政治核心优势，来源于社会主义核心价值观所塑造的思想文化优势和石油精神的传承。

领导核心优势。党组充分发挥领导核心和政治优势，以科学理论为指导，在重大决策中起到领导作用，保证党的方针政策得到执行贯彻，保证中国海油正确政治方向和科学的发展规划，做到了方向引领作用。在组织动员上，中国海油的党组织已经形成了一整套工作系统和"横向到边，纵向到底"的组织网络。

思想文化优势。中国海油的领导班子能够深刻认知和自觉担当起国有企业肩负的政治责任、经济责任和社会责任，始终站在党和国家事业发展的高度思考问题、谋划发展，在一个更长远、更广阔的平台上为企业、国家和社会多作贡献。党员干部能够通过党课培训、党员活动、思想政治工作等特有途径，加强中国特色社会主义共同信念教育和党员群众理想信念教育，从而以先进的信仰理念增强社会主义企业的吸引力和凝聚力。企业整体在发展过程中形成的以企业精神和经营管控理念为核心，凝聚、激励企业各级经营管控者和员工归属感、安全感、成就感的人本理论和管控体系创新，支撑着企业的灵魂和精神。

以人为本优势。中国海油把握用人导向和选人用人标准，在支持市场化选聘企业经营管控者机制的同时，选拔和培养了一批讲政治、懂经济的社会主义企业家，对党负责、对国有资产保值增值负责。发挥先锋模范作用，团结带领职工群众推动企业的发展进步，增强员工的主人翁意识，建设一支能够熟练掌握相关现代科技手段，识大体、顾大局，有较强的自立意识、竞争意识、效率意识、民主法制意识的"四有"职工队伍。

全面协调优势。国有企业具有不同于其他所有制企业的特定制度属性，即公有制性质，这种制度属性形成了统筹兼顾、集中力量办大事的独特优势，进而得以实现真正全面、协调、可持续的科学发展。中国海油所具备的中国特色现代国有企业的制度优势能够使它合理地处理企业与国家、局部与全局、短期与长远的关系，服从和服务国家发展大局，协调发展形成合力，立足长远实现长期发展，在为国家和社会作出了重要贡献的同时，实现自身的科学发展，将全面协调优势转化为企业的科学发展合力。

中国海油作为一个综合型的集团公司，不同单位、不同业务板块能否正确处理局部与全局的关系，做到通力合作、形成合力，集中力量攻关，是总公司盛衰成败的关键。在此方面，中国海油提出了"立足于搞活集团全部资产、立足于打造集团综合竞争优势、立足于让全体员工共同发展"的理念，坚持以油公司的发展为龙头、推动集团各业务板块全面发展，坚持集团价值最大化、协调各业务板块的均衡和配套发展，坚持全面提高管控水平、进一步提高集团综合竞争力。充分发挥国有企业集中力量办大事、上下协同聚合力的优势，集团上下众志成城，各个单位合力共进，围绕着集团的战略目标协同发展，实现集团价值最大化。

2. 政治优势的转化途径

国有企业政治优势又是一种潜在的优势，必须通过不断改进国有企业的党建和思想政治工作，积极构建与现代企业管控体系相适应的工作机制和传递路径，才能转化成国有企业独特核心竞争力。中国海油在实践中总结出转化的六个途径，即把党的理想信念通过企业价值理念建设转化为企业的凝聚力，把党的方针政策通过企业战略规划及实施转化为企业的发展力，把党的纪律作风通过企业规章制度及行为规范转化为企业的执行力，把党员的先进性标准通过先进典型及形象塑造转化为企业的带动力，把党组织的政治核心作用通过企业党建工作转化为企业的领导力，把党的执政为民的理念通过强化企业员工的主人翁地位转化为企业发展的主体创造力。通过六个转化的载体和途径，国有企业政治优势由虚化实，转化为核心竞争力，成为企业发展的硬实力。

（1）把党的理想信念通过企业价值理念建设转化为企业的凝聚力。中国特色社会主义，是当代中国发展进步的旗帜，是全党全国各族人民团结奋斗的旗帜；中国特色社会主义共同理想，是全党全国各族人民共同奋斗的理想信念，具有凝聚人心的强大精神支柱作用。国有企业要结合自身实际，把党的理想信念具体化，并使之转化为具体行动。

中国海油着力形成富有实效的思想政治工作风格和方法，把党的理想信念、社会主义核心价值体系通过企业价值理念建设转化为企业的凝聚力。方向导向上，通过大力加强领导班子建设，打造国有企业家队伍，增强国有企业家肩负政治责任、经济责任和社会责任的意识，不断提升责任境界；组织动员上，加强"横向到边、纵向到底"的思想政治工作格局建设，打造思想政治工作与企业生产经营管控的深度融合；思想理念上，通过海洋石油企业文化建设，打造海油精神，从上至下凝聚一心，释放出强大的精神动力。把企业的运营目标转化为员工的自觉追求和统一意志，全面加强中国特色社会主义共同信念教育，形成企业的意志整合优势和强大精神动力。

（2）把党的方针政策通过企业战略规划及实施转化为企业的发展力。党的方针政策既为国有企业提供了发展的环境，也为国有企业制订自身发展战略提供了科学指导。国有企业的广大干部和职工必须认真学习贯彻党的方针政策，抓好企业的战略规划及其实施。

中国海油围绕以人为本、协调发展、自主创新和节能减排的方针政策，提出的"建设中国特色世界一流石油公司"发展目标、"协调发展、科技创新、人才兴企和低成本"四大战略，"三个统筹、三个坚持"和正确处理创新、发展和稳定的"九个关系"，既体现了党的方针政策要求，又符合企业的实际情况，从而引导企业实现了高效高速发展。在处理企业与国家关系的角度，中国海油根据国家发展战略，正确处理企业与国家、社会的关系，自觉服从和服务国家发展大局。

（3）把党的纪律作风通过企业规章制度及行为规范转化为企业的执行力。在党领导下的国有企业，严明的纪律和优良的作风是企业的重要政治资源。通过加强制度建设，建立教育和监督等各项机制，把党的纪律作风落到实处，可以提高企业完成战略目标，贯彻战略意图，把计划、方案、要求变成现实操作的能力，是企业落实发展战略的重要保证。

中国海油发挥党的纪律作风优势，建立企业规章制度和行为规范准则。在面向企业内部的角度，首先建设"政治素质好、经营业绩好、团结协作好、作风形象好"的"四好"领导班子，通过制度规范改进党员领导干部的作风，规范其工作行为，提高其工作效能，从领导层面提升企业执行力；其次通过制定党员的先进性标准和具体要求，规范全体党员的行为，来改进和提高企业的执行力；最后用党内的纪律作风建设影响、带动和推进企业整体员工队伍建设，建立员工行为规范，明确奖惩办法，建立相应的工作机制，调动广大员工的积极性、主动性和创造性，从而保障企业重大决策和战略规划得以坚决和彻底的执行。

（4）把党员的先进性标准通过先进典型及形象塑造转化为企业的带动力。党员是国有企业职工队伍中的骨干和中坚力量，是企业优秀的人力资源，在加强党员自身先进性建设的同时，通过树立先进典型充分发挥党员的先锋模范带头作用，能够带动企业全体员工共同提高素质、努力奉献、创造佳绩。

中国海油通过多种渠道和形式在不同层面进行员工形象建设，例如建设"四好班子"、优秀团队、"青年文明号"，评选优秀共产党员、优秀共青团员、劳动模范和"十佳"班组长等。通过典型的培养、选树和宣传工作，坚持"把业务骨干发展为共产党员，把共产党员培养为业务骨干"，达到"树立一个，带动一片"的效果，使全体员工都向先进看齐。通过先进典型和员工形象塑造，将企业的价值理念、行为作风和素质能力要求具体化、人格化，能够对整个员工队伍建设产生强大的带动力。

（5）把党组织的政治核心作用通过创新党建工作转化为企业的领导力。党组织发挥政治核心作用，把方向、管大局、保落实，以党建统领推动企业全面发展。在现代企业制度条件下，国有企业党组织要适应企业制度的变革，从"经济核心"转变为"政治核心"，因此必须在创新党建工作上下功夫，找准自身的定位，积极探索发挥政治核心作用的方式、途径和体制机制。

中国海油党组织明确围绕做好"人"的工作来发挥政治核心作用——有效参与企业重大问题决策并带头执行、保证监督，坚持党管干部原则并和企业市场化选聘人才机制有机结合，建设好党的基层组织、领导班子、干部队伍和党员队伍，领导好思想政治工作、精神文明建设，以及工会、共青团等群众组织，团结凝聚广大职工为企业发展作贡献。企业党组织发挥政治核心作用，将为股东会、董事会、监事会和经理（厂长）提供有力支持，监督党和国家方针政策在企业的贯彻执行，保证企业的正确发展方向，从而强化企业的领导力。

(6) 把党的执政为民的理念通过强化企业员工的主人翁地位转化为企业发展的主体创造力。中国海油遵循着把人力资源视为企业的第一资源、把员工看作企业创新发展的主体的企业创新思路,把"关爱员工、和谐共赢"的以人为本科学理念真正落到实处。中国海油将员工视为企业的主人翁,通过加强"三支队伍、三条通道"建设,全面提高企业员工的能力素质,为员工提供足够的发展机会和广泛的参与空间,因而能够不断增强员工对企业的利益共同体意识和自我认同感,通过"凝聚人"壮大企业发展的主体创造力量。

(四)调动发挥员工主观能动性——政治优势转化的关键作用点

中国海油与优秀国外企业的一个显著区别,即调动和发挥人的主观能动性的不同。这种调动和发挥不局限于人力资源的管控作用,更体现在政治优势转化的企业核心竞争力,即激发了中国海油的"员工能量"。

最大限度地激发和释放广大干部职工的主观能动性是企业发展的关键。中国海油不断提升企业家的政治素质和业务素质,把干部优势转化为企业的指挥力;全面发挥党员队伍的先锋模范作用,将其转化为企业的带动力;全面激发员工的主体意识,把员工的积极性创造性转化为企业的主体创造力,形成了国有企业发展的主体创造合力。员工主观能动性能成为企业政治优势转化的关键作用点主要体现在以下四个方面。

1. 通过"关爱员工"来实现党的群众优势,爱护员工

全心全意依靠职工群众,保证员工的主人翁地位,是国有企业力量的重要源泉。在抓好党自身建设的同时,中国海油党组织十分重视工会、共青团等群众组织,每年专门召开工会工作会议,研究工会的任务和自身建设问题。先后下发了《关于全心全意依靠职工群众办好企业若干问题的规定》《关于职工代表大会民主评议企业领导干部的实施意见》等文件,推动工会工作的开展。在党的领导下,各级工会广泛开展民主管控、劳动竞赛和技术练兵,依靠广大职工群众促进海洋石油事业的发展。同时,在青年工作、女工工作、职工福利等方面也取得了显著成绩。

在长期的工作实践中,中国海油构建了"关爱员工、和谐共赢"的以人为本的工作格局。特别是在创新重组的过程中,中国海油提出:"人力资源是

第一资源，人人都能创造价值；员工是企业创新的主体，而不是被创新的对象，企业的创新成本不应该由员工来承担；企业创新发展的成果由全体员工来共享。"秉持"以人为本"理念，当时存续企业的2万人，没一个人待业，没一个人下岗，没一个人买断，保证了职工利益得到维护，创新重组顺利进行，从而实现了主业和辅业全面发展，企业和员工共同成长。在严格执行国家有关工资总额政策的框架下，通过各种途径，采取合理方式，平衡不同层级、不同部门、不同单位员工的收入比例，妥善处理公平与效率的关系。

公司党组坚持群众路线，通过召开动员宣讲会、座谈会，组织员工参与问卷调查的形式，倾听群众意见，让群众真正参与进来，从中找到了影响制约公司科学发展和群众最为关注的突出问题，并虚心向群众请教，探寻解决这些突出问题的有效途径和办法。中国海油在办公内网设置"深入学习实践科学发展观活动"专栏、机关作风投诉信箱等征求群众意见的渠道，并对征集到的问题进行专项督办，为确保群众满意度测评的公开、公正、客观提供了依据。

中国海油以员工为主体、维护职工权益的做法，充分体现了国有企业的发展特色，是我国国有企业一种成功模式创新。

2. 通过加强队伍建设来转化组织优势

员工成为企业的主人翁，是人民群众当家作主的重要体现，是社会主义国有企业的制度要求，同时也极大地激发了广大员工的自我认同感、自觉创造性和高度荣誉感，为企业发展提供了源源不断的主体创造力。中国海油把以人为本的科学理念真正落到实处；通过加强"三支队伍、三条通道"建设，坚持让不同岗位员工拥有不同的职业发展通道，使管控、技术、操作人员各归其位、各得其所、各有发展空间。

党员是国有企业职工队伍中的骨干和中坚力量，是企业优秀的人力资源。目前，公司的负责人、高级管控人员和关键岗位的员工，绝大多数是共产党员。这些党员高度重视自身的先进性建设和能力建设，始终保持高度的政治觉悟、过硬的业务技能、优良的工作业绩，在他们的带动下，公司的全体员工融合成为政治优秀、责任心强、技术过硬的人力资源队伍。例如，流花油田遭遇强台风袭击而受到重创，FPSO（浮式生产储油卸油船）几条锚链被台风拉断，被迫关井停产。油田修复的难度和风险相当大，几家外国著名海洋工程公司望而却步。在巨大的压力和风险面前，中国海油党组下决心依靠自己力量来修复，经过精心挑选组织，抽调以共产党员为主的精兵强将组成项目组。在党员的带动下，大家齐心协力、迎难而上，在创新 13 项海洋工程修复技术、获得 7 项自主知识产权后，仅用外国公司报价的 1/8，提前一年使流花油田成功复产，减少损失 41 亿元。流花油田的复产创造了巨大的经济效益，同时还提升了公司的自主创新能力，形成了具有自主知识产权的水下维修技术，培育了水下维修队伍，显示了协调发展的威力，体现了集团的综合优势。中国海油通过表彰先进、树立典型，多次组织大型的表彰活动，努力营造崇尚劳模、学习劳模、争当劳模和尊重劳动、尊重知识、尊重人才、尊重创造的浓厚氛围。员工也能够自觉地把主人翁精神融入各自岗位工作之中。正因为如此，中国海油通过队伍建设来转化党的组织优势，凝聚了"员工能量"，壮大企业发展的主体创造力量。

3. 通过重大决策和企业战略规划来转化党的领导优势

党的领导是我国国有企业的重大特色，企业党组织的政治核心作用是国有企业政治优势的核心内容，是国有企业科学发展的方向保障和组织保障，也是推进国有企业其他政治优势发挥、转化、提升的领导力量和推动力量。为此，中国海油党组始终高度重视企业党的建设，着力把党的领导力转化为企业发展的硬实力，把党组织的政治核心作用转化为企业的牵引力、战斗力和向心力，形成强大的政治组织合力。

党的领导首要的就是方向领导。企业党组织的政治核心作用，首先突出地表现在发挥党的领导优势，即企业党组贯彻执行党的方针政策。中国海油党组通过参与企业重大决策和企业战略规划，实现方向引领，确保企业始终坚持正确的发展方向，从而把党的领导优势转化为牵引企业发展的前进力量。中国海油牢牢把握住这一点，从成立之日起就致力于以党的宗旨和理想信念为企业发展的方向指导，把党的路线方针政策贯穿到企业的发展战略当中，确保企业的发展始终走在正确的方向之上。

为适应建立现代企业制度的要求，中国海油不断完善中国特色的国有企业中党的领导体制和民主决策机制。一方面，妥善处理公司党组、董事会以及经营层之间的关系，在借鉴发达市场经济国家公司管控体系中合理因素的基础上，坚持党对中国海油的政治领导，坚持与中国海油的实际相结合，构建中国特色的现代国有企业管控体系。另一方面，中国海油推进企业内部创新，构建基于生产经营实际业务流程的风险防控体系，与中央反腐倡廉的基本精神相符合、与国际石油行业风险管控惯例相衔接、与企业实际相适应的惩防体系。

中国海油把国有企业领导班子的政治素质转化为企业发展的重大决策能力、发展创新能力和经济创造能力。科学合理的管控体系和制度体系，保障了企业重大决策和战略规划得以彻底执行，进而引领了"员工能量"。

4. 通过思想政治引领来转化精神力量优势

中国共产党在为国家为民族不懈艰苦奋斗、建立丰功伟绩的过程中，不断地培育伟大精神，并形成了具有代表性的井冈山精神、长征精神、延安精神、石油精神、"两弹一星"精神、雷锋精神、创新开放精神等。这些伟大精神彰显政党性质、反映民族气节、体现时代要求、凝聚各方力量。伟大精神是党的宝贵精神财富和巨大政治优势，是我们进一步推进社会主义现代化建设、共创美好新生活的不竭精神动力。其中，石油精神是海洋石油工业发展的精神之源，是石油人的传家宝和海油企业文化的底色。

国有企业的发展不仅要依靠强大的物质基础，同时也离不开强大的精神文化动力。中国海油在自身的发展历程中，充分认识到了这一点。公司大力加强领导班子建设，强化国有企业家的责任意识，不断提升责任意识；大力加强思想政治工作，通过社会主义核心价值体系建设，把党的理想信念内化到党员干部和职工群众的思想深处；大力加强企业价值理念建设，大力弘扬"石油精神"，形成企业发展的精神优势。中国海油通过思想政治工作引领，大力弘扬石油工业"为国分忧，艰苦创业"的优良传统，继承和发扬以"爱国、创业、求实、奉献"为主要内涵的大庆精神和铁人精神，将石油精神融入企业价值理念，使企业核心价值理念与社会主义核心价值观有机结合，这也是国有企业在灵魂塑造方面重要的政治优势所在。在中国海油几代全国劳模身上，既集中体现了劳动模范"爱岗敬业、争创一流、艰苦奋斗、勇于创新、淡泊名利、甘于奉献"的共同特质，又继承了我国石油工业"爱国、创业、求实、奉献"的优良传统。

中国海油通过思想政治工作引领来转化伟大精神力量优势，并在国际化、市场化的背景下，以不甘落后、虚心学习、追求卓越、勇争一流的奋斗理念，以积极开拓、勇于创新、双赢互利、安全合规的生动实践，为石油精神赋予新的特质。党的伟大精神优势转化增强了中国海油对肩负责任的认知，提升了对历史使命的理解，增强了员工的思想境界和担当，进而凝聚了"员工能量"，并最终成就了中国海油。

二、置身国际接轨前沿、创新公司管控体系

中国海油一成立，便与国际石油公司站在一个平台上进行合作，共同勘探开发中国海域的油气资源，使中国近海实际上成了国际石油市场的一个重要组成部分，经营活动都必须按国际惯例和国际通用标准规范执行。由于最早对外开放，中国海油从诞生之日起就置身于国有企业与国际接轨的前沿。因此，中国海油的体制创新既具有中国国有企业一般特征，又具有自己的特殊机遇和优势。中国独特的国情决定了不能简单模仿和照搬发达国家的企业制度模式创新，同时也不能没有前瞻性和先进性。

（一）摈弃"大而全"企业模式创新、初步实现专业化公司体制

在中国海油成立时，恰遇中共中央、国务院开展国营工业企业全面整顿。中国海油贯彻执行中共中央、国务院的决定，结合对外开放开始全面整顿，重点抓好渤海公司和南海西部公司的整顿工作。整顿的关键是管控机制，重点是建立经济责任制。经济责任制的核心是定岗定员定额、余额留成、奖勤罚懒。经济责任制体现了多劳多得的原则，经过锲而不舍的努力，首批实行经济责任制的钻井公司、船舶公司对一线队伍的激励作用是明显的。1983年，中国海油将经济责任制扩大到海上工程和生活服务两方面，并根据不同单位特点实行了多种形式的经济责任制。平台制造厂和海上工程公司任务饱满，推行了项目承包经济责任制、项目经理负责制、总包分包制、完成项目奖金兑现办法等措施，调动了工人积极性，保证了我国海上第一个对外合作的埕北油田能够按计划开发。

这次整顿是体制创新的一次成功尝试，使体制创新迈出了最初的一步，实现了由单纯生产型工厂向生产经营型企业的转变，企业行为发生了很大改变，盈利和追求利润成为主要目标。中国海油破除"大而全""小而全"是从成立新的地区公司开始的。1982年，中国海油对新组建的地区公司一律摒弃"大而全"，按国际惯例建立油公司体制。1983年，分别在广州和上海组建的南海东部公司和南黄海公司（后改为东海公司），社会服务依托社会，海上作业依托已经拥有专业队伍的地区公司，勘探、开发各项工程一律采用招标的办法，面向国内外市场择优选用承包商。同时，对计划、财务、人事、采办、科技、审计等职能部门按照国际惯例和精干高效的原则组建好组织运行。这与当时以"大而全""小而全"为主要特征的中国企业模式创新相比，已经有了重大区别，初步实现了专业化公司体制。

中国海油对外合作的开展有力地推动了企业创新的快速高效进行。为适应对外合作的需要，中国海油争取政府允许突破旧制度、旧体制的政策，在国家还处在计划经济转轨之初，为企业营造了一个市场经济的"小环境"，使企业很早就跨入市场经济的大潮中学习，并与标准国际惯例接轨。通过中国海油的自身努力和国家政策支持，中国海油在这个"小环境"中向适合商品经济和效益原则的企业属性和行为特征推进，使企业开始焕发活力。

（二）开展"三条线"管控、创建适应市场经济要求的现代企业制度

20世纪90年代以后，根据中央的部署，中国海油从自己创新的实践中，认识到必须建立"产权清晰、权责明确、政企分开、管控科学"的现代企业制度，必须建立精干高效的油公司才能使企业更有活力，才能应对经济全球化的浪潮。

为了实现这一目标，中国海油努力探索公有制与市场经济相结合的新途径。在明确"三大块"划分和甲乙方分开的基础上，确立了走国际石油公司发展道路、建立油公司体制的创新方向，提出了"油公司集中统一，专业公司相对独立，基地系统逐步分离"的总体思路。

"油公司集中统一"是指将从事油气主营业务的单位统辖起来。这是建立

油公司体制的前提和条件。中国海油实施甲乙方分开后清产核资，评估资产；对油公司实行高度集中管控，即把计划、财务、劳资、人事、油气销售等职能统一起来，有效地保证中国海油下达的勘探开发生产任务的实施。

"专业公司相对独立"是将海上石油施工作业、技术服务单位，按照市场要求重新组合，打破地区界限和原主管单位界限，逐步成为市场主体。1993年，总公司决定成立中海物探、中海技术服务公司，1995年1月成立中海石油北方钻井、北方船舶、南方船舶、南方钻井、海上工程、平台制造公司，进一步提高了中国海油的竞争能力和综合投标能力。总公司对专业公司采用内部承包经营、管住产权、放开经营权的政策，促进企业经营机制与市场机制相结合。在具体操作上，制定了《中国海洋石油总公司专业公司管控暂行规定》等四个有关文件，保证了专业公司的健康运行。2002年，总公司又将专业公司重新整合，成立中海油田服务公司和海油工程公司。

"基地系统逐步分离"是生产辅助和社会生活服务单位组成的基地系统的创新思路。在"逐步分离"中，坚持依托主业，转换机制，多元开发，并以此带动产业结构的调整，实现发展、效益与安置相统一。为此，采用不同的经营方式建立盈亏考核机制，实行差额补贴包干办法，并采用多种所有制和多种经营方式以及股份合作制深化基地系统小企业的创新，从体制上保证了国有资产的保值和增值。

"三条线"的管控思路奠定了中国海油现代企业制度的专业化基础。企业制度发展是与产业发展紧密联系的，现代企业制度的构建必须建立在合理的基础之上，这个基础就是专业化及其合理结构。

（三）面向资本市场、创建现代公司制国有企业

中国海油企业制度及管控体系的创新，既是国内外经济形势发展的要求，也是自身快速发展的需要。

企业快速发展需要巨大投资，针对新油气田开采和向下游项目拓展所需资金巨大的问题，中国海油提出了实行"资产经营和资本运营"的新发展战略。为此，中国海油面向资本市场，采取多种方式融资，降低筹款成本和风险，盘活企业存量资产，由过去请外国公司到国内来投资转变为到国外直接

融资。然而，要实现向国际资本市场融资，公司必须产权清晰、管控体系完善、管控模式科学透明，有良好的发展前景预期。在这样的背景下，中国海油选择重组上市。

1. 重组上市

1999年，中国海油对企业进行了一次大规模重组，并在国际资本市场上市。分拆上市对子公司的成长有利，能把每一个板块做强、做精，使之成为独立经营自主发展的实体。子公司也可以变单纯行政管控的联系机制为以资产为纽带的控股的集团公司结构。在此之后，中国海油旗下的中海油、中海油服、海油工程、中海化学、海油发展等陆续上市，并按照上市公司要求建立了规范合理的董事会制度。

2. 重组上市对完善公司管控体系的影响

重组上市以来，中国海油从封闭走向开放；从国内走向国际；从内部保护走向市场竞争；从生产任务型转变为市场经营型；从单一的遵守集团内部制度转变为既符合资本市场规范，又有国有企业特色的公司管控体系；从满足单一股东利益转变为兼顾所有股东及利益相关者的利益；从单纯依靠母公司输血投资支持发展转变为依靠自我造血市场融资自主发展的股份制企业。

重组上市使得中国海油的公司股东结构发生了根本性变化，机制和思维模式创新也随之改变。这些转变及随之而来的实践促使中国海油跨越式发展，为中国海油向国际石油公司转变提供了广阔空间和发展机遇。

3. 重组上市对存续企业创新的影响

经过油公司和专业公司两次重组分离上市，把非主业人员和非经营型资产留在了基地公司，从此成为典型的存续企业。总公司对基地公司的定位是"养好人、服好务、贴近主业发展支柱产业"。对基地公司的重组整合，大体分为两个阶段。

第一个阶段（2000—2003年）：对存续企业进行内部整合，把基地公司推上创新的快车道。以中国海油渤海公司（简称渤海公司）为例，渤海公司从2000年4月起，进行大力度的结构调整和重组整合，采取了以下8项措施：专业化整合，做精做强支柱产业；相关性整合，发展规模经济；地域性整合，优化资源配置；产业链整合，发挥一体化优势；业务转型，变社会服务为经营性产业；贴近主业，建立和发展新产业；有进有退，优化结构；稳健投资，优先扶持支柱产业。重组整合使渤海公司获得新生。在"养好人"的前提下，提前一年实现盈利，初步走上了自负盈亏、自我发展的路子。

第二阶段（2004—2005 年）：对基地公司进行全面重组整合。按照"有所为、有所不为"和"条块结合、以条为主"的原则，在调查分析的基础上，对五家地区公司的 64 项经营性业务，进行了结构调整和重组整合，使经营性资产向优势产业和关键领域集中。具体方案是把总公司直属的地区公司重组整合，成立基地集团公司，把分散在五个地区公司中的经营业务剥离出来，按照专业化原则进行产业重组，组建一批跨地区的专业分公司，剩余的企业办社会职能仍留在地区公司，一部分按国家政策移交地方，其余部分通过产业化、公司化改造做小做精。

2004 年 12 月中国海油基地集团有限责任公司（简称基地集团）成立，进入实施阶段。重组创新前，五家存续企业每年都要总公司补贴 4.5 亿~5 亿元才能维持基本生存，没有一家具备总公司重要产业板块的经济地位。2005 年，10 家专业分公司全部扭亏为盈，基地集团的经营利润 8.8 亿元，净利润达到 3.2 亿元，成为中国海油不可或缺的重要业务板块，而且能为中国海油实施低成本战略、参与国际竞争提供最简捷的竞争力支持。

2019 年 6 月 26 日，中海油石油发展股份有限公司成功登陆上交所主板，股票简称为"海油发展"。海洋石油服务龙头企业海油发展的成功上市，对其高质量的开放型生产服务型企业的定位升级有着非凡影响，对加快海洋石油长足发展，保障国家石油安全和提高自给自足程度具有重要意义。

海油发展经营范围涵盖石油技术服务、FPSO 生产技术服务、石油物流服务、安全环保节能模块，具备覆盖海洋石油各主要环节的多元化服务能力、市场领先且经营稳定的 FPSO 业务能力、强大的研发和技术创新能力，以及境外业务的拓展能力。

目前，海油发展总资产规模超过 277.79 亿元。经营数据方面，海油发展于 2016 年、2017 年、2018 年的营业收入分别实现 193.76 亿元、237.04 亿元、289.75 亿元。在国际油价长期调整波动的大环境下，海油发展业绩实现逆势稳步上升，取得了良性发展。

多年来，海油发展积累了丰富的海洋石油服务行业经验，实现了较多"我国领先"。在石油技术服务领域，海油发展为中国近海采油装备实力最强、最具综合性的石油技术服务提供商；在FPSO运营商中，FPSO数量位列亚洲第二、全球第五，在中国近海FPSO生产技术服务市场居主导地位；在特种环保涂料、工业水处理等领域均处于领先地位。立足于我国海洋石油的高度需求，海油发展紧跟国家发展导向，深刻践行"一带一路""走出去、引进来"的理念，提前进行趋势研判，在我国相关政策的大力推动下，统筹推进产业升级，不断强化、优化及革新公司自身，深化创新学习研究、完善服务体系、持续推动战略创新、履行社会责任，从而实现产业升级和核心竞争力提升，取得了较好的经营成效和社会效益。

随着国内石油勘探开发的进程加快，海油发展迎来了更大的发展机遇。通过此次股票发行，海油发展可借助资本市场路径，持续强化上市公司优势，优化资源配置，提高资本的效率和价值。上市后，公司综合竞争实力和抗风险能力得到加强，整体盈利能力将随之进一步提高。

经过一系列体制创新，特别是油公司海外上市、专业公司重组上市、存续企业重组创新的"三步走"路径部署，中国海油已基本建立了国际化石油公司体制，一个计划经济条件下"大而全"的石油企业已被改造成一个适应市场经济规律、核心业务突出、组织线条清晰、精干、高效的现代企业。中国海油的主业资产上市使主业发展更优更快，同时激活和带动辅业资产，达到集团价值最大化。

在对国有企业高度集中的产权状态分解基础上，中国海油通过新的产权权能结构组合构建企业法人财产制度、确定国有资产投资主体和资产责任主体，建立了既适应产业发展要求又适应市场经济要求的现代企业制度。规范高效的组织架构，健全的法人治理结构及相应责任制度的全面落实，标志中国海油全面建立现代企业制度目标已经实现。

（四）规范董事会建设、构建中国特色现代国有企业管控体系

中国海油旗下的中海油、海油工程、中海油服、中海化学四个上市公司

已经按照资本市场的要求,建立健全了董事会制度。在此基础上,中国海油开启了建设规范董事会、构建中国特色现代国有企业管控体系的新征程。

1. 规范董事会建设、全面推动现代企业制度建设

2011年4月,中国海油成立董事会,董事长、总经理分设,这是中国海油发展史上一件具有里程碑意义的大事。2012年2月27日,国资委在北京召开中国海洋石油总公司建设规范董事会工作会议,宣布聘任中国海油外部董事的决定。这标志着规范董事会建设的正式开始,公司完善法人管控结构、全面建设现代企业制度取得重大进展。

中国海油首届董事会成立以后,立即着手加快推进、建立健全公司管控的各项制度和运作机制。2012年3月20日,中国海油在北京召开首届董事会第一次会议。会议审议通过了公司章程、董事会议事规则、董事会专门委员会议事规则、总经理工作规则、董事会秘书工作细则、董事会授权办法和高级管控人员薪酬管控与业绩考核暂行办法等10个公司管控文件,并发布实施,基本构建了科学规范、权责明确、架构清晰、运转有效的公司管控制度体系。

(1) 董事会构成

中国海石油董事会成员原则上不少于九人,其中包括至少两名外部董事及一名由公司职工民主选举产生的职工代表。董事会董事长一人,可视需要设副董事长一人。董事长、副董事长由国资委指定。董事会下设战略发展委员会、提名委员会、薪酬与考核委员会,也可设立法律风险监控委员会等董事会认为需要的其他专门委员会。

董事会设立董事会办公室作为董事会常设工作机构,负责筹备董事会会议,办理董事会日常事务,与董事、外部董事沟通信息,为董事工作提供服务等事项。董事会设立董事会秘书,负责董事会办公室的工作,并列席董事会,负责董事会会议记录。董事会秘书由董事长提名,董事会决定聘任或解聘。

(2) 董事会等相关主体的职权和责任

中国海油董事会对国资委负责,执行国资委的决定,按照国资委关于公司董事会年度工作报告的有关规定向国资委报告工作,接受国资委的指导和监督，保障公司和董事会的运作对国资委具有透明度。

战略发展委员会负责研究公司发展战略、中长期发展规划和年度投融资计划，研究须经董事会审议的重大投融资方案、重大资本运作、重大资产处置项目、公司内部的重大重组创新等，研究其他影响公司发展的重大事项，并向董事会提出建议。

提名委员会负责研究公司高级管控人员的选择标准、程序和方法，向董事会提出建议；按照有关规定，向董事会提名总经理人选并进行考察，对总经理提出的副总经理、总会计师人选和董事长提出的董事会秘书人选进行考察，向董事会提出考察意见；制订与公司业务有关的董事培训计划。

薪酬与考核委员会负责研究高级管控人员的考核标准、绩效评价程序和奖惩办法，并向董事会提出建议；拟订高级管控人员的薪酬计划或方案；考核、评价高级管控人员的业绩，并依据考核结果，向董事会提出高级管控人员的薪酬兑现建议；研究公司薪酬分配制度并提出建议；对公司薪酬制度执行情况进行监督。

审计委员会负责指导企业内部控制机制建设；向董事会提出聘请或者更换会计师事务所等中介机构及其报酬的建议；审核公司的财务报告，审议公司的会计政策及其变动，并向董事会提出意见；对公司内部审计机构负责人的任免提出意见；督导公司内部审计制度的制定及实施；对公司审计体系的完整性和运行的有效性进行评估和督导；对风险管控制度及其执行情况进行定期检查和评估，并向董事会报告结果。

在董事会中，公司董事长为公司法定代表人，享有董事的各项权利，承担董事的各项义务和责任，同时履行确定董事会议题、召集主持董事会会议和董事长办公会议、督促检查董事会决议实施情况、签署董事会重要文件和其他有权签署文件等职责和义务。

公司总经理对董事会负责，向董事会报告工作，由董事会聘任或解聘、考核和奖惩，接受董事会的监督管控和监事会的监督。在公司执行性事务中，实行总经理负责的管控体制。

(3) 董事会决策程序

董事会是公司经营决策的最高机关，是整个公司机体的"大脑"。董事会决策的主要特点是"集体决策，个人负责"。董事会通过召开董事会会议，对重大事项作出决策。董事会严格按照国资委、公司章程和董事会议事规则的规定履行职权。董事长对拟提交董事会讨论的议案进行审核，并决定是否提交董事会讨论。属于专门委员会职责范畴内的，一般应当先提交相应的专门委员会审议，再报董事会决定。董事会审议公司重大问题和选聘高级管控人员，应当事先听取公司党组的意见。涉及公司职工切身利益的有关方案应当听取职工的意见或建议。

董事会会议上，有关专门委员会应就职责范围内的议题，向董事会提交审议建议或咨询意见。每名董事对每项议案有一票表决权。董事会通过普通决议时，应当经全体董事过半数同意；通过特别决议时，应当经全体董事2/3及以上同意。除征得与会董事一致同意外，会议不得就会议通知未列明的议案进行表决。董事对涉及关联关系的决议事项应回避表决。

各专门委员会按照公司章程、董事会议事规则和专门委员会议事规则的规定，为董事会决策提供咨询意见和建议，对董事会负责。专门委员会会议就职责范围内事项进行研究、讨论时，委员应当依据其自身判断，明确、独立地发表意见。委员会对向董事会提供咨询意见和建议的事项，会议无须表决，但应当尽量达成一致意见。确实难以达成一致意见时，委员会应当向董事会提交各种不同意见并做出说明。

（4）实现董事会规范高效运作

中国海油首届董事会自2012年2月开始运作以后，公司在完善法人管控结构、健全科学决策机制等方面进行了积极探索和实践，全面履行起公司重大事项的决策职责。

中国海油董事会通过"注重总体设计、注重建章立制、注重规范程序、注重民主决策"等几个方面来实现董事会的规范高效运作。在总体设计方面，中国海油在认真学习、充分调研的基础上，制订了董事会建设总体方案，按照规定选举了职工董事，组建了董事会秘书局，拟定了相关配套制度文件，聘任了董事会秘书，为建设规范董事会奠定了坚实基础。在建章立制方面，中国海油董事会主要做了以下几个方面的工作。

建立完整的公司管控制度体系。中国海油制定了公司章程、董事会议事规则、董事会专门委员会议事规则、总经理工作规则、董事会秘书工作细则等规章制度；设立了战略发展委员会、提名委员会、薪酬与考核委员会、审计委员会四个专门委员会，进一步明确相关职责，明晰决策流程。

通过授权明确董事会决策界面。董事会第二次会议通过了《董事会授权管控办法》，对投资、融资等总公司合并报表范围内的所有公司的八类决策事项进行合理授权，明晰决策界面。在授权的同时，对授权事项的执行情况每季度向董事会报告，使董事会能在控制风险的基础上提高决策效率。

以规范董事会建设为契机，推动公司修订内控制度体系。2012 年 6 月，对公司制度修订工作做出部署，确保内控制度体系与新的公司管控机制相衔接、相协调。通过公司内控制度体系的修订，公司原有的管控机制和运作机制转化为规范董事会下的运作机制，进一步优化了公司管控流程。

规范中国海油的重要会议机制。中国海油对董事会会议、党组会、董事长办公会、总经理办公会、领导办公会、领导工作例会等重要会议的内容和管控体系进行系统梳理，于 2012 年 12 月印发《中国海洋石油总公司会议制度》，进一步明确了公司的核心运作机制，推动了公司规范管控。在规范程序方面，中国海油董事会主要确保开好董事会会议，以切实履行好董事会职责。中国海油董事会严格按董事会议事规则征集议案，充分听取其他董事和管理层的意见，确定董事会会议议题。董事会会议的通知和所需文件、信息及其他资料在会议召开 10 日以前，以书面形式送达全体董事，使董事们在会前就充分了解相关议案的背景、依据和具体内容，可以提前对议案进行充分研究和准备。在会议召开过程中，加强会议程序、会场报告、会议决议、会议表决等过程管控，确保合规、严谨、高效。在民主决策方面，中国海油董事会注重发挥董事特长，凸显内外部董事组合优势。董事们充分发挥专业特长，对公司经营发展的重点、难点问题发表意见，特别是对于发展战略等重大事项提出了很多富有建设性的意见和建议。

2. 将党的领导和公司治理有机结合

中国海油以规范建设董事会为契机，全面推动现代企业制度建设，进而构建了科学规范、权责明确、架构清晰、运转有效的公司管控制度体系。在这个过程中，中国海油做好董事会与公司原有决策体制的衔接，妥善处理好董事会与党组的关系，积极探索把党组织的政治优势、职工民主管控与建设现代企业制度相结合的途径，走出一条有中国海油特色的董事会管控之路。

根据所属企业不同情况，中国海油把党的领导总体要求写入公司章程，确保党组织在公司管控中的法定地位；厘清党委和其他管控主体的权责边界，完善"三重一大"事项决策的内容、规则和程序，落实党组织研究讨论是董事会、经理层决策重大问题前置程序的要求。

为充分发挥党组的领导核心和政治核心作用，明确决策范围，规范决策程序，更好地建设中国特色董事会，中国海油对"三重一大"决策制度进行了修订完善，对决策事项和决策权限进行了梳理，对管控制度进行了完善。"三重一大"事项决策须坚持党的领导，确保公司各项重大决策符合中央精神，符合法律法规和公司制度的规定。

"三重一大"事项是指重大决策、重要人事任免、重大项目安排和大额度资金运作事项。就中国海油而言，重大决策事项主要包括贯彻执行党和国家的路线方针政策、法律法规和上级重要决定的重大措施，公司战略规划、创新和业务重组、资产和产权管控、生产建设计划预算、融资计划、经营预算和决算、利润分配、机构调整、薪酬和考核、变更公司形式或解散等方面的重大决策，党的建设和安全稳定的重大决策，重要规章制度的制定和修订，以及其他重大决策事项。重要人事任免事项是指党组管控的领导人员和董事会聘任的高级管控人员的职务调整等事项。主要包括集团公司机关部门及所属单位领导班子管控，直管领导人员任免、考核，后备人员选拔，二级单位董事选派，干部监督，聘任或者解聘集团公司高级管控人员，以及其他重要人事任免事项。重大项目安排事项是指对公司资产规模、资本结构、盈利能力以及生产装备、技术状况等产生重要影响的项目的决策。主要包括重大油气资产或股权并购项目、投资项目、融资项目、对外担保项目、金融衍生业务，以及其他重大项目安排事项。大额度资金运作事项是指年度预算外大额度资金支付事项决策，和年度预算内相关批准文件支持下的大额度资金支付事项决策。

中国海油在建设中国特色董事会的过程中，妥善处理了董事会与党组的关系，并依据各自的职责权限讨论决定"三重一大"事项。中国海油党组是经党的中央委员会批准，在集团公司设立的领导机构。党组在集团公司发挥领导核心和政治核心作用。党组履行政治领导责任，做好理论武装和思想政治工作，负责学习、宣传、贯彻执行党的理论和路线方针政策，贯彻落实党中央和国务院国资委党委的决策部署，发挥好把方向、管大局、保落实的重要作用。董事会是集团公司的决策机构，行使国务院国资委相关规定和《中国海洋石油集团有限公司章程》中规定的应由董事会行使的职权。董事会批准规定事项和规定额度及以上的投资项目、融资项目、对外担保项目、商品套期保值期货业务、资产和股权处置项目、内部业务重组和创新事项、对外捐赠或赞助。总经理可以通过召开总经理办公会，研究决定总经理职权范围内的重要经营管控事项。投资审查决策委员会根据董事长办公会的授权，行使集团公司重大投资决策权，并通过召开会议的方式履行职责。

中国海油提交董事会审议的"三重一大"事项，应当事先经党组会审议通过。董事会审议"三重一大"事项时，进入董事会的党组成员应当贯彻党组的意见或决定。各级党组织要团结带领全体党员和广大职工群众，推动决策的实施，并对实施中发现的与党和国家方针政策、法律法规不符或者脱离实际的情况及时提出意见，如得不到纠正，应当向上级反映。中国海油"三重一大"事项由党组会、董事会会议、董事长办公会、总经理办公会、投资审查决策委员会会议按照各自的议事规则和规定的决策权限进行审议（审查）和批准。其中，大额度资金运作事项中的年度预算内大额度资金支付，在相关重大决策事项、重大项目安排事项或者年度预算外大额度资金支付事项已经集体决策获得批准的情况下，由董事长、总经理、总会计师或者资金部总经理依据职责权限批准。经营管控方面"三重一大"事项一般由董事会会议、董事长办公会、总经理办公会或者投资审查决策委员会会议审议（审查）和批准。涉及国家宏观调控、国家发展战略、国家安全，或者具有较大政策、法律等风险的经营管控方面"三重一大"事项，应当经党组会讨论研究，并根据情况按照以下方式审议（审查）和批准：①需要由董事会批准的事项，其中投资项目应当经投资审查决策委员会会议审查通过、党组会审议通过后，由董事会会议审议批准；其他事项应当经党组会审议通过后，由董事会会议审议批准。②不需要由董事会批准的事项，其中投资项目应当经投资审查决策委员会会议审查通过后，由党组会审议批准；其他事项应当经董事长办公会或者总经理办公会审议通过后，由党组会审议批准。对于上述需提交党组会审议或批准事项，应当由牵头部门在征求相关部门和党组办公厅意见后提出，经集团公司分管领导审核，或者由党组成员提出建议，党组书记决定。

中国海油通过有机融合党组的领导核心作用与董事会运作，坚持民主决策、集体决策，建立与现代企业制度相适应、有中国国企特色、符合中国海油实际的公司管控体系，发挥把方向、管大局、保落实的作用。

三、战略引领、强化前瞻思维

公司战略是公司在对内外部环境及自身所拥有的资源进行充分分析和判断的基础上，根据公司发展愿景，所作出的纲领性规划，是公司未来一段时间内各项工作的指导性文件。中国海油认识到战略对公司发展的重要性，在公司发展的不同历史阶段，结合当时所面临的内外部环境，准确分析与研判形势，制订与之相适应的发展战略，坚持战略对公司发展的引领作用，强化公司运作的前瞻性思维。在战略的引领下，中国海油开启了全面发展之路，在各业务协调发展、上中下游同步发展、全方位立体发展方面都卓有成效。公司全面发展的最终结果是推动中国海油从机会驱动到价值驱动、从要素驱动到创新驱动、从石油公司向国际石油公司的战略转型，成就了当下的中国海油。可以说，这种坚持以战略为引领的思维模式创新与行动指南，是中国海油成功的要素，本节将重点探讨。

（一）不同时期中国海油发展战略演变

中国海油30多年的发展呈现出不同的阶段，受内外环境的变化影响，中国海油的具体发展战略及其目标也呈现出从初期探索到后期成形、从前期模糊到后期清晰、从关注当前到着眼未来、从关注自身到服务社会等的转变。回顾历史，有助于我们宏观了解和把握中国海油的这一系列转变以及背后的时代背景。

1. "石油公司"时期发展战略

1982年2月15日,中国海油在北京正式成立。作为一个新成立的、以海洋油气勘探开发为主业的公司,中国海油缺少的是资金、技术和先进的管控经验。虽然我国海洋石油工业在1980年以前取得了一定的成绩,但是并没有完全获得具有现代意义的海上油气田勘探、开发、建设能力。

而当时世界海洋石油工业已获得了快速发展,海洋石油产量也快速增长,一些大的国际石油公司逐渐掌握了较为先进的海洋石油勘探开发技术,并积累了丰富的管控经验。

在此背景下,以"引进来"为导向的对外开放就成为中国海油在缺少资金、技术和经验条件下迅速获得现代海上油气田勘探、开发、建设能力,成为真正海洋石油公司的最主要渠道。因此,"坚持和发展对外合作"就成为中国海油五大发展战略之首。中国海油由此开启了国际招标、东海对外开放、南沙对外合作,签订200余个对外合作石油合同等,而我国海洋石油工业在中国海油的带领下也开始快速发展。与此同时,中国海油也注意到,必须注重"内核"修炼,即必须在"引进来"的基础上,通过坚持和发展自营勘探开发,逐渐提升自身勘探开发建设能力。为此,中国海油提出了"两条腿走路"的发展方针,并且在辽东湾、北部湾、莺—琼盆地、东海与珠江口等几个地区开展自营勘探与建设。"坚持和发展自营勘探开发"成为中国海油又一发展战略,并在此后不遗余力地实施。

2. "国际现代石油公司"时期发展战略

在前一个阶段"两条腿走路"的情况下学习并掌握了现代海上油气勘探、开发、建设能力,成为一个真正意义上的"石油公司"之后,中国海油把建设"国际现代石油公司"作为自己的下一个目标。

通过比较当时的国际大石油公司,中国海油发现,要成为国际现代石油公司必须具备现代化的公司制度、强大的市场竞争力和广泛的国际业务。而这些都是中国海油所不具备的,要拥有这些,必须进行公司制度创新、在"引进来"的基础上"走出去"。就在此时,我国国内社会经济发展的大环境也提供了千载难逢的机会。1992年,中国海油杭州会议决定将以"走出去"为导向的"海外发展战略"作为公司五大战略之一,这标志着中国海油在战略层面筹谋海外发展的开始。1993 年 7 月，中国海油正式确立了"油公司集中统一、专业公司相对独立、基地系统逐步分离"的创新大思路，开启了其"三条线"分离的企业大创新。"三条线"分离的创新，使中国海油逐步走上了建立现代企业制度之路。1996 年，公司"九五"规划提出了"开拓下游、发展海外"的战略，这标志着公司借鉴国际石油公司的通行做法，开始推行上下游一体化战略。1998 年，中国海油借鉴国际石油公司上市的做法，开始谋划在境内外上市。此外，中国海油又进行了用工和薪酬制度创新、全员雇员制创新与全员大竞聘。

这些创新使中国海油理清了油公司、专业公司、基地系统的关系，基本建立了市场化的用人机制；用较低的成本拓展了下游产业链；凭借逐步积累的资金实力开展了一系列海外并购，将中国近海的油气资源对外合作演绎为全球范围的国际石油合作，中国海油逐步成为一个国际化、现代化的石油公司。

3. "世界一流石油公司"时期发展战略

经过上一阶段的努力，中国海油基本建成国际化现代石油公司。然而，在做强做大方面和抗风险能力方面，中国海油与国际石油公司有很大差距。

为此，中国海油管理层提出了建设世界一流石油公司的构想。提出打造核心竞争力的四大战略，即协调发展战略、科技领先战略、人才兴企战略和低成本战略。在四大战略的引领下，中国海油进军石油化工、炼油等下游产业，在推进大南海石化项目建设的同时，开始建设千万吨级规模的惠州炼油项目，并加大化肥产业的开拓力度，布局全国性的化工品生产和销售网络。此外，中国海油还率先开辟了中国的 LNG 业务，进一步扩大了石油贸易和金融业务，大举进入盐化工、新石油等领域，逐渐成为一个上下游一体化、产业多元化的综合型石油公司。

在综合石油公司目标基本实现之后，在一流石油公司建设方面，中国海油经过思考后，为世界一流石油公司的建成提出了"两个十年"的发展步骤。第一个"十年"是到 2020 年，进入全球最强石油公司行列，基本建成世界一流石油公司，成为管控高效、管控科学、科技领先、文化先进、员工全面发展、具有高度社会责任感的跨国公司；第二个"十年"是到 2030 年，保持全球最强石油公司行列位置,全面建成世界一流石油公司,主要经营指标和公司指标达到世界一流水平,成为国家放心、人民满意、社会认同、市场认可、股东尊敬、员工自豪、具有高度社会责任感和国际影响力的全球化公司。

中国海油强化了战略的引领作用。中国海油董事会下设战略发展委员会,专门负责研究公司发展战略、中长期发展规划等。在具体战略上,公司在坚持前一阶段国际化战略、一体化战略、协调发展战略等的基础上,更加重点突出了科技创新驱动战略,加速培育自身核心技术优势。

4. "中国特色世界一流石油公司"时期发展战略

在公司大力推进"两个十年"发展的过程中,中国海油一方面认识到"世界一流石油公司"建设过程中仍存在很多挑战,可能需要更长的时间;另一方面,国内外环境也发生了重大变化。因此,2015年中国海油面对国内外形势的新变化,立足国情和公司实际,提出了建设"中国特色世界一流石油公司"的奋斗目标。中国海油认为,建设世界一流石油公司,是中国海油一贯的追求。

(1) 中国特色世界一流石油公司的内涵

从中国特色世界一流石油公司的内涵看,"中国特色"是根本依据,中国海油是中国共产党领导下的国有企业,这决定了中国海油始终坚持党对国有企业的领导,坚持"在经济领域为党工作"的理念,坚持为人民服务的根本宗旨,认真履行好党和人民赋予的责任和使命;"世界一流"是鲜明特征,中国海油要始终对标国际先进石油企业,着力加强核心能力建设,打造一流的科技能力、管控能力和市场经营能力,实现一流的经营业绩,培养一流的人才队伍,培育一流的公司品牌,不断把企业做强做优做大,力争早日进入全球石油公司第一阵营;"石油公司"是本质属性,公司的业务边界将适应石油转型的趋势和社会需求的变化而调整,中国海油不仅是一家石油公司,还是追求成为一家致力于提供高品质综合石油产品与服务的公司,同时也是国际市场中的竞争主体,这决定了中国海油必须遵循市场规律,努力在市场竞争中不断发展壮大。

(2) 中国特色世界一流石油公司的奋斗目标

2020年前是中国海油为建成中国特色世界一流石油公司打基础的阶段,

目标是在 2020 年主要生产经营业绩指标再上新台阶。从 2020 年到 21 世纪中叶，要在努力实现上述目标的基础上，分两个阶段实现中国特色世界一流石油公司建设目标。

第一个阶段（2020—2035 年），用 15 年的时间，进入全球石油公司第一阵营（全球石油行业前 1/4 的位置）。到那时，公司综合实力、核心竞争力和可持续发展能力大幅提升，核心生产经营指标基本达到世界一流水平；公司资源配置能力持续增强，产业链群竞争实力大幅提升，产业结构和布局更加合理；公司技术创新能力、管控体系和管控能力处于国际企业界高端水平，国际竞争力和影响力显著增强，品牌知名度和美誉度明显提升。

第二个阶段（2035—2050 年），再用 15 年左右的时间，全面建成中国特色世界一流石油公司。到那时，公司上中下游全产业链竞争力全面达到世界一流，高品质综合石油供应体系基本建成，成功转型为一家致力于提供高效用能解决方案的综合石油产品生产和服务商，并积极引领石油行业发展潮流；经营管控能力和创新能力位居全球领先水平，主要经营指标和软实力指标进入全球最强石油公司行列，真正成为让人民满意、让员工自豪、受同行尊重的世界一流石油企业。

（3）中国特色世界一流石油公司的五大战略保障

中国海油提出了五大保障战略：

一是创新驱动战略。要强化技术创新驱动，着力突破产业链核心技术，加快推进产业结构转型和产品质量升级。积极向科技创新、管理创新要效益，全面推进精益管控理念，健全完善成本控制体系，努力巩固低成本竞争优势。积极探索商业模式创新，充分利用"互联网+"技术改造传统产业，营造全新商业生态。要及时创新和调整不适应生产力发展的体制机制，突出质量效益这个核心，适应国有企业创新趋势，持续深化内部创新，激发公司发展活力与创造潜能。

二是国际化发展战略。要将实施国际化发展战略作为公司做强做优做大的必由之路，继续坚定不移走好国际化发展之路，提升国际化经营管控能力。要积极推动国际化经营管控理念转变，以提升全球资源整合能力和海外业务盈利水平为目标，进一步明确国际化经营定位，拓展国际化经营内涵，创新和完善海外业务管控体系，提升海外资产管控水平，努力朝着具备全球视野、全球战略、全球管治和全球责任的世界一流石油公司迈进。

三是绿色低碳战略。要主动适应国家建设"美丽中国"的新要求，适应全球石油行业低碳化发展的大趋势，努力打造世界一流的低碳管控能力和低碳产业竞争力。大力发展天然气、煤层气、致密气和 LNG 业务，稳妥有序地探索新石油业务，积极探索建立起集供油、供气、供电、供热于一体的低碳化石油供应体系，探索发展以高效用能解决方案为主的综合石油服务业务，进一步提升中国海油石油供应系统的智能性、灵活性和开放性，使中国海油在未来石油转型中占据主动地位。

四是市场引领战略。要积极适应竞争日趋激烈的行业环境，进一步增强市场经营意识，从短缺经济下的以产定销向过剩经济下的提供有效供给转变，从构筑资源壁垒向提升市场竞争能力转变，真正树立"市场引领、客户至上、服务为先、价值创造"的市场经营理念。要正视中国海油终端销售不足、营销理念不足等薄弱环节，以市场为导向强化核心能力建设。认真处理好协调发展与市场化经营之间的关系，强化以市场为导向的价值创造体系，使其与集团利益最大化理念下的价值分配体系相协同，逐步使市场成为中国海油资源配置的最主要手段。

五是人才兴企战略。落实人文化管控理念，把人视为公司最宝贵的财富，努力营造机会平等、规则公平的制度机制，营造尊重人才、重用人才的浓厚氛围，营造积极向上、奋发有为的成才环境，营造风清气正、健康包容的企业文化，切实提高员工的成就感、价值感、归属感和满意度。要不断优化人才结构，大力培养具有全球视野和战略思维、善于把握和引领石油企业未来发展方向的企业家、高级人才和科技领军人才，培养具有国际眼光和一流经营管控能力的国际化人才，具有较强专业精神、创新精神和创新能力的技术和技能人才，以及复合型党建人才，努力在公司内部形成人才辈出、活力迸发的生动局面。

(二) 战略引领下的中国海油发展之路

中国海油发展战略的转变直接引领了公司过去 30 多年的快速发展。而就发展本身来看，是体现在中国海油的方方面面的。

1. 集团化战略管控下的各业务协调发展

对于大型中央企业石油集团来说，如何采用有效的集团管控体系，实现集团内部的协调发展是企业战略活动的重要内容。中国海油通过不断推行变革创新，以集团化战略引导企业的战略规划，以专业化、市场化、经济化和规范化推动集团内部各业务的协调与配套发展，通过对公司资源的协同整合来实现业务结构的全面变革。同时，为了获得企业集团的良性发展，创新不适应市场环境和发展战略的低效率生产关系，中国海油还依托集团资源整合，进一步落实协调发展战略来对整个产业链进行调整，并取得了很好的成绩。

中国海油以企业的战略定位和各业务板块的性质来进行集团管控体系创新。中国海油各主要业务板块都必须有充足的资金来提供支撑，特别是对一些大型海外项目而言，需要通过财务杠杆来实现资金的充足供应。在此背景下，基于全面预算的财务管控也是国内业务的一个重要方面，各下属机构制定并上报财务预算，集团通过实施预算审核来进行控制。因此，中国海油在集团管控模式上实行以战略管控为主，财务管控为辅。

总部职能定位为：以集团整体价值最大化为着眼点，通过承担战略决策和管控职能，确保集团战略目标与内部各下属业务的经营目标实现高度一致性；为重要的投资、并购活动制定决策，促进集团资产和业务的整合；创建集团的运营政策、标准和流程，培育中国海油的核心竞争力。在总部的战略管控下，各所属业务遵循产业规律和市场规律，依托集团优势进行资源协调。

如今的中国海油以协调发展为战略基点，将国际上通常属于不同业务的四个公司——中海油、中海油服、海油工程和海油发展集成到一个企业集团内部。每个公司有各自明确的发展方向，各公司业务间也会以招投标机制、合同关系来提高管控水平和专业技术水平，并通过集团作战的方式获取低成本和群体优势，完成向市场化机制运行的最终转变。这种战略变革模式创新既是和其他国家海洋石油公司的最大区别，也是中国海油结合我国现实情境的显著特点。

同时，中国海油还通过分工协作来强化板块间的协同关联配套发展，将每个业务都做大做强，使其发展成为跨地区、跨行业、服务功能齐全、业务组合合理、专业化程度高、按照国际规范运作的现代企业。中国海油立足主业，不断将优势资源投向有竞争力的和有市场前景的产业链节点上，选择高附加值产品项目进行深度延伸，以此形成与主业协调发展的新产业集群和产品系列，继而"不断分化，不断剥离，逐个发展，逐个壮大"。

经过努力，如今的中国海油已经形成了油气勘探开发、专业技术服务、化工化肥炼化、天然气及发电、金融服务、综合服务等良性互动、协调发展的业务领域。这种各业务的专业化分工完全遵循了客观规律，尊重了公平和市场交易规则，以内部市场机制将压力施加到不同业务领域，并最终促进集团各业务的快速发展。

2. 一体化战略下的上中下游同步发展

中国海油的早期业务主要集中在上游，然而，仅仅依靠上游业务，既与公司的发展战略目标不相匹配，也不利于抵抗低油价对公司上游业务发展的影响。为此，中国海油开始了立足主业向石油工业中下游延伸的发展思路，即上中下游一体化发展。经过长期的发展，中国海油的一体化已经初具规模，为中国海油的快速均衡发展提供了有力保障。

在打造一体化产业链的过程中，中国海油在上游以油气勘探开发为基础，在巩固和提高上游产业生产效率的同时，开始逐步向中下游产业链延伸，先后成立气电公司、化学公司、炼化与销售事业部（例如，中海壳牌石化、惠州炼油、中海沥青燃料油等项目的建设）等，进一步增强了企业的抗风险能力。

中国海油的一体化战略立足上游油公司主业，通过并购、合作等多种措施和手段来实现产业链延伸，把产业链中的中下游企业做起来。在并购活动中，中国海油将具有资源性生产的企业作为并购目标，依靠资本市场来进行，而不是收购股权和财务投资，同时，通过坚持差异化发展的方针来完善产业布局和嫁接产业，并加强对产业链中关键环节的控制。总体来看，并购活动推动下的一体化战略，帮助中国海油实现了产业结构调整。中国海油形成了"上游更优、下游更精、专业技术服务竞争力更强"的基本产业布局。

在上游环节，中国海油在国内加大勘探开发力度，积极采取增储上产措施，保障了国内海上油气的稳定供应及公司中下游产业发展的资源基础，在海外把并购作为海外发展的重要战略措施,通过在国际市场开展多项重大并购来稳固上游资源。

截至目前,中国海油在海外已经拥有近40%的资产,油气资源分布于东南亚、澳大利亚、非洲、北美洲、欧洲、南美洲等多个国家和地区。

为了提高社会影响力和满足企业发展需求,中国海油在稳定上游的同时,加快向中下游延伸,并已经形成了具有一定市场竞争力的炼油、化工化肥、沥青等项目。化学工业是中国海油最早进入的下游产业链环节,中海石油化学股份有限公司(简称中海化学)通过并购进入化肥产业,帮助中国海油延长产业链,增加产品附加值,为一体化战略实施开了一个好头。到2018年年底,中海化学的总资产已经达到196.7亿元,净资产143.1亿元,尿素、磷肥、复合肥等化肥产品以及甲醇等化工产品产量总计达到452.2万吨,是中国产量最大、石油耗用效益最高的氮肥生产商之一。

3. 国际化战略下的全方位多层次立体化发展

中国海油的国际化战略可以划分为三种方式:一是"引进来",其主要特征是由于存在资金、技术和人才方面的不足,在国内浅海海域引入国外石油公司进行国际合作,通过对外学习与我国国情相结合的方式来推动我国海洋石油工业的发展;二是"引进来+走出去",其主要特征是通过整合国内外资源来提升企业整体能力,实现油田勘探开发的合作经营与自主经营并重发展;三是"走出去",其主要特征是通过国际合作和海外并购资源来进一步拓展海外业务,完成向国际石油公司的转型,实现从国内到国外的全方位发展。

从成立之初,中国海油就确定立足于国内海域实现逐渐成长,通过对外合作引进、消化、吸收国外先进技术,培训人才,尽快提高技术人员的素质,逐步掌握国外石油公司海上油气勘探开发的先进技术,力争接近国际先进水平。在"引进来"的发展阶段,为了与国际石油公司接轨,中国海油多轮国际招标,先后与20个国家的70余家石油公司开展合作。在和国外石油公司接触过程中,收集了120多种海上石油合同和规范文本。通过比较租赁、技术服务、风险合同三种模式创新,在结合中国海上石油勘探开发现状的基础上,最后选择了采用风险合同和分阶段合作方式,形成了我国海洋石油勘探开发的"标准合同",该合同有效兼顾了各方利益,推动了对外合作的开展。

此外，为了快速推动我国海洋石油工业的发展，中国海油在与国外石油公司签订合同时也明确约定，外国合作者义务向中国海油转让技术、传授经验，对中方人员进行培训。这是在没有资金和技术的条件下，结合我国实际情况而采取的一种学习方式。通过这种学习方式，中国海油的技术人员通过参加国际合作项目各个岗位的实际操作，实现了快速成长。

完全依靠"引进来"战略，并不能在最大程度上提升中国海油的竞争力。为此中国海油不仅需要在国内市场开展合作，而且还需要开拓国际市场，开展更为广泛的合作。在国内市场方面，中国海油在"引进来"的同时，着力培养自营勘探开发能力，并且取得了明显成效。以2018年为例，在探井方面，中国海油自营预探井和评价井已占到总数的85.3%，公司在中国海域84.4%的净证实储量、75.3%的净产量来自自营油气田。在国际市场方面，面对自身短板，中国海油用国外资源来实现自我提升。当国内的技术水平、设备无法达到国际承包商的项目要求时，中国海油就依据自身发展需要来整合国内国外资源，利用对外合作模式创新与国外公司成立合营公司进行承包任务。例如，中外合营的中国南海-麦克巴泥浆有限公司，中法渤海地质服务有限公司等的成立就起到了很好的效果。同样，国际LNG市场也为中国海油的发展提供了一个很好的机遇。在与国外石油公司合作的过程中，中国海油认识到LNG未来的发展前景，随后中国海油开始推动LNG国际业务，并在澳大利亚等地开拓资源市场。如今的LNG业务也已经成为中国海油经营中的一个亮点。

"走出去"战略既是国家发展的需要，也是中国海油成为世界一流石油公司的必经之路。中国海油从成立之初就直接面对国际市场，但是直到20世纪90年代初，在国家发展战略的推动下，中国海油才开始积极思考和开展海外业务拓展，并提出了全面的"走出去"国际化发展策略。中海油成功收购马六甲油田标志着海外进军序幕的正式开启。在海外业务拓展中，其国际化战略也以资产并购和风险勘探并举，奉行"地区选择上远近并举，油气并举，油气田并购与风险勘探并举，资源获取与帮助发展双赢并举，独立自主与建立合作伙伴关系并举"，取得了重大突破。2010年，中国海油与澳大利亚石油公司Exoma Energy在澳洲昆士兰进行煤层气和页岩气资源开发，与切萨皮克能源（Chesapeake Energy）公司在美国进行页岩油气开发业务。这些国际化战略不仅夯实了中海油在海外的油气产量和储量基础，也帮助中国海油进一步走向国际化市场。在经营范围上已经实现了从国内到国外的全方位经营重大跨越发展。如今的中国海油已经从一家主要从事油气业务的国内公司发展为拥有较大规模海外资产的国际化石油公司。

（三）战略助推下的中国海油转型升级

战略引领下的企业全方位发展的最终结果是推动了中国海油实现全面的战略转型，向具有中国特色的世界一流石油公司不断趋近。具体而言，中国海油的发展历程经历了三次较大的转型，即从机会驱动向价值驱动的战略转型、从要素驱动向创新驱动的战略转型和从石油公司向国际石油公司的战略转型。它们不是自然发生的，而是在集团化管控战略、一体化战略和国际化战略等的综合推动下完成的。这种战略演化是随着企业运行机制、管控机制和市场经济环境逐渐完善，并向制度化、规范化的转变而实现的。同时，也保证了企业在经营活动中的自主性，使企业在市场经济中能够真正作为一个独立经济体来从事经营活动。

1. 从机会驱动向价值驱动的战略转型

早期的中国海油虽然找到了一些油田，但是由于面积小、储量少，开发不具有经济性。这对缺乏资金的中国海油来说是一个极大的限制。因而，在一些项目上更多是出于机会倾向，即如果能找到一个好项目就去做，主动开发和寻找具有经济价值项目的动力不足。中国海油既是一个国有企业，也是一个市场经济主体。要实现企业未来的健康发展，就必须进行战略转型，即从机会驱动向价值驱动的转型。

2019年，中国海油加快集团公司机关向控股公司管控架构转变，从行政管控向股权管控转变。中国海油总部不直接面对市场，而是以战略管控为手段，引导下属企业在市场中以价值为导向来寻求发展机会。随后成立了炼化与销售事业部来统一炼油、石化、油气利用和销售公司的管控，进一步整合炼化与销售资源，充分发挥炼化板块的生产、市场营销的资源优势，实现炼化板块的优化管控、集约管控。在调整各业务板块内部结构的基础上，中国海油也充分衡量各业务的经济价值,将一些不符合未来发展方向,不具备竞争力的业务退出集团的管控和经营范围,通过加强业务板块间的结构调整和资源整合来获得资源协同效应。

无论是在宏观战略上,还是在企业内部的微观运行中,中国海油并不是盲目去选择项目,而是以经济价值为主导来推动运营活动。例如,为了提高天然气资源开发、集输和销售一体化能力,中国海油通过重组气电公司来促进气电产业规模的发展;通过与 BG 的合作,重新塑造了中国市场的 LNG 价格曲线,实现了中国海油在气田开发、液化厂建设、贸易及运输等全链条的参与。同样,在具体的企业微观运行中,中国海油强调相关业务的商业价值特性。例如,中海石油有限公司天津分公司通过"三约"管控——高度集约、合理简约、严格制约,提出以"地质油藏为核心"的价值理念来实施勘探开发一体化的管控体系创新。无论研究院和勘探部发现了多少储量,具体成绩都需要依靠后期的产能和产量来定绩效。将勘探研究、勘探作业和勘探投资相结合,与经济效益挂钩来创造和评估价值,以是否能产生经济效益或价值作为评价准则,以经济价值作为标准来制订勘探开发方案。

2. 从要素驱动向创新驱动的战略转型

以规模扩张、要素投入和投资拉动为主要特征的发展模式创新推动早期的中国海油发展进入"快车道"。然而,中国海油深刻认识到,这种依靠要素驱动的发展在早期是可行的,也是在当时的内外部环境下的正确选择,当公司发展到一定阶段之后,这种发展模式创新必须面临转型。而转型的时机就是在中国经济进入新常态、油价持续低迷时。在此背景下,创新驱动成为公司唯一选择。

创新驱动第一要素在于科学技术。在 2004 年后的"世界一流石油公司"建设时期,中国海油就提出了"科技领先战略",并在之后的工作中不断强化科技对公司发展的重要性。为了保障该战略的实施,中国海油建设"一个整体、两个层次"的科技创新组织体系。集团层面以重大核心技术、共性技术攻关和前瞻性技术研究为主,逐步完善与壮大现有上游研究院,配备必要的科研设施,逐步提高其研发工作的比例;同时,逐步培育与抓实各中下游单位研究机构的建设工作,适时整合中下游力量和建立中下游的研究院,推进形成集团炼化技术创新体系。在各所属单位建立完并善集团第二层次"所属单位级科技机构",并实体化运作,其业务以个性化技术研发、中试研究和现场试验为主,建设公司海外科研机构的工作思路,有力地支撑公司海外业务的发展。

建立完善集团公司科研机构资质管控机制,加强国家级与集团公司级科研机构建设。建立集团公司级重点实验室及工程技术中心的认定办法和资质标准。加强公司科研设施与实验能力建设,促进各科研机构自主创新能力的提升。完善科技投入增长的长效机制,形成集团科技投入稳定增长的良性循环。完善"总公司技术总师—总公司科委会专业委员会—总公司高级咨询委员会—技术专家库"系列的总公司技术决策机制。实施科技创新人才培育工程,稳定科研攻关队伍。建立专业技术培训科目指南,开发培训课程体系,完善科技人才培养方式和途径。加强总公司科技考核与激励,形成有助于科技创新的机制环境。完善对所属单位经济责任制的科技考核指标及方法。

在上述措施下,截至2017年,中国海油共获得中国最高奖项——国家科技进步奖一、二、三等奖46项。这些科技成果涵盖勘探、开发、工程等各个方面。在科技的支撑下,中国海油海上油气储量和产量迈上了一个又一个新台阶,于2010年生产5000万吨,建成了"海上大庆",并连续多年实现稳产。在这个过程中,中国海油在科技创新体系建设上也取得了突出成效,有效地引领了中国海油的科技进步步伐,并得到了上级部门和社会各界的肯定和赞誉。

除了科技创新之外,管理创新与商业模式创新也是创新驱动的关键要素。中国海油在坚持科技发展的同时,也开始注重管控与商业模式创新,并在2015年将科技方面的"硬创新"和管控与商业模式创新方面的"软创新"实现了有机结合,提出了全面的"创新驱动战略"。为了引导、激发企业与员工参与管控创新,将管理创新与公司创新发展和生产经营紧密结合,做好创新成果总结、转化和推广工作,使工作规范化和制度化,颁布了《中国海洋石油总公司企业管控现代化优秀成果管控办法》,系统性开展优秀管控成果的总结、申报、评审、奖励和推广工作,历经13个年度,形成长效机制,取得积极成效。截至2017年年底共评出245项集团公司级企业管控优秀成果;推荐申报全国石油石化企业管控现代化创新优秀成果（行业部级）评选，获得103项行业部级优秀管控奖；推荐申报全国企业管控现代化创新优秀成果（国家级）评选，获得国家级优秀管控成果一、二等奖31项。成果的推广和应用有效促进了公司管控水平的提升，为公司提质增效，为培育和提升公司核心竞争力，为建设中国特色世界一流石油公司作出了积极贡献。

在商业模式创新方面，2018年中国海油市场营销创新工作会议提出，中下游业务要主动适应石油转型方向和石油互联网发展新趋势，深入探索"互联网+"营销的新模式、创新的新业态；充分利用互联网分享、开放、互动的优势，加强信息系统建设，打通终端与客户之间的信息沟通渠道，深入洞察客户需求，开展精准营销，打造差异化竞争优势；要积极探索构建"线上+线下""终端+应用"良性互动，集加油、加气、充电、非油业务、金融业务多功能于一体的智慧服务平台，形成具有独特竞争力的营销生态系统，努力向一体化综合石油供应商和服务商转型。中国海油所属气电集团结合LNG产业特点、发展趋势以及公司实际，依托互联网平台，积极探索商业模式创新，建设了中国海油电商平台，统一打造了线上交易平台，实现了销售区域全覆盖；积极参股组建上海石油天然气交易中心，协同打造具有国际影响力的石油天然气交易平台、信息平台和金融平台，通过商业模式创新为公司发展提供了新的驱动力和新的利润增长点，取得了可观的经济效益。

在创新驱动战略的引领下，中国海油从依靠要素驱动发展向创新驱动发展的全面战略转变。

3. 从石油公司向国际石油公司的战略转型

随着中海油、中海油服等下属公司在国际市场上市，中国海油已经转变为一个国际公司。中国海油国际化业务中的各项活动也是坚持效益第一的原则，做好评估工作，考虑股东利益，对股东负责，讲究效益，力求优质高效。例如，中海油服通过对挪威Awilco公司的整体收购活动成为全球第六大钻井服务提供商，提高了国际竞争力。同样，对于阿根廷Bridas公司和美国鹰滩页岩油气项目权益等在内的多项重大并购活动也都是在执行价值驱动战略的国际化发展。

2019年，中国海油提出建设世界一流综合型石油公司的战略目标。第一个衡量标准就是企业规模和产业协调能力。在集团化战略的推动下，中国海油通过设立战略发展目标来向国际石油公司转变。在储量规模、产量规模、销售规模上，中国海油都提出了明确的奋斗目标。同时，中国海油还不断进行板块调整，实现各业务板块与产业的协调有序发展，现在已经形成了以海洋石油勘探开发为主业，延伸出来中下游公司、诸多专业公司和金融服务公司，实现油公司、中下游公司、专业公司、金融公司等板块的协调发展，增强企业集团的整体竞争力。

第二个衡量标准是做到上中下游一体化和完整产业链。为了实现这个目标，中国海油通过一体化战略来推动企业由单一的石油天然气勘探开发与生产公司，向上中下游一体化公司转变。如今中国海油的产业结构正在逐步实现从单一的传统油气产业向"多元、低碳、集成"的产业体系转变，逐步由一家单纯从事油气开采的上游公司，发展成为主业突出、产业链完整的综合型企业，油气勘探开发、专业技术服务、化工化肥炼化、天然气及发电、综合服务等上中下游一体化，为最终转型奠定了坚实的基础。

第三个衡量标准是跨国经营程度。国际石油公司的经营必须是在符合国际经营模式创新下进行的，例如，当年中海油的海外上市就是一切按照国外公司模式创新来实现的，以3%的人员带着80%最优资产上市，使企业得到国外投资者的认可和接受。此外，国际石油公司的海外业务必须占到1/3以上，甚至1/2以上，并且还需要进入除了石油天然气以外的其他领域。中国海油在向国际石油公司转型的重要环节就是进入海外市场LNG业务。曾经海外LNG资源获取多年来一直徘徊不前，而国内沿海LNG市场也受到空前冲击。气电公司通过国际化战略，在LNG资源获取上实现了重大突破：广东大鹏LNG业务与澳大利亚顺利签约，既实现了较高的利润，也保证了清洁石油的海外长期供给。

国际石油公司的第四个衡量标准是技术发展情况。按照石油界定义，一般将水深300米以内的海域视为浅海，超过这一水深标准则为深海。在中国海油发展初期，由于技术条件的限制，只能从事在渤海、海南岛周围的浅水区域作业。对中国未来发展来说，要实现大规模走向国际市场，对深海油气进行开发已经是非常迫切的事情。然而长期以来，深海石油作业核心技术一直由欧美少数国家所掌握。从浅海石油作业到深海石油作业是一个巨大的跨越，其管控能力、作业水平将是对中国海油最严峻的考验。通过长期以来的国际化战略，在300米之外的深海，中国海油与外国公司合作丰富了经验，实现了技术积累。例如，中国海油与哈斯基石油合作，在香港东南250千米钻探荔湾3-1-1井成功，让中国海油开始了深海尝试。同时，在以深水半潜式钻井平台"海洋石油981"、深水地球物理勘探船"海洋石油720"、深水铺管起重船"海洋石油201"等为代表的先进深水勘探开发装备的启用，也帮助中国海油独立实现最大作业水深超过3000米，钻井深度可达1万米的深海作业能力。

经过30多年的发展，中国海油已经从一个石油公司转变为了一个综合国际石油公司。但是中国海油具有更高和更长远的发展诉求，2019年中国海油提出"建设中国特色世界一流石油公司"的宏伟目标，相信通过不懈的努力，再经过30年的发展，中国海油将从"国际石油公司"真正转变为"中国特色世界一流石油公司"。

四、对外开放与国际合作

中国海洋石油工业的发展历程，就是中国创新开放的剪影。中国海油顺应时代潮流、抓住时代脉搏，才有机会搏击大潮，不断发展壮大。坚持走对外开放与国际合作之路是中国海油的一个鲜明特征。

（一）打开国门"引进来"

20世纪60年代，世界海洋石油工业进入了一个快速发展的周期。这个阶段，电子技术的迅猛发展促进了海洋石油装备的电气化、自动化，自升式钻井平台逐步成熟、半潜式钻井平台开始出现、水下井口技术诞生、电子计算机开始应用于地震资料分析、无线电通信和导航技术广泛应用于海上油气勘探开发，这些成为海洋石油工业发展的重要基础。

当时，我国海洋石油工业还处于萌芽阶段，无论是技术、装备、管控经验还是资金实力都与国外存在巨大差距，如果不引进国外技术、装备、管控经验和资金，是难以开展勘探开发工作的。在这样的背景下，中国海洋石油开始对外开放和国际合作，通过不断深化"引进来"战略，实现了中国海油的快速发展。

1. 早期中外海洋石油工业的巨大差距

中华人民共和国成立后，由于我国工业基础等方面的落后，尽管石油人付出了很多努力而且也取得了一定成绩，但在海洋石油工业领域与西方国家还是存在着巨大差距。

受制于当时我国科技发展水平和经济实力，很多海洋石油工业的技术和装备都十分落后。当时国外在勘探开发的很多领域都已经采用的先进技术与装备，例如模拟磁带记录系统、三维地震勘探技术等，我国直到 20 世纪 80 年代初才开始应用。在设计和建造能力上的差距也同样巨大，例如海上石油平台的建设，我国当时也尚不具备铺设海底管线的能力，平台也只有简单的生产和生活设施。西方发达国家海洋石油工业的发展积累了大量系统的实践经验，培养了一大批管控技术人才队伍。而我国早期海洋石油工业是一批"旱鸭子"下海，没有相应的管控经验，并缺少相应人员队伍。

与复杂的技术和装备相联系的是巨额投资，在当时的环境下，国家能够用于海洋石油工业发展的资金十分有限，而投资规模则是制约发展的重要因素之一。在投资模式创新上，作为高投入、高风险的行业，国际上常用的投资模式创新是由多个公司组成投资集团或通过发行债券和股票募集资金进行海上油气的勘探和开发，以分担风险，而我国受当时计划经济体制的影响，尚不具备这样的资金运营能力。

随着海洋石油工业的发展，有关国家为了保护政府、企业、公众的利益，出台了一系列法律和政策。比较完善、透明、稳定的法律政策环境使石油公司对于巨额投资有比较准确的回报预期，有利于它们做出正确的投资决定。我国当时由于没有稳定的法律和政策保障，导致投入缺乏连续性，制约了海洋石油工业的发展。

2. 海洋石油工业"引进来"战略的开启与探索

作为我国企业实施对外合作的排头兵，中国海洋石油工业最早对引进国外企业参与海上石油勘探开发进行了尝试，并通过不断的探索和实践，逐步找到了适合中国国情的对外合作模式创新。

中国石油代表团1978年年初访美,代表团向国务院相关领导汇报了他们了解到的美国与巴西国家石油公司合作开发海上油田的办法,但这种办法是否适合中国,当时的意见并不一致。1978年3月26日,中央政治局和国务院共同召开特别会议,听取了石油工业代表团的赴美考察情况汇报。"3·26汇报会"在中国对外开放的历史上具有特殊的地位,它开始了我国对外开放富有探索性的一步,标志着开放的国门正在启动。

汇报会结束后,石油工业部召开了海洋石油对外合作专题会议,并成立"海洋组",专门从事对外合作,挂靠在石油工业部(现已撤销)外事局,开始接待外国来华人员,组织出国考察,开展大量调研咨询工作。石油工业部的外事活动以中国石油天然气勘探开发公司的名义进行,这也是中国海油的前身。

在这一过程中,中方派出不同层次、不同规模的代表团,到国外进行现场考察调研,考察的国家既包括美国、英国、法国、挪威等石油工业相对发达的国家,也包括巴西、科威特、喀麦隆、伊拉克等发展中国家。通过这些考察,中方逐渐对各类合作模式创新有了一个较为清晰的了解,也为后面具体合作模式创新的选择提供了经验借鉴。

1978年6月,石油工业部向国务院详细阐明了风险合同和分阶段做法的好处。这种"先开展地球物探普查,再进行招标"的风险分阶段合作方式很快被确定。外商单独承担勘探风险,油田开发阶段中方参股,政府征收税费,限额操作费和双方投资,余额扣除中方留成后双方分成。

早期在"引进来"的方式、方法等方面的探索,为后来中国海油实现"引进来"战略,实现与国外石油公司的合作勘探开发提供了有益的借鉴。这也是中国海油在对外合作方面取得丰硕成果的基础。

3. 中国海油的"引进来"模式创新

(1)以国际招标和石油合同为标志的"引进来"

中国海油是伴随着我国海洋石油工业的对外合作过程而发展起来的,这也正是中国海油核心竞争优势所在,其后续的成长壮大都是与对外开放与国际合作进程密不可分的。中国海油通过多轮国际招标,将其"引进来"战略不断深化，并形成具有中国特色的对外合作模式创新，成为我国后来其他国有企业实施"引进来"战略的重要借鉴和参考。

1981年10月，国务院召开常务会议，正式决定成立对外合作开发海洋石油资源的国家海洋石油公司，其第一项工作就是组织我国海洋石油工业的首次国际招标。1982年2月，中国海油成立的第二天，便向媒体发布了中国海油进行国际招标的信息。到1988年，第一轮和第二轮招标中大部分合同的勘探第一阶段即将结束。总公司根据实际情况，于1988年1月30日启动了第三轮招标。在前期招标工作的基础上，1992年6月30日，中国海油对外发布第四轮招标通告，东海正式对外开发。

在四轮招标中，中国海洋石油总公司共与外国公司签订39个石油合同、21个物探协议、19个联合协议，勘探投资超过32亿元。

通过开展四轮国际招标和双边谈判，我国南海、渤海、南黄海、东海全海域实现了对外开放。在这一过程中，中国海油通过组建联合管控委员会，派出中方管控和技术人员进入合作机构，参与作业项目的管控与运作；在维护中方权益的基础上，学习国外先进技术和管控经验，并逐步探索出一套符合中国国情的对外合作模式创新，也培养了一大批具有国际视野的专业人才，为今后的进一步"引进来"战略的实施奠定了基础和储备了人才。

（2）以合营/合资公司为标志的"引进来"

通过合营/合资公司的"引进来"主要集中在两个方面：一是上游技术服务领域；二是中下游产业领域。

在上游技术服务领域，根据国务院《中华人民共和国对外合作开采海洋石油资源条例》，中国海油对外合作勘探开发掀起高潮。为加快对外合作勘探与开发，在技术服务领域，中国海油先后成立了"中国奇科地球物理""中国南海贝克钻井""渤海日本海洋钻井""中法渤海地质服务""中国南海－麦克巴泥浆""海洋石油奥帝斯完井服务""中海雷卡定位服务"等十几个中外合营专业有限公司。合营公司普遍采取外方出技术与装备，中方出操作人员的合作模式创新，积累了技术服务的经验，培养了一大批技术骨干，为上游提供技术服务。

在中下游产业领域，中国海油与多个外方石油公司成立合资公司，最具代表性的两个合营项目为中海壳牌和广东大鹏LNG项目。中海壳牌是中国海油和壳牌共同投资的中外合资，双方各占50%的股份。广东大鹏LNG是中国海油于2001年与BP公司全球投资有限公司签订成立的中外合资公司。该公司采取中外合资、中方控股的方式。合作各方及股份比例为：中国海油33%，BP公司全球投资有限公司占30%，深圳市燃气集团有限公司占10%，其他7个小股东合计占27%。该项目的建成对缓解广东石油供需矛盾，优化石油结构具有重要意义。上述合作方式有效地支撑了中国海油的上中下游一体化和产业链延伸。

4. 中国海油"引进来"战略取得丰硕成果

引进了资金，解决海洋石油工业发展资金急缺的问题。截至2018年4月，中国海油与来自21个国家和地区的82家外国石油公司签订了218个对外合作石油合同，引进外方的勘探投资72亿美元，在很大程度上解决了海洋石油发展初期资金短缺的问题。海洋石油工业成为中国吸引外资最多的行业之一，中国海油也成为世界上签署对外合作石油合同最多的国家石油公司之一，真正开创了我国企业"引进来"战略的鸿篇。

引进了技术，助力中国海油掌握一批核心关键技术。在"引进来"的过程中，中国海油通过对外合作实现了在技术领域的"引进、消化、吸收、集成、再创新"，提升了自身的自主创新能力。近年来取得了一批具有自主知识产权的科研成果，形成了海上高密度地震勘探、海上时移地震油藏监测、海上丛式井网整体加密调整、海上稠油聚合物驱油、海上高温高压钻井、深水钻井及测试、超深水半潜式钻井平台设计与应用、深水海管铺设、海管漏磁检测、大型LNG储罐设计、电解催化氧化法污水处理、海上大型组块整体浮托安装12项关键核心技术，以及核磁共振测井仪、模块化地层测试仪、第一代随钻测井系统、第一代旋转导向钻井系统、深水钻完井液及水泥浆体系、海上丛式井钻井防碰智能预警系统、深水水下连接系统及生产管汇、300米水深保温输油软管、环保橡胶油及TCDTO-1精制催化剂等15项核心产品，总体处于国内领先或国际先进水平。通过这些关键核心技术、核心产品及其他新技术的集成应用和工程示范，创新形成了深水地震勘探、东海低渗-致密天然气勘探、海上高温高压天然气勘探、海上稠油油田整体加密及综合调整、深水钻完井、大型结构物设计建造安装、高酸重质原油全额加工、国Ⅳ/国Ⅴ清洁汽柴油生产八大技术能力。

培养了大批海洋石油人才，提升管控能力和水平。在"引进来"的过程中，中国海油不仅注重资金和技术的引进，而且非常重视通过对外合作加强人才队伍建设。中国海油通过"逼着教和追着学""请进来和送出去""岗位培训、学历学位培训和高级管控培训"等多种方式培养了一大批具有国际化视野的海洋石油人才，提升了管控水平，也为后续的持续发展提供了人力资源储备。仅崖城13-1合作区块就为中国海油选送了200多名中高层管控和技术人员到美国、加拿大、英国、法国、澳大利亚等国家培训，为公司的发展提供了人才保障。通过"引进来"战略的实施，中国海油在资金、技术、装备和经营管控方面积累了大量经验，储备了大量人才，并通过对外合作不断提升自身技术研发能力和经营管控水平，实现了引进国外合作的战略目标。

（二）技术创新战略

技术创新是国际石油公司自我发展的必然要求。中国海油在国际化合作的过程中，通过走"引进、消化、吸收、集成、再创新"的技术成长之路，不断提升和强化公司实力。

1. 中国海油技术创新战略的发展历程

按照企业技术创新方式的不同，可将中国海油在技术进步与技术创新方面的发展历程，划分为引进学习阶段、合作创新阶段、自主创新阶段三个不同时期。

（1）引进学习阶段

1973年4月，国务院原燃料化学工业部海洋石油勘探指挥部经中央政府批准，从日本引进自升式钻井平台"渤海2号"，从而打开了我国海洋石油技术引进的大门。

从20世纪70代初到80年代初的近10年里，中国海洋石油工业主要通过引进国外先进技术装备，在应用中消化吸收，并逐步掌握操作工艺的技术创新。尽管这个时期中国海油还未正式成立，但随后成立的公司基本上是以这一时期的技术装备和人员为基础的。因此，我们将这一时期也看作中国海油的一个早期发展阶段，并称其为技术消化吸收阶段。

（2）合作创新阶段

仅仅依靠引进有限的外国技术装备，显然不能实现我国海洋石油工业的跨越式发展。中国海油高层决策者们就把企业定位在高科技上。他们高度重视企业科技水平的提升，并制定了明确的科技工作发展方针，即通过对外合作尽快得到国外先进技术，培养技术和管控人才，尽快提高技术人员的素质和水平，掌握外国石油公司海上油气勘探开发先进技术，力争尽快接近国际先进水平的战略决策。

据初步统计，1980—2018年，中国海油在与外方合作过程中，共接受技术转让230项，其中基本掌握135项，占59%；部分掌握47项，占20%；一般了解48项，占21%。共有100多项技术已经应用于生产实践之中。更为重要的是，通过对外合作，迅速壮大了中国海油海洋石油开发的技术力量，为形成自主技术、提升自主技术创新能力起到了决定性的作用。

通过引进、消化、吸收逐步掌握了十大配套技术：油气盆地资源评价和勘探目标评价技术；海上地震勘探的资料采集、处理及解释技术；水平井、大斜度井及复杂地层钻井技术；海上油气田完井及延长测试技术；数控测井与资料分析处理技术；油气田数值模拟和油藏评价技术；海上复杂油气田开采技术；海上油气田工程设计、建造和安装技术；海底管线铺设技术；海洋石油环境条件观测和预报技术。

十大配套技术和相关核心技术能力的形成，表明中国海油的科技实力已经发生了根本性转变，实现了在与国外合作中迅速壮大自己技术和研发能力的战略目标。

（3）自主创新阶段

20世纪90年代末，中国海油的技术进步显然还主要依赖于国外公司。公司明确提出"实现海洋石油的跨越式发展，科技工作必须先行"的战略指导思想。在引进、消化、吸收国外适用的先进技术的同时，更要依靠自身的技术力量，进行自主勘探、开发、下游技术和管控技术等方面的研究和创新。

中国海油努力实现"三新三化"技术创新发展策略。这一战略的提出和实施，极大地调动了公司广大科技人员的积极性，有力地推进了生产建设中的技术创新。

在自营油气田开发过程中进行的技术攻关和创新,有效地锻炼了中国海油的科技队伍,极大地提高了公司的技术研发水平,初步实现了装备的现代化,积累了油气田开发和执行作业者的宝贵经验,形成了一支能自主完成研究、设计、开发、建造和生产的专业配套队伍,以及一套常规油气田开发的配套技术。

"海洋石油981"就是中国海油在吸收国际同行先进经验的基础上进行自主创新的一个体现,该平台是当今世界上最先进的第六代深水半潜式钻井平台,国产化率已经超过40%。该平台甲板面积相当于一个标准足球场大小,高136米,相当于45层楼的高度,自重超过3万吨,电缆总长度超过800千米。在主甲板前部布置可容纳约160人的居住区,甲板室顶部配备包含完整消防系统的直升机起降平台,可起降Sikorsky S-92型直升机,平台配置了世界上最先进的DPS-3动力定位系统,堪称海洋工程领域的航空母舰。它具有勘探、钻井、完井与修井作业等多种功能,最大作业水深3000米,钻井深度可达12000米,1500米水深内锚泊定位,这是世界上首次按照南海恶劣海况设计的钻井平台,能抵御200年一遇的台风,平台总造价约60亿元。"海洋石油981"钻井平台的建成,为我国进军南海、东南亚、西非等深水海域奠定了重要的技术基础,是我国海洋石油工业在自主创新能力建设方面的重大突破。在如此短的时间内,中国海洋石油工业的工程技术走过了国外公司近百年的历程。

中国海油通过这些自主创新,进一步提高了整体竞争力,缩小了与外国公司在技术水平之间的差距,并为我国大规模开采南海油气资源作出更大贡献。

2. 中国海油技术创新战略的运行机制

中国海油从引进学习到合作创新,再到自主创新,其技术创新过程有着一套完善的运行机制,正是这一高效的运行机制保障了中国海油创新的持续提升,该机制具体可以归纳为以下几个方面。

(1) 把技术进步和创新作为公司做强做大的基本战略

针对海洋石油开发的高技术、高投入和高风险特点,结合公司的发展实际，中国海油先后提出了"科技领先""科技驱动""创新驱动"战略，通过实施这一系列战略，逐步建立起中国海洋石油的科技创新体制，使主要技术达到国内领先水平，部分关键技术达到国际先进水平，使科技创新成为核心竞争力，同时确立了科技发展目标：在"海上地球物理储层预测与油藏精细描述技术""海上稠油油田开发及提高采收率技术""海上边际油田开发技术""海上大型浮式生产储油系统技术"和"重质油综合利用技术"等方面达到国际先进水平。在"海上区域地质基础研究""海上非构造圈闭勘探技术"等20个方面达到国内领先水平。清晰的技术战略及其目标的制订，为公司的技术进步与创新指明了方向和发展路线。

（2）注重引进、消化、吸收与自主创新的有机结合

从20世纪80年代初期开始，中国海油与外方大规模合作，外方公司的技术被大量引入，到20世纪90年代中后期，公司通过消化、集成和创新，掌握了10大技术，之后随着公司经济与技术实力的不断增强，公司不失时机地加大科技活动特别是研发投入的力度，从而在短短10多年的时间里实现了自主创新能力的实质性转变，自主知识产权的技术开始在公司的技术结构中占据更大份额。可以认为，注重引进、消化、吸收与自主创新的有机结合，是中国海油的重要经验。

（3）注重科研资源的合理配置和科学分工

伴随着中国海油不断壮大，其科技力量的规模也在日益扩大。在这个过程中，公司十分重视科技资源的合理配置。比如，二级公司科技力量主要解决生产一线遇到的技术问题，而总公司直属的科研机构一部分承担国家的重大课题和基础性甚至是学术性问题，另一部分则解决涉及全公司的普遍性实用技术问题。这样，在整个公司内部，科技资源就得到了合理配置，做到了既可以解决眼下的技术问题，又可以解决涉及公司长远技术进步的问题，使公司的技术成长兼顾到了短期和长期的协调。

（4）注重人才培养和对技术创新的激励

注重科技人才的培养是中国海油"科技领先"战略的重要组成部分。历届公司的最高决策层都十分清楚，只有拥有一个掌握了先进科技知识的过硬队伍，公司才能真正站立起来。从1985年起，中国海油举行科技进步奖评

比，并给予获奖者精神和物质上的奖励。在科技进步奖评选后，再从获奖项目中选出参加国家科技进步奖评选项目。2002年，公司出台了《海洋石油科技发展激励机制》，强调为科技人员创造较好的工作氛围和条件；对科技发展给予经费支持；实施高科技人才战略，选拔技术拔尖人才，并突出激励科技人才努力研究、开发、利用高新技术；创造新工艺、新产品，实现产业化，逐步形成企业的核心技术；低成本、高效益地开发海洋石油。公司还实施了对科技成果的奖励制度，对于发明专利、获得科技奖的成果予以奖励。截至2017年，中国海油共获得国家级科技进步奖46项，其中特等奖2项，一等奖5项。

（5）以生产一线的问题为导向，在联合攻关中实现技术创新

向海洋要石油，向深海要石油，公司每一步都是在探索中进行的。在实践中，中国海油摸索出一套行之有效的技术进步与创新的路径。遇到重大难题时，基层单位会就此问题组成包括总公司专家、其他科研院所和大专院校的专家科研团队，进行集中攻关。生产中技术难题的解决不仅意味着生产过程可以顺利进行，同时也意味着一次自主创新。

3. 中国海油自主创新战略的保障措施

中国海油学习和掌握海洋石油勘探、开发、生产以及管控的关键技术和配套技术，建立起海洋石油的科学创新管控体系，培养了一批能够熟练运用这些技术并具有创新能力的科研和技术骨干，他们为我国海洋石油技术进一步提升和发展奠定了扎实的基础，也是实现从合作创新到自主创新的重要制度保障。

（1）建立多层次技术研发和创新的管控体系

科技创新是公司最重要的内容之一。中国海油从成立起就高度重视科技工作，并逐步形成了符合公司技术特点的科技体系，对促进中国海油的技术进步与创新起到了积极的作用。

中国海油规定，公司内部各单位总经理是科技发展工作的第一责任人。成立中国海洋石油科学技术委员会（简称科委会），负责公司科技管控的最高决策和战略规划。随后，总公司科委会领导下的科技决策体系进一步得到加强。此后，各所属单位均相继成立了科委会，领导本单位的科技工作。这样，在整个公司内部就形成了一个关于科技活动的强有力的领导体系。

在公司各级科委会的指导下，公司又逐步建立起了多层次、多功能，且相互分工的多个专门的科研活动机构。包括中国海洋石油工程技术中心、总公司重点实验室、国家级技术中心和博士后科研工作站等。不同层级的科研机构，承担了不同的职责和任务，既实现了结合企业发展在重点领域的技术突破，又为企业的持续发展培养和输送了优质人才。

中国海油实行开放式的科研战略，先后与中国科学院系统的地质、地球物理等 20 多个研究所以及清华大学、北京大学、中国地质大学、中国石油大学等 20 多所高等院校进行了多项合作，取得了丰硕的成果。这些成果大都应用于生产，直接推动了海洋石油科技的发展。通过与大专院校、科研院所在技术发展、人才培养、基础建设等方面长期稳定的合作，公司核心技术创新能力得到了持续提高，也为企业的科技创新培养和锻炼了队伍。

（2）强化技术创新队伍建设

中国海油与其他两家国有石油企业相比算是一个年轻的企业，尽管都是石油企业，但在技术特性方面存在很大差异。在经济实力和技术水平等方面，更难与国外同行相比。为此，中国海油在成立之初就把技术人才的培养放在了首要位置。

中国海油在与外国公司签订石油合同区勘探开发合同时，在条款中明确规定，1/3 中方科技人员须参加各个岗位的实际操作，目的在于加速培养自己的科技队伍。根据石油合作合同，中方首先向每个合作区块的联合管控委员会（JMC）派出专业技术人员，与外国专家共同进行管控和研究工作，从中学习外国公司先进技术和管控经验。

中国海油将掌握的国外先进技术和经验，主动在自营勘探开发中进行应用。另外，为解决某些技术上的薄弱环节，总公司多渠道地开展双边国际合作与交流，并在国内与各部委、高等院校开展科研联合攻关，先后与美国、英国、法国、加拿大等十几个国家的企业和机构以及国内几十所院校和相关职能部门展开双边合作，培养了一大批技术人才。

中国海油还十分重视科技人才选拔与成长，通过多种渠道选拔优秀的科技人员，为科技人才的成长建立通畅的晋升通道。自 2007 年起，中国海油启动总公司和所属单位两个层面的专家评选，仅在当年就评聘了 107 位所属单位专家，在此基础上又评聘了首批32名总公司级别的专家。此外，通过创新科技人员晋升途径，实行"T"形晋升序列。这就使科研人员不受岗位职数限制，符合条件即可晋升，对科研人员留有充分的发展空间，为科研人员努力进取提供了强有力的激励。

中国海油还加大高层次技能人才的选拔推荐和管控，积极参加国家级人才选拔推荐。2016年，推荐国务院政府特殊津贴人选19名、全国技术能手4名，推荐中央企业青年拔尖人才支持计划候选人3名、中华技能大奖候选人2名，1人入选国家高层次人才特殊支持计划（"万人计划"）科技创新领军人才。开展技术与技能专家评选，38人受聘第三批总公司技术专家，17人当选第三批总公司所属单位技能专家。

（3）加大研发投入力度

随着生产的发展和经济效益的提高，总公司加大科技投入。科技投入的主要来源有国家项目经费、总公司综合科研费、生产项目前期研究费和专业公司自筹的科研经费。2016年，中国海油全年科技投入47.8亿元，占当年主营业务收入的1.1%。持续的高投入成为公司自主创新能力不断提升的第一推动力。

（4）积极承担国家重大科技攻关项目

中国海油在国家有关部门的指导下，已建成一个国家高技术研究发展计划（863计划）产业化基地——国家海洋高新技术领域成果产业化基地，建成了三个国家重点实验室——海洋石油高效开发国家重点实验室、海洋石油勘探国家工程实验室、天然气水合物国家重点实验室。中国海油在技术进步与创新方面取得的成绩离不开国家的大力支持。一方面，国家给予财政和税收政策上的优惠，因高新技术企业享受减免所得税额、因科技研发投入享受加计抵扣费用；另一方面，国家给予政策上的支持，鼓励企业建设技术创新基础平台。

（5）采取差别化的技术发展战略

与国际大石油公司相比，中国海油在技术水平上仍有一定的差距，具有自主知识产权的技术体系仍然偏少。在国外大公司技术垄断和技术封锁的背景下，中国海油的决策者们深知，要想参与国际竞争，就必须主动采取差异化发展战略。他们先后设立六大技术攻关领域，重点集中于海洋石油勘探新领域和新技术、海上稠油提高采收率技术、海上边际油田开发技术、深水油田开发工程技术、海外油气勘探开发技术、节能减排安全环保技术等方面实现突破。经过坚持不懈的努力，已经形成了具有中国海油特色的技术体系，实现了部分技术的国际领先。

（三）世界一流"走出去"战略

中国海油在对外合作方面是国有企业的排头兵，早期的国际合作模式创新主要是采用的"引进来"战略，通过引进国外企业参与合作油田勘探开发，为"走出去"积累了经验和资金，后期在国内资源趋于减少的背景下，积极实施"走出去"战略，开始拓展海外业务，并在国外实现了多项并购业务，走出了有效开发利用全球油气资源的重要一步。从中国海油的国际合作模式创新的变化来看，从早期的"引进来"到后期的"走出去"，都是适应市场和时代变化的选择，对于推动中国海油的国际化具有重要作用。

1. "走出去"战略的确立

国际现代石油公司的一个重要特征就是要具有获取全球资源的强大能力，石油产品的市场和价格是全球化的，而资源分布又呈现不均衡的地域特征，这就决定了像我国这样油气资源相对匮乏的国家，石油公司必然选择"走出去"的发展战略来实现突破性发展。

1992年，中国海油决定将"海外发展战略"作为公司五大战略之一，标志着中国海油在战略层面筹谋"走出去"发展，这也是中国海油国际合作模式创新的一次跨越，从"引进来"阶段发展到了"走出去"阶段。

2. 早期海外并购为"走出去"战略进行了初步尝试

面对国内油气资源的有限性，"走出去"发展成为中国海油在后期发展中的必然选项，但是如何"走出去"却是中国海油面对的难题。经过深入研讨，初步确定了早期海外投资的主要方针：先着眼于近邻的东南亚，特别是印度尼西亚；尽早对资源丰富的中亚和中东进行技术准备；密切注意世界各国动向。

1994年，中国海油与阿科公司在美国签署了马六甲区块32.58%股份权益转让协议。成功收购马六甲区块权益后，总公司成立海外石油和天然气

（马六甲海峡）有限公司，经总公司授权，它享有在印度尼西亚马六甲海峡石油产品分成合同中的权益，并履行相关义务。由此，中国海油首次成功实现了向海外发展的突破。

在随后的几年中，经过艰苦的谈判和不懈努力，中国海油顺利收购瑞普索公司在印度尼西亚的油田资产、澳大利亚西北礁层天然气项目的上游产品及储量权益、BP公司印度尼西亚东固液化天然气项目的部分权益，中国海油"走出去"的海外并购战略初见成效。

中国海油利用与国际石油公司长期合作的优势，在投资领域、投资地点、合作伙伴等方面按照"有选择"的策略，与其共同进入国际市场，走出了一条成本较低的国际化捷径。同时，从"东道主"身份转向"客场作战"，首先按照"生产项目为主，兼顾开发，注重研究勘探"的方针，走出一条相对稳健的道路。

通过"走出去"的不断尝试，中国海油对国际地缘政治、健康安全环保、法律合同、经营管控、技术、民族文化等风险逐步熟悉，同时按照国际惯例建立了一支能够在复杂的政治、社会、经济和技术条件下执行公司国际化战略的团队，加上逐步好转的经济形势，中国海油海国际化经营的大幕就此展开。

3. 竞价优尼科为全面实施"走出去"战略积累宝贵经验

20世纪末21世纪初，世界石油公司掀起了新一轮兼并和重组的热潮，这一轮重组的结果是形成了BP公司、壳牌、埃克森美孚、雪佛龙、康菲、道达尔六大新的超级石油公司。

在资金、技术密集的石油行业，国际石油公司只有既大且强才是生存之道。2003年，中国海油国内外油气田的年总产量已达3000多万吨，围绕企业跨越式发展和建设世界一流石油公司的目标，实现产量、储量的有效增长和公司规模的扩大，成为企业战略的重中之重。

由于国内海上可开采的资源后备储量不足，加之油气勘探的周期性，要想实现快速发展，仅靠通过勘探以期在较短时间内获得重大发现是不现实的。因此，实施较大规模的油气资产并购成为中国海油国际化之路的重要选择。

经过筛选，2004年9月，中海油（中国海洋石油有限公司）将优尼科公司列为首选并购目标。

中海油对优尼科的竞购触发了一些人对中国崛起的疑虑，担心竞购会危及美国安全。一些媒体将中海油的商业行为和一系列政治、经济问题挂钩。这种过度的政治反应极大地增加了中海油交易的风险，并削弱了公司报价的吸引力。2005年8月2日，中海油在充分评估了相关的政治风险和资本市场的情况后，理智地宣布，撤回并购优尼科的报价。

对中海油来说，这场持续半年多的并购虽然没有成功，但是通过参与并购得到不少新的教训，也为后续并购业务的开展积累了经验，提供了借鉴。

第一，在大型的跨国并购中，中国国有企业面临着强大的政治阻力。

第二，企业向国际化转型过程中，需要进一步加强人才储备。

第三，在交易过程中，完美的战略需要完美的战术来协调配合。

第四，客观上存在诸多不利因素，主观上也存在估计不足。

第五，并购失败也需要对中国海油的增长方式进一步反思。一是收购海外公司，可以在短期内实现企业跨越式发展，使公司实现向国际化的转变，但是收购目标少、政治风险大；二是尽管收购资产的机会较多，风险较小，但很难进入世界级的资产，较难形成符合公司目标的资产组合；三是在油价居高不下的情况下，优质资产无人出售或要价奇高；四是依靠公司自身的发展，风险小、经营稳定，但是不能如期实现公司的发展目标，无法满足中国经济发展对石油的巨大需求。

虽然对优尼科的并购失败了，但是并购过程中的很多经验和启示，对于中国海油后续的海外并购业务具有积极的作用，是"走出去"战略实施过程中的宝贵财富。

4. 并购尼克森实现"走出去"战略重大突破

国际石油行业在进入21世纪以后发生了深刻变化，国际油价一直处于高位震荡，新一轮的国有化浪潮开始，金融危机导致欧美以及亚非等地区的石油资源类企业都有迫切融资需求，等等，这些变化对国际石油市场的并购带来了深刻影响。

面对投资环境的变化、准入难度的加大、投资成本的抬高，中国海油从国家石油战略安全的高度出发，积极挖掘海外并购机会，借助2008年后世界金融危机的时间窗口，开始物色优质的国外并购对象，并购尼克森案例最具有代表性，也是我国海洋石油工业"走出去"战略的里程碑项目。

尼克森公司成立于 1971 年，总部设在加拿大的卡尔加里，是一家独立的全球性石油公司，在多伦多和纽约证券交易所上市。尼克森专注于三个发展方向：加拿大西部的油砂、页岩气及主要位于英国北海、尼日利亚海上及墨西哥湾深水海域的常规油气勘探与开发。尼克森是长湖 65% 权益的所有者及作业者，中海油持有另外 35% 的权益，中海油完成收购可使其在该项目的权益达到 100%。

中海油收购尼克森，主要基于几方面因素：

一是尼克森公司资源量丰富，其优质的资产组合与中海油互补性较强，能够产生战略协同效应。通过收购尼克森，中海油将进一步拓展其海外业务及资源储备，以实现长期、可持续的发展。尼克森分布在加拿大西部、英国北海、墨西哥湾和尼日利亚海上等全球最主要产区的资产中包含了常规油气、油砂以及页岩气资源。该公司的优秀资产组合不仅是对中海油的良好补充，同时也使中海油的全球化布局得以增强。通过收购，中海油的证实储量可增加约 30%，产量可增加约 20%。

二是一旦并购成功，中海油将战略性地进入英国北海等海上油气富集区和新兴页岩气领域，油气资源的配置将更趋均衡，也更有利于影响国际油价的定价机制。尼克森超过 90% 的储量位于政治经济和社会发展稳定的经济合作与发展组织（简称经合组织）国家，其资产组合的地缘政治风险较低，有利于公司海外业务的长期、稳健发展。其在北海地区的油气资源，本身是布伦特原油期货市场的原油现货来源地，对于参与国际油价定价提供了机会。

三是并购尼克森之后，中海油将获得打造世界一流石油公司的重要平台。尼克森管控范围也将扩大到中海油北美及加勒比地区的资产，对于中海油的全球战略布局具有积极作用。

中海油考虑资源、回报和风险原则，审慎选择海外并购目标，认真进行分析研判，经过对尼克森资产规模、运营情况、股价表现及发展前景等进行深入研究和全面评估后，战略性锁定尼克森公司作为并购目标，并于 2009 年向国家发改委备案。

2013年2月25日,中海油并购尼克森公司的交割签字仪式在加拿大卡尔加里举行。时任中海石油副总经理、中海油首席执行官兼总裁李凡荣与尼克森公司首席执行官凯文·莱恩哈特在相关文件上签字。

中海油首次对西方石油公司成功实施整体收购,不仅在国际石油界和海外资本市场树立了中海油的良好形象,也为中海油"走出去"战略奠定了坚实基础,提供了可供借鉴的宝贵经验。尽管并购结束后,遇到了国际油价大幅下降的挑战,但从我国油气资源的海外战略布局来看,这次并购具有十分重要的意义,尤其是可以通过尼克森参与北海地区石油的勘探开发,这对于提升我国在国际油价定价机制中的影响力具有积极作用。

在这一时期,除了并购尼克森公司,中国海油先后完成了对加拿大 OPTI 公司、英国图洛(Tullow)公司乌干达区块权益、巴西利布拉油田项目等的并购业务。在这个过程中,专业服务公司依托油气主业的海外发展,提高了技术服务能力,培养锻炼了人员队伍,增加了市场份额,取得了比较好的经济效益。例如,中海油服伊拉克米桑油田开采,以优质的钻井效率赢得了甲方的高度赞扬。

通过长期的海外并购实践,中国海油坚持把资源、回报和风险三大原则放在首位,谨慎选择并购目标,认真进行并购前的分析研判,全面掌握目标公司状况,保障并购利益的最大化。尽管西方国家对中国海油并购业务能否遵照国际惯例办事、是否为纯粹商业行为存有疑惑,但中国海油凭借30多年对外合作积累的先进管控理念、现代企业制度和国际化形象,以及收购过程中展示出的专业规范素养,最终被认可。

通过实施"走出去"战略,中国海油逐步适应和熟悉了不同的对外合作方式,并不断提升自身管控能力和管控水平,做到与国外石油公司的管控理念的有效对接,真正实现了充分利用国内和国外两种资源、两种资金、两个市场的国际化要求。

五、规范化管控战略

中国海油作为解放思想、实事求是、勇于创新的先行者,通过制度建设实现规范化管控，用规范化管控固化创新成果，成为我国国有企业市场化创新的样板企业，可以说，中国海油走出了一条符合中国国情的国有企业跨越式发展之路，彰显了社会主义市场经济条件下中国国有企业的旺盛生命力。中国海油的整个创新过程始终贯穿规范化管控这个主体，在以国际化为目标的创新导向下，强调以人为本的创新理念，并坚持以专业化为核心的创新路径。

（一）以国际化为目标的创新导向

从成立之初，中国海油就直接面对国际市场竞争来求得生存和发展，因此其创新过程中一直以国际化作为管控目标，强调通过国际化来完善自身的制度建设，用制度建设来推进自身的规范化管控。

1. 通过境内外上市开启国际化的创新历程

国际上大中型石油公司多为上市公司并保持低负债率。国际石油行业经过新一轮并购风潮，世界排名前列的大石油公司规模越来越庞大。跨国、"巨无霸"、具备控制全球资源的能力，成了国际石油巨头的突出特征。中国海油要参与国际竞争，必须首先在规模上上一个台阶。海外上市不仅能为企业提供国际化的融资平台，更能提升其在全球范围内获取油气资源的能力。企业发展的内在需求，外部环境的变化，加上国有企业海外上市的转机出现，使中国海油下定决心走向国际资本市场。

（1）中海油在纽约和香港上市

1999年年初，中国海油决定将主营业务——油气勘探开发部分先剥离出来在海外上市。同年8月，中国海洋石油有限公司（中海油）在香港注册成立，中国海油作为母公司，将把海上石油勘探、开发、生产、销售等业务资产全部转让给子公司。2001年，中海油成功在纽约、香港两地挂牌上市，上市筹集资金14.3亿美元，加上此前的私募，合计达到18.89亿美元。

成功上市为中国海油赢得国际市场运作空间，灵活的融资策略增强了公司的资金实力，提升了在国际范围内获取资源的能力，为中国海油成长为国际石油公司奠定了良好基础，加快了其国际化的进程。

（2）海油工程在上海证券交易所A股上市

1999年，基于海洋工程行业良好的经济效益和发展前景，以及海洋工程行业的优势，中国海油旗下三家从事海上工程设计、建造和安装的专业公司合并重组，海洋石油工程股份有限公司（简称海油工程）开始运作。中国海油对专业公司的重组和上市的决策是同时进行的。2002年年初，经证监会批准，海油工程在上海证券交易所正式挂牌交易。

海油工程的上市，不仅扩充了中国海油的整体实力，也为其规范化管控提供了契机，让其专业化公司的国际化创新进程得到了提速。

（3）中海油服在香港交易所H股上市

在中海油和海油工程成功上市后，中国海油提出要把集团做强做大的目标。为此，总公司决定分步骤地把能与国际同类公司进行区域竞争的存续资产拿到国际市场上市，把总公司逐渐打造成以石油为主业，由多个不同的业务单元组成的国际化公司。在此背景下，中国海油推动中海油服上市。

2002年11月，中海油服在香港联合交易所挂牌。作为当时亚洲唯一一家上市的石油综合服务公司，中海油服在香港联交所上市后，得到了资本市场的普遍认可。

（4）海油发展在上海证券交易所主板A股上市

2019年6月26日，中国海油对外宣布，公司旗下中海油石油发展股份有限公司成功登陆上海证券交易所主板，股票简称为"海油发展"。海洋石油服务龙头企业海油发展的成功上市，对其高质量的开放型生产服务型企业的定位升级有着非凡影响，对加快海洋石油长足发展，保障国家石油安全和提高自给自足程度具有重要意义。

通过旗下中海油、海油工程、中海油服和海油发展的上市，中国海油初步完成了主要子公司的资本市场部署。四家子公司在海内外上市成功，是中国海油国际化的重要标志，是中国海油发展史上的重要里程碑。重组上市，改变了中国海油的股权结构，实现了投资主体多元化，进而转变了经营机制，真正意义上参与了国际竞争。重组上市，推动了公司持续创新进程，完善了内部制度建设，实现了企业的稳定发展和规范化管控。

2. 通过海外并购将国际化创新进程推向深入

通过油公司和专业公司的上市，中国海油逐步开始了国际化的进程，而海外并购则深入了其国际化创新。从1994年签署的第一个海外合作项目开始。20多年来，通过海外并购，中国海油的规模不断扩大，海外项目越来越多，成效越来越显著，海外油气资源快速增长，中国海油的国际化创新进程不断深化。

境外上市的成功是中国海油进入国际化发展的重要起点，通过核心业务在国际资本市场成功上市，中海油的资本运营能力不断提高，国际并购自然成为超越原始积累、实现跨越式发展的最佳选择。

在 20 多年的海外业务发展过程中，中国海油以突出效益为中心，以管控创新为手段，继续深化对外合作，持续优化全球业务布局，不断加强软实力建设，平稳提升海外业务管控水平，努力追求经济产量，提高海外资产价值，实现了海外业务可持续发展。2016 年，中国海油在极其严峻的市场环境中仍然保持了良好的经营业绩，在多个地区市场取得新突破，年末海外资产占比 38.8%。2016 年，海外原油产量 3142 万吨，天然气产量 115.7 亿立方米。

中国海油的海外并购取得了瞩目的成绩，也为其进一步的国际化发展创造了条件、提供了基础，而这一过程正是规范化管控的结果，若没有不断深化的国际化创新进程，没有符合国际标准的规范化管控，这些并购都无法取得预期成果。

（二）以人为本的创新理念

如何选拔人、培养人、留住人，实现员工管理的科学化、规范化、程序化是中国海油基础工作的核心任务。在 30 多年的持续创新发展过程中，中国海油特别重视员工工作，提出依靠市场机制，结合用工与薪酬制度创新，通过发展来解决员工管控中的问题。在队伍建设中，坚持以内部培养为主、外部引进为辅，做好人才流动和储备工作。

1. 精干高效的用人制度

中国海油初建时，职工来自三部分：一是石油部外事局所属的中国石油天然气勘探开发公司；二是石油部负责渤海勘探的海洋石油勘探局；三是石油部负责南海勘探的南海石油勘探指挥部。几路人马均属整建制划转，所以尽管当时年产原油不足 10 万吨，职工却有 27215 人。其组织机构和陆上油田一样，是一个勘探开发主业队伍与其他非主业生产配套队伍同时发展，包括工、农、商、医各业俱全的企业模式创新，在天津塘沽和广东湛江形成了相对封闭的小社会。这种"小而全"的模式创新与海洋石油高科技、高投入、高风险的行业性质不相适应。

中国海油决策层深刻认识到，要加快中国海洋石油工业的发展，使之早日赶上外国石油公司的发展步伐，就必须打破常规，彻底摒弃过去的陈旧观念，努力学习外国石油公司的先进技术和管控经验，持续不断地进行用工与薪酬制度创新，推行精干高效的用人政策。

（1）试行轮换工制度和企业聘用合同制，建立企业自主用工制度

在传统体制下，劳动力由国家统包统配，企业不能根据生产经营需要自主决定人员编制，不能自主选择职工，劳动者也不能自由流动和择业，导致企业机构臃肿，人浮于事，用不着的人不能辞退，有用的人不能进来。为了改变这种状况，中国海油在创新用工制度上进行了一系列积极有益的探索。

一是试行轮换工制度。20世纪80年代后期，中国海油进入全面开发建设时期，为了适应新油田相继投产和采油平台导管架制造等对劳动力的需求，集团公司一方面严格控制职工人数的增长，另一方面搞活用工制度，坚持在深圳成立导管架公司和开拓测井、技术服务市场时不铺新摊子，不建新基地，实行严格的轮换工制度。此后，在从事石油的勘探钻井和地震队伍中也实行了类似的制度。这种用工制度与"大锅饭、铁饭碗"彻底脱钩，既方便了管控，又确保了"能进能出、能上能下"用工制度的实现。

二是推行企业聘用合同制。中国海油从1994年起，在过去创新的基础上，全面推行有本企业特色的企业聘用合同制，从根本上改变"全民固定工"制度。其主要做法是：所有新职工一律从劳动力市场招收，实行聘用合同制；所有收入和福利待遇货币化。

上述创新使每个员工都有强烈的危机感和竞争意识，提高了其工作积极性和专业能力，降低了用工成本。随后，这一用工制度在中国海油全面实行。

（2）转变固定工身份，实行全员劳动合同制

轮换工制度与企业聘用合同制均是针对新入职员工，但绝大部分员工实行的是老制度，端的是"铁饭碗"。如何转变这些老制度员工的固定工身份，实行劳动合同制，是用工制度创新的重点和难点。

为了变国家职工为企业职工，变无限责任为有限责任，使企业能够自主地决定用人的数量和自主挑选员工，建立起新的用人机制，中国海油在试点取得经验的基础上，于1995年制订了《关于实行劳动合同制的实施方案》。它规定，打破职工身份界限，取消干部、工人划分，将全部职工分为管控、技术和操作三个层次、三类岗位；企业和职工个人依照合同规定维护双方的合法权益，规范劳动行为；坚持严格编制，精干队伍，提高素质，工作高效率和持证上岗的原则要求；认真做好定岗、定员、定职责、定工作标准、定素质的"五定"工作，大力减少计划外用工。

对企业的管控人员，中国海油实行竞争、激励的动态管控机制，以解决长期存在的职务"能上不能下"、待遇"能高不能低"的问题。1997年年底，为加强对企业领导干部的考核、选拔、任用和管控，中国海油制定了《海洋石油企业领导人员选拔任用管控规定》，提出选拔任用领导人员的基本条件、任用程序、考核方法、职数设置和管控要求等。

通过以上一系列的人员聘用和薪酬创新，管控队伍的素质得到很大的提高，队伍的构成更加合理。

(3) 打破"铁饭碗"，推行市场化的用工制度

自2000年起，中国海油在深圳分公司和秦皇岛32-6等合作油田进行了雇员制试点。在此基础上，2003年春季，中国海油在总部机关和各家公司内进行了用工与薪酬制度创新。目标是建立一套适应国际国内竞争、适应公司发展需要、与市场接轨的用工与薪酬制度，即干部能上能下、员工能进能出、薪酬能高能低，收入货币化、福利社会化、企业与职工关系完全市场化。这是中国海油成立以来最彻底的一次人事、用工与分配制度创新。

此次创新的基本程序和做法是：转变职能，再造流程；重组机构，定岗定编；价值评估，确定岗级；全体起立，竞聘上岗；重签合同，转变身份；合理薪酬，强化激励；分流人员，妥善安置。

为与新的用工制度相适应，中国海油制定了既符合中国国情，又与国际惯例基本接轨的具有相对竞争力的现代企业薪酬制度，初步实现了企业薪酬包括福利制度的市场化、规范化。为确保创新的顺利进行和员工队伍的稳定，中国海油制定了多项政策，通过"培训转岗，内部退养，免现职

安排专项工作,终止或协商解除劳动合同、按规定给予经济补偿"等多种途径分流安置未上岗人员,使本次创新中所有未上岗人员得到了较为妥善的安置。

此次创新适应了中国海油市场化、国际化的要求,为公司建立人才引进、培养、选拔和激励机制,提供了市场化、国际化平台,使公司的管控体制和用人机制充满了竞争的活力和创新的张力,大大拓宽了选才的范围,缓解了人才紧缺的压力。

2. 以人为本的理念转化为企业竞争优势

人是生产力的首要要素,企业发展的关键是要充分发挥包括领导干部、党员队伍和职工群众的积极性,最大限度地激发和释放广大干部职工的主观能动性,从而形成企业的竞争优势。

(1) 党管干部同市场化选聘企业经营管控者有机结合

通过将党管干部的原则同市场化选聘企业经营管控者的机制相结合,国有企业的领导班子汇聚了一批具有过硬政治素质和业务能力的社会主义企业家,成为企业决策和执行的有力指挥中心,这是国有企业干部优势转化为企业核心竞争力的关键环节。

中国海油努力建设"政治素质好、经营业绩好、团结协作好、作风形象好"的"四好"领导班子,担任企业管控领导工作的企业家们不仅具备强烈的责任意识,而且着力把这种责任使命感体现在发挥专业素质和管控能力上,将其有效地转化为企业经营管控水平和市场竞争能力的提高。中国海油的管控人员适应国际国内经济发展大势,找准抓好公有制同市场经济的结合点,确保企业在市场化、全球化的经济环境中科学发展,规模不断扩大,竞争力不断增强,"走出去"步伐不断加快,国内外影响不断提升,世界一流石油公司已具雏形。

在领导干部的带动下,公司的专业化运营能力大幅提高,在胜利上产5000万吨、成功建成"海上大庆"油田的同时,海洋石油的技术水平、装备水平、作业能力和管控能力,逐步达到亚洲同行前列,国际化发展能力越来越强,在国际上的影响力不断提升,行业地位、国际化程度及成长性均得到高度认可。

（2）发挥党员的先锋模范作用

党员是国有企业职工队伍中的骨干和中坚力量，充分发挥党员的先锋模范作用并带动企业全体员工共同提高，是体现国有企业政治优势的重要方面。中国海油坚持"把业务骨干发展为共产党员，把共产党员培养为业务骨干"，并不断壮大党员队伍，形成了党员先进性同员工创造力的"互动发展机制"：大力提高党员的技术水平和创新能力，把企业党员队伍建设成为技术骨干和操作骨干；积极从优秀员工中发展党员，不断扩大职工队伍中的党员比例，提高全体员工的政治素质；在班组建设的实际工作中，着力增强党员的带动性和影响力，带动职工群众共同提高素质、努力奉献、创造佳绩。

中国海油重视表彰先进、树立典型，组织大型的表彰活动，通过典型引路，用劳模的先进事迹感动、启迪和鼓舞全体干部职工，尤其是广大党员。在党员先锋的带动下，中国海油的全体员工融合成为政治优秀、责任心强、技术过硬的人力资源队伍。

（3）尊重员工的主人翁地位

中国海油遵循着把人力资源视为企业的第一资源、把员工看作企业创新发展主体的企业创新思路，把"关爱员工、和谐共赢"的以人为本科学理念真正落到实处，为员工提供足够的发展机会和广泛的参与空间，因而能够不断增强员工对企业的利益共同体意识和自我认同感，通过"凝聚人"壮大企业发展的主体创造力量。

中国海油坚持以"核心胜任能力模型"为中心，通过加强"三支队伍、三条通道"建设，全面提高企业员工的能力素质。在公司里，不同岗位员工拥有不同的职业发展通道，变独木桥为多路径，使管控、技术、操作人员各归其位、各得其所、各有发展空间，从而能够全方位提高员工的思想道德素质和业务能力素质，通过素质建设形成强有力的国际化企业的人力资源团队。

正是由于员工的责任意识被全面激发，他们才能够自觉地把主人翁精神融入各自岗位工作之中，转化为企业发展的主体创造力量。中国海油在培养员工的主人翁意识、荣誉意识和社会责任意识方面做了很多工作，正是有了这种意识，员工的积极性、主动性和创造性才能够得到最大限度的发挥。

3. 通过"三支队伍、三条通道"开辟职业发展通道

(1) "三支队伍"建设的提出

2004年，中国海油成立了总公司人才工作领导小组，在当年公司年度工作会议上，中国海油提出要培育适合不同类型人才成长的机制和制度环境，优化人才队伍结构，重点培育优秀的管控人才、科技人才、技术工人"三支队伍"。

"三支队伍"建设的提出，让中国海油的人力资源工作在理念上实现了从传统的人事管控向人力资源开发管控的转变。

(2) 通过规范化管控为"三支队伍"建设提供保障

2005年，总公司启动人力资源管控制度体系编制工作。总公司对当时的人力资源管控工作的相关政策、制度、规定等进行了系统梳理，并对部分内容做了修订和完善，于2004年1月出台了《总公司人力资源管控制度文件汇编》，对"三支队伍"建设推出了一整套管控办法，三个岗位序列——经营管控岗位序列（M）、专业技术岗位序列（T）、技能操作岗位序列（W）具有各自发展的路径，实现了"纵向有长度，横向有宽度，考评有标准，运行有空间"。

2008年，中国海油作为中共中央组织部试点单位，率先开展了深入学习实践科学发展观活动，活动具体包括了完善"三支队伍"人才建设规划、出台《员工队伍建设纲要》等方面的内容。《员工队伍建设纲要》着眼于总公司的长期发展和战略需要，明确了员工队伍建设的指导思想、总体目标和工作原则，重点突出了核心组织能力建设和员工素质能力建设，对"三支队伍"建设和其他组织的能力建设提出了更高的要求，提出各层员工队伍的素质能力要求和开发培养措施。

这些制度构建了中国海油员工的职业发展通道。以这两项制度为基础，中国海油基本建立了完善的人力资源制度体系。各所属单位根据行业和自身特点，建立与之配套的、内容细化的人力资源管控制度体系，使队伍建设目标明确、方法先进、措施到位，更加扎实和系统，实现了人力资源管控的规范化。

(3) 立足"三支队伍"建设推进员工素质工程

"三支队伍"建设解决了不同岗位和不同序列的职业发展通道问题，但这

并不是以人为本的创新所追求的终极目标。让不同的员工在其自身的职业发展通道上得到专业素质的提升，使他们更好地在工作岗位发挥作用，为中国海油的发展贡献各自的力量，实现自身的价值，这才是创新的根本动力，也是中国海油持续发展的基础之一。

为了推进员工素质工程，中国海油建立了富有特点的员工培训组织体系，即总公司人力资源部是培训工作的政策指导部门，负责培训工作的总体规划、政策制定和业务指导；各所属单位的人力资源部门是培训工作的实施主导部门，负责根据本单位业务特点提出培训需求、制订培训计划、确定培训方案；基地集团及后来的海油发展所属的人力资源服务公司是培训工作的具体落实部门，根据总公司所属单位人力资源部门提出的培训方案落实培训项目、组织培训活动、提供专业服务。

为了使培训更具针对性，中国海油建立了一系列内部课程和一支有一定规模的内部讲师队伍。内部课程主要是各级管控和技术人员基于本职工作进行的经验总结、情况介绍、研究成果、制度讲解等；内部课程主要由内部讲师讲授，包括总公司高级管控人员、技术专家和高级技能人才。

通过在"三支队伍"中开展的一系列岗位培训，中国海油很好地实现了将人员素质提升与日常管控、科研和生产工作的有机结合，达到了素质工程建设的目标，为中国海油的发展积累了丰富的人力资源。所属单位根据业务特点开展了一系列岗位培训活动，将人才培养工作与日常的管控、科研、生产结合在一起，达到同时产出研究成果和人才成果的效果。截至2017年年底，技能人才在中国海油所占比例为46.5%，取得国家职业资格的有2.7万人，高级工及以上的技能人才占主体工种人数的52%，技师和高级技师共2205人；省部级以上技术能手184人，包括享受国务院政府特殊津贴9人，全国技术能手22人，中央企业技术能手64人。

（三）以专业化为核心的创新路径

党的十八届三中全会审议通过《中共中央关于全面深化创新若干重大问题的决定》，提出一系列新思路、新举措、新任务，为中国海油的持续创新和规范化管控指明了方向。

2014年，中国海油党组发布文件，宣布成立总公司深化创新领导小组，直面制约公司可持续发展的体制机制问题，义无反顾向深水区挺进，在炼化产业优化整合、三项制度创新、科技体制创新、天然气业务协调发展机制创新等领域均取得显著成效。为扎实推进总公司全面深化创新工作，经总部深化创新领导小组研究决定，成立计划投资体制创新、资产优化、炼化与销售创新、人力资源创新、科技创新五个专项小组，负责有关专项创新方案的编制和实施。

1. 实现炼化产业优化整合

2015年，中国海油党组批准《炼化产业创新实施方案》。2016年，新组建的炼化公司正式运行。围绕"创新创新、转换机制、优化结构、提质增效"的主题，公司坚持以质量效益为中心，积极稳妥地推进炼化产业创新重组，精心组织生产运营，抓紧重大项目建设，着力提升销售能力，推动产业转型升级，充分释放创新红利。

组建精干高效的新炼化公司机关。一是完成机关组建。2015年11月，领导班子到位，总公司领导集体谈话；当月中国海油批复炼化公司创新重组后机关机构设置及岗位编制。2015年年底机关中层干部选聘到位，经过三批岗位竞聘，炼化公司机关人员基本到位，机关组建完成。全过程平稳有序，员工队伍稳定。

二是优化管控职能。认真落实"总部要做所属单位做不了的事"的要求，优化管控，实行扁平化、大部制，合理授权，有序管控，打造精干高效的总部机关。

惠州炼化分公司一体化基地整合。2016年1月，原海油发展石化分公司资产、业务和人员整体并入惠州炼化分公司实现一体化管控，涉及员工1260人，资产40亿元。当月中国海油批复调整惠州炼化分公司领导班子成员，并完成惠州炼化分公司一体化管控机构设置及岗位编制。通过基地整合，实现了园区资源共享、物料互供，剥离了辅业资产与人员，提升了综合效益。

油气利用机关整合。随着炼化公司机关人员选聘，油气利用机关员工大部分进入炼化公司机关部门。2016年3月，成立沥青润滑油销售中心，油气利用机关逐步停止运行。按工作职能近似原则，原油气利用机关人员并入炼化机关相应部门统一管控，油气利用机关整合基本完成，原油气利用所属单位由炼化公司直接管控。通过机关整合，减少管控层级；优化原油资源配置，向效益好的企业倾斜；整合沥青润滑油业务，逐步实现统一销售管控。

销售体系优化整合。2016年3月初，启动销售体系优化创新。4月6日，中国海油下发《关于炼化公司成立华南、华东和华北销售大区公司的批复》，明确销售大区公司机构、编制及管控体系创新，当月三个大区公司领导班子组建完成，启动人员选聘工作并按时完成三个大区公司机关全部组建工作和职能交接。同期，成立炼化营销中心，原销售公司机关职能基本停止运行。销售体系的优化整合，按照"资源、市场和效益三包干"原则，贴近炼厂，合理确定物流半径，降低了综合销售成本；转换销售运行机制，实现了产品市场价值的提升。

炼化科技体系整合。2016年4月，中国海油批复炼化研究院机构设置和岗位编制，通过岗位竞聘，炼化研究院领导班子到位，启动人员选聘工作。此外，探索炼化研究院股权和分红激励机制。通过整合炼化科技体系，走上一条高起点、差异化、协同创新之路，推动了科研管控体制和人才激励机制创新，促进了高端科技人才的引入。

2. 深化三项制度改革

党的十八大以来，中央持续推进国有企业改革和三项制度改革。中国海油党组贯彻落实中央和国资委深化国有企业改革要求，结合企业实际，围绕形成"干部能上能下、员工能进能出、收入能增能减"机制，提前布局、主动破题、统筹谋划、精心设计，着力构建充满活力、更具竞争力和市场化的干部人事、劳动用工和薪酬分配制度体系，进一步增强企业活力与动力，提高企业市场竞争力、运行质量效率和抗风险能力。

积极推进深化干部人事制度改革。一是实行领导班子和领导人员任期制。总公司党组着眼于深化国有企业改革总目标，出台政策确定直管领导人员的任期目标、任期绩效考评、任期薪酬激励、任期终止以及考评结果运用等。二是优化竞争性选拔机制。总公司党组坚持不唯分、不唯票，继续保持并不断优化竞争性选拔干部方式；重视年轻干部的选拔培养工作，积极推动优秀年轻干部参与竞争性选拔。三是完善领导人员退出机制。中国海油党组不断完善领导人员退出机制，内容包括：直管领导人员距离法定退休年龄不足三年，本人申请退出领导岗位的，安排从事咨询专家、专职董事监事、巡视专员、党建研究等专项工作；距离法定退休年龄不足五年，本人申请内部退养的，比照退休待遇执行；因身体欠佳、难以适应岗位要求，且本人自愿退出现职的，可以批准退出现领导岗位；直管领导人员连续两年年度业绩考核评价结果为"基本称职"的，基本年薪下降一级执行；年度业绩考核评价为"不称职"的，降职降级使用；实行任期制后，任期考核不称职的，降职降级使用。

积极推进深化劳动用工制度创新。一是突出规划引领。聚焦建设中国特色世界一流石油公司发展目标，按照"控总量、调结构、提素质"的总体要求，编制人力资源规划。以产业发展为基本要求，明确队伍建设规划目标、培养途径、保障措施。二是聚焦核心业务，界定主辅用工，打牢用工创新基础。紧贴产业规划，确定主辅业务和主辅岗位，指导岗位优化和非主体人员分流安置。对非主体工种及人员通过市场化业务和人员剥离、"关停并转"企业人员分流、非主体低端岗位外包、处置僵尸企业和开展特困企业专项管控等渠道进行分流安置。三是编制劳动定员，为岗位编制提供依据。修订所属单位机构编制管控办法，做到机构编制申报有条件，审批有依据。编制系统内专业板块定员标准，定员标准平均压缩10%，指导基层单位岗位设置。依据行业特征、发展阶段、业务流程等，对海上采油平台、海上钻完井作业、炼油化工、化肥化工定员模型进行了修订，规范了生产一线装置定员，为"三项制度"创新和岗位管控打下基础。

积极推进深化薪酬分配制度改革。一是落实企业负责人薪酬制度改革方案。根据国资委《中央企业负责人薪酬改革暂行办法》要求，调整了中国海油党组领导基本薪酬和福利性待遇。二是全面实行直管领导人员年薪制。自2016年1月1日起，中国海油全面实行直管领导人员年薪制。以签订领导班子任期考核责任书为契机，推进建立健全工资效益联动机制，完善与考核评价结果紧密挂钩、与承担风险和责任相匹配的直管领导班子薪酬机制。三是建立工资总额管控"业绩考核奖金池"机制。通过与业绩考核结果的存量工资联动分配机制，每年将奖金池重新考核分配，突出当年绩效兑现效果，当年业绩优的单位少降甚至不降，当年业绩差的单位多降，形成有效的业绩奖金正向联动反馈机制。四是实施经营管控难度系数测评。通过选取反映各单位普遍共性的资产总额、营业总收入、利润总额、市场竞争环境评价、安全环保风险、员工人数六大指标，综合体现管控幅度和管控难度因素。

党的十九大后，中国海油按照党中央深化国有企业改革的要求，通过一系列的规章制度建设，对原来不符合国际化发展的体制和机制进行了调整，既实现了持续改革的目标，又达到了规范化管控的效果，推进了中国海油核心竞争力的提升。

六、继承和发扬石油精神、凝聚企业文化

创新开放、政治优势是中国海油作为国有企业所具有的天然优势，而能够牢记使命、发扬石油精神，并在此基础上凝聚出企业文化则是中国海油作为国有企业通过自身努力所形成的内在优势。

（一）历史使命

中国海油的领导班子始终强调，要搞好国有企业，就必须对肩负的政治责任、经济责任和社会责任有深刻的认知和自觉的担当，始终站在党和国家事业发展的高度思考问题、谋划发展，创造条件，多作贡献；中国海油是大公司就一定要承担起大责任，是国家石油公司就一定要承担起国家责任，是国有企业就一定要承担起国有企业的政治、经济、社会和国家责任，国有企业的领导班子必须把党的宗旨意识转化为企业家的责任意识。

中国海油始终牢记"我为祖国献石油""经济领域为党工作""维护国家海洋权益"的历史使命，担当起守卫国民经济和国家石油安全的重要职责。在多年的发展历程中，中国海油始终怀有对国家、对人民的使命，对社会的责任。这种使命和责任也转化成中国海油快速发展的动力，转化成中国海油矢志不渝开发蓝色国土、建设海洋强国的精神源泉。

1. 继承和发扬优良传统

中华人民共和国成立之初，各行各业恢复建设，到处需要石油，但当时

全国只有8台钻机，年生产石油12万吨，我国被扣上了"贫油"的帽子，1950年的产量只能满足需求的10%。与此同时，西方敌对势力施行经济封锁，试图用石油卡住中国的脖子。石油工人按照毛泽东主席"发展石油工业还得革命加拼命"的指示和要求，艰苦奋斗，埋头苦干。

在那个艰苦的岁月里，中国海油的第一代创业者克服种种困难，在中国近海开展勘探活动，把"我为祖国献石油"看成自己最大的幸福，"只要祖国一声唤，哪有石油哪安家"。1957年，石油人就开始了海上探索，驾驶着渔船驶向莺歌海。此后，海洋石油人从南海转战渤海，并在那里实现了真正意义上的海洋石油工业。1967年6月14日，海1井钻探成功，4毫米油嘴中淌出了原油，成为中国海上第一口工业油流井。海1井的钻探成功标志着中国海洋石油事业进入了工业化发展阶段。

在陆地找油不容易，在海上找油更难。海上找油难是由海洋的特点所决定的。首先是高风险，由于海洋石油多在上百千米甚至几百千米以外的海上，因此环境、工程和作业风险都远远高于陆地。特别是中国海域是全球海洋中台风灾害最多的海域，渤海冬季的海冰灾害也很频繁，自然环境极其恶劣。其次是高成本，海上油田的开发成本是陆地的5～10倍。最后是高科技，没有科技实力，光靠人海战术，可能连海都下不去。正是这"三高"，导致了中国海上石油虽然起步早于大庆油田，但是直到创新开放前，大庆油田已经实现了5000万吨年产量，而海洋石油一年的产量还不足大庆油田一天的产量。

中国海油成立后，牢记"我为祖国献石油"的使命，将巨大的压力转化为前进的动力，积极投身海洋油气的勘探开发生产，大力增储上产，努力保障国家石油安全。1991年，中国海油国内年产原油241万吨，1993年达到了463万吨，1995年则达到了841万吨，产量基本实现两年翻一番。1996年9月6日，中国海油油气年产量突破1000万吨，标志着中国海油的技术能力和经济实力都迈上了一个新台阶，得到了党和国家领导人的充分肯定和高度评价。时任中共中央总书记江泽民为中国海油题词"开发蓝色国土，发展海洋石油"，时任国务院总理李鹏为中国海油题词"建立现代企业制度，发展海洋石油工业"。当年10月22日，李鹏、吴邦国、罗干等中央领导同志在中南海专门接见了海洋石油工业劳动模范和先进集体代表。

随着国民经济的快速发展，中国消费市场对石油天然气的需求量不断增加，如何保证国内石油天然气长期安全供应受到了中央的深切关注。2004年中国海油提出，到2008年要实现国内产量4000万立方米油当量，并在此基础上保持较长时间稳产；争取到2010年国内实现5000万~5500万立方米油当量，海外实现权益油2000万立方米油当量的阶段性目标。

2011年1月4日，中国海油对外宣布，公司2010年国内油气产量超过了5100万吨油当量，实现了几代石油人建设"海上大庆"的梦想！在此之前的10年里，我国新增石油产量53%来自海洋，在2010年，这一比例达到80%，为国家石油天然气长期安全供应提供了坚强保障。由于国内海上石油年产5000万吨目标的实现，加上海外产量和进口油气，中国海油已经形成了国内油气、海外油气共同发展的多元化、国际化石油供应格局。建成"海上大庆"，标志着我国石油工业发展格局实现了从"以陆地石油为主"，向"陆海统筹、海陆并重"战略的转变。中国海油的勘探开发从浅水逐步走向深水、超深水，不断收获海洋油气资源勘探开发新发现。中国成为世界四大海洋产油国之一，中国海油"我为祖国献石油"的历史使命也得到了完美阐释。

在新的发展阶段，随着我国社会主要矛盾的变化，中国海油除了继续为国家提供安全、可靠的石油保障之外，还积极为"美丽中国"贡献清洁石油，做绿色石油的供应大户。这延续并丰富了中国海油"我为祖国献石油"的历史使命。作为中国LNG产业的先行者，中国海油自签署中国第一笔LNG购销合同以来，已形成从参股资源开发到下游终端市场销售的LNG完整产业链，为沿海地区提供清洁石油的保障作用日渐凸显。作为一种清洁石油，LNG对改善石油结构、缓解煤炭运输压力、减少污染物排放，以及改善大气环境具有重要作用，广泛用于天然气发电、陶瓷、玻璃、钢铁、车船动力等工业和交通运输领域。为保障国内天然气安全稳定供应，中国海油充分利用现有LNG接收站最大限度增加天然气供应，周密部署，发挥LNG产业链优势，在冬季应急保障、确保民生需求方面作出了巨大贡献。

中国海油通过"全球布局、全球作业"形成多元化、国际化的石油供应格局，保障了国家的石油安全；通过做大做强天然气产业，提高清洁石油的供应比例，扩大天然气应用范围，助推中国石油结构转型升级，为应对气候变化和中国能源革命履行好企业公民的义务和使命。

2. 政治责任、经济责任和社会责任

中国海油是中央企业，中央企业是国民经济的骨干，是经济社会发展的顶梁柱，国有企业的发展进步始终同国家民族的命运联系在一起，履行国有企业的国民经济骨干职责，兼顾政治责任、经济责任和社会责任。

中国海油融入国家重大战略和决策部署，积极响应"一带一路"倡议，坚持实施"走出去"战略，油气主业、海洋装备技术服务业全力进军海外，让蔚蓝旗帜在新航道飘扬。目前，中国海油已与"一带一路"沿线的沙特阿拉伯、伊拉克、阿曼、科威特、俄罗斯和印度尼西亚等国建立了油气合作关系。当前，中国海油旗下的气电集团正在加速推进蒙西煤制天然气外输管道项目。这一项目直通雄安新区核心区域，并被确定为新区主要供气保障渠道。除了"一带一路"倡议以外，中国海油还积极融入京津冀协同发展、长江经济带发展、雄安新区建设等国家战略以及建设海洋强国、创新驱动发展和石油生产与消费革命等重大决策部署。

2014年以来，国际油价一路下滑，面对国际油价断崖式下跌、行业发生剧变、市场竞争愈加激烈的严峻形势，中国海油全力以赴"保增长"。中国海油响应国家"实现有效益、有质量、可持续增长"的号召，深化创新释放体制机制红利，推动生产经营在爬坡过坎中升级转型，将提质增效理念、低成本发展战略化作全体干部员工的行动和措施。通过持续开展"质量效益年"活动来抵御"低油价"，重塑低成本优势。在不利的外部环境下，中国海油不折不扣地履行好"在经济领域为党工作"这个天职；公司总资产成功迈过了万亿元大关，既抵御住了"低油价"冲击，又实现了"保增长"任务。中国海油完成主要生产经营任务和经营业绩考核目标，连续15年获得国资委对经营业绩考核的A级考评。

3. 维护国家海洋权益

党的十九大以来，建设海洋强国的号角越吹越响。作为我国海洋油气开发的主力军，中国海油在海洋油气勘探开发、进军深水油气和维护国家海洋权益方面起到排头兵作用。

海洋石油既是经济发展的需要，也是维护国家领海主权和海洋权益的需要。中国海油作为大型中央企业，同样也是政府职能在海洋石油工业的延伸。根据作业领域的特殊性，中国海油还十分强调维护国家安全、捍卫"蓝色国土"的意识。中国海油的作业领域是 300 万平方千米的蓝色国土，相当于祖国大陆面积的 1/3，海洋石油的开发，不仅关系到国家的石油发展，而且关系到我国海洋权益主权维护。

中国海油作为一个负责任的石油企业来保障国家石油安全，作为国家蓝色国土的守卫者，承担卫海成边的重任，担当起开发和维护 300 万平方千米海域国土的责任。这种强烈的国家责任感和民族责任感，使作为蓝色国土守卫者的中国海油勇于奉献，愿意牺牲，将自己的工作与国家前途、民族命运联系在一起。为了给维护国家海洋权益提供坚强保障，中国海油勇于承担建设海洋强国的新使命，提升海洋装备实力，增强油气开发能力，建成了一批世界先进水平的高端深水装备，打造出以"海洋石油 981""海洋石油 721""海洋石油 257"等为代表的"深水舰队"。

(二) 传承和发展石油精神

1. 继承和发扬石油精神

2016 年，习近平总书记做出重要批示，强调要大力弘扬以"苦干实干""三老四严"为核心的石油精神，深挖其蕴含的时代内涵，凝聚新时期干事创业的精神力量。习近平总书记高度概括石油精神核心要义，充分肯定石油精神的地位作用，明确提出传承弘扬石油精神、提振士气战胜困难等指示要求。这是我国石油工业发展史上的一件大事。

"苦干实干""三老四严"蕴含着义无反顾、不讲条件、勇于担当、永不放弃的精髓，越是在艰难困苦的时候，它显得越重要；越是在急难险重的时刻，它越能迸发力量。虽然中国海油正式成立于 1982 年，但我国海洋石油工业的历史可以追溯到 20 世纪 50 年代。在石油工业建设初期，自力更生，艰苦奋斗的精神引导着中国石油工业的每一步发展。作为大庆精神的延续，中国海洋石油工业是在特别艰苦的条件下开始的。中国海油的前辈们，用浮筒和钢架制成的海上钻井平台和旧船改造成的勘探船以及手工绘图，在极为艰苦的条件下，打下了海洋石油工业的基础。

"苦干实干""三老四严"作为石油精神的核心内涵，不仅体现在"严"和"实"的根本要求，而且突出"干"的内在本质；这能够跨越时代和地域，任何时候都不会过时。弘扬石油精神，必须牢牢把握"苦干实干""三老四严"这一主线；如果抛开这些内在优秀品质和丰富内涵，割断历史联系谈发展，就会使石油精神失去特色和鲜活生命力。石油精神不会因事物表象的演变而褪色，也不会因为时代的演变而落伍；石油精神是历史的，也是现实的。石油精神的精髓是一个人立身之本，一个企业立业之基，也是中华民族不畏艰难、越挫越勇的内在精神的缩影；它不仅适用于过去，也同样适用于现在和未来；它不仅在中国本土能发挥作用，在中国海油"走出去"的过程中同样也能发挥作用。

2. 石油精神的发展

任何一种精神的传承弘扬，既是继承和积累的结果，又是不断融汇和发展的产物。时代在变化，环境在变化，人们的思想观念和行为方式也在变化，传统的石油精神要在新时代新形势下实现创造性转化和创新性发展，注入开放包容、勇于挑战、大胆创新、注重人本等新的内涵，使它在传承内在精神元素的同时，更好地与新时代和国际化接轨。石油精神作为石油人的灵魂，只有随着时代变化不断创新，才能跟上时代步伐。

石油精神虽然起源于陆上石油，但中国海油员工为它赋予了新的时代色彩。中国海油正式成立于创新开放的新时期，在建设初期还面临资金、技术、人才短缺等一系列问题。面对新的历史环境，中国海油的前辈们，顶着被呵斥为"崇洋媚外"和"卖国贼"的政治压力和危险，义无反顾地为海洋石油事业杀出一条血路，引领中国海油对外合作从无到有，实现持续高效发展。这些都是苦干实干、敢闯敢拼、务实创新、合作共赢的石油精神的浓缩，是石油精神成就了中国海油，石油精神始终是海油人的精神根脉。

在国际化、市场化的背景下，中国海油员工积极开拓、勇于创新、双赢互利、安全合规的生动实践，为石油精神赋予新的特质。中国海油在国际合作中不甘落后、虚心学习、追求卓越、勇争一流；不断创新增强了石油精神的时代价值和生命活力，不断地发展石油精神并为其赋予新的内涵，使其在新的时空中展现新的特质！正是在这种精神的指引下，海油人南征北战、披荆斩棘,用大气磅礴的奋斗精神创造了一个又一个传奇,用辛勤汗水和才华智慧,成功建成"海上大庆"油田,实现了中国海油的跨越式发展,将中国海油带入一个崭新的发展阶段。也正是在这种精神的指引下,中国海油走出一条符合自身特点的道路。

人力资源是企业第一资源,建设高素质、技术过硬的员工队伍,是企业可持续发展的重要保障。当前油气市场竞争加剧,技术进步持续推进,生产装备不断更新,工艺技术升级换代,建设过硬的员工队伍在中国海油建设中国特色世界一流石油公司的征程中显得越发重要。爱岗敬业和矢志奋斗精神、高超技能和科学求实精神、过硬作风和艰苦奋斗精神,正是建设一支技术过硬、靠得住的石油队伍的关键因素。从我国石油工业发展实践看,打造适应新形势新任务要求的过硬队伍,弘扬和发展石油精神是根本保证。中国海油坚持继承和发展石油精神,也涌现了一大批以郝振山为代表的"海上铁人",以老一辈石油人"没有条件创造条件也要上"的工作干劲来建设和发展中国海油。这不仅释放出强大的精神动力,也提升了企业的文化软实力,赢得了客户、同行的尊重,增强了市场竞争力。例如,2005年,郝振山担任平台经理和支部书记的中海油服下属南海二号接到了"进军国际,开拓海外钻井市场"的光荣任务。"论设备,南海二号没半点优势。那靠什么?只有靠人!公司既然把任务交给咱们了,咱们就要扛下来。就算做不了英雄好汉,也不能当稀泥软蛋!"南海二号辗转缅甸和印度尼西亚长达17个月,创下了无人员伤亡事故、无人为操作引发设备事故、无海洋污染投诉、无综合管控问题的"四无"记录,安全、优质、高效地完成了三个无缝链接的钻井合同项目,创造了中国钻井平台年收入历史最高等多项纪录,被誉为"孟加拉湾的NO.1"。2008年,南海二号凭借首次海外作业的出色表现,再次征战孟加拉湾,开创了中海油服国际化的先河。此时,南海二号已经有了一个别名,那就是"中国的海上钻井铁军"。在中国海油几代全国劳模身上,既集中体现了劳动模范"爱岗敬业、争创一流,艰苦奋斗、勇于创新,淡泊名利、甘于奉献"的共同特质,又继承了我国石油工业"爱国、创业、求实、奉献"的优良传统,彰显了海洋石油工人"实事求是、与时俱进、注重和谐、合作双赢"的独特精神风貌。

（三）凝聚中国海油文化

正因为在创新开放和对外合作的进程中，中国海油牢记历史使命、坚持发扬石油精神，使中国海油更愿意主动营造和凝聚以开放、双赢、创新、平等、人本等核心理念组成的中国海油文化。

1. 中国海油文化的开放性

中国海油是我国创新开放后第一个全方位对外开放的工业行业。自公司成立之日起，中国海油是创新开放的"海上特区"和"工业特行"。中国海油对外合作和国际化运作，是世界石油市场体系的一个组成部分。因此，在这种背景下成长起来的中国海油，具有浓厚的、与生俱来的开放元素。中国海油文化的开放元素主要体现在以下三个方面。

一是开放的心态去学习。我国海洋石油行业是最早迎接市场经济挑战的工业行业。这也促使中国海油最早以开放的态度，通过对外合作学习世界先进技术和管控经验与国际惯例接轨。例如，在早期的对外合作中，中国海油在合同中规定，合作油田开发前期由外方担任作业者，然后逐步过渡到由中方担任作业者，外方有培养中方雇员逐步顶替外方雇员的义务；规定作业者在选择承包商时，中方队伍有同等优先权，就此开展"反承包"作业；派人参与外方的规划、研究、设计、施工；在外方开展工作的同时组织力量做平行研究、平行设计；组织大规模的外语培训和到国外院校、企业的培训；以国际标准和规范为蓝本，制定企业内部的标准、规范、制度；等等。在对外合作的不断深入学习过程中，中国海油的领导层认识到传统国有企业的组织形式完全不适应公司发展的要求。不搞"大而全""小而全"，提出"三条线"管控的创新思路以及利用资本市场来发展自身、规范企业制度、完善公司管控结构，都是中国海油在对外合作过程中坚持开放的心态向世界一流公司不断学习和消化吸收的结果。

二是开放的心态去包容。海洋石油的对外合作由国际间两个或两个以上的投资者各自提供相对优势的生产要素，海洋石油对外合作独特的组织方式决定了跨文化管控是文化管控的主要内容。不同的社会制度、公司体制、管控机制、价值体系的碰撞，促使中国海油有一种开放的心态去包容这些碰撞，建立合作双方认同的价值观念和经营理念，进而产生一种兼容并蓄、博采众长的合作文化。与此同时，海洋石油行业是一个具有较高流动性和风险性的行业，参与合作国家和企业、技术创新、作业组织结构等因素可能随时发生变动，因此这种包容是动态的、长期的，对外部环境具有适应性。

三是开放的心态去融合。引进、消化、吸引、碰撞、融合、创新、提升，中国海油对外合作的过程，是一个不断学习、不断探索的过程，也是一个学习能力持续提升的过程。在这个过程中，融合是一个承上启下的重要环节，是中国海油在包容对外合作中各种碰撞的基础上，主动进行的资源整合和优势互补工作。中国海油从长远发展的角度思考和讨论问题，在开放中寻求互惠互利的融合方案，进而达到资源的最佳配置、组织的最优组合、人才的最好利用、价值的最大实现，使利益关联各方都有满意的结果。中国海油也正是在对外合作的碰撞与融合中，不断提升核心竞争能力、不断走向成熟。

2. 海油文化的双赢理念

"走出去"战略引导下的中国海油，在早期的发展壮大过程中经历了很多中外观念的不断碰撞。这是因为中国海油的合作伙伴在国际统一的市场经济体系中，面对的是统一的资本市场、原料市场、人才市场、技术市场，项目运作的全过程完全依照市场原则，较少出现因社会制度、政治意识、企业体制、投资环境等因素带来的种种矛盾。但与中国的合作则不同，由于中国是社会主义国家，虽然对外开放，但还没有完全融入国际市场体系中；中国的对外合作既要争取经济效益，又要吸收外方的资金、技术和管控经验；中方既要对合作项目进行控制，又缺乏高级管控人才，不得不让外国公司担任合作项目的作业者；中方既同意外方享有生产作业指挥权，又要派代表进行监督，并硬性规定中方人员接替外方人员的比例和时间表等。这些隐藏在中外合作背后的诸多因素，不仅对中方来说存在着协调的困难，而且对外国公司而言也有一个如何适应的问题。

为了寻求一条可持续的发展道路，合作双方不断地摸索、磨合、转变，中国海油也逐步产生了双赢的理念，即充分考虑企业与合作者的利益平衡来追求双赢。这种双赢理念最早由南海东部石油公司总结探索出来。20 世纪 90 年代，为了减少中外双方因社会制度、公司体制、管控机制、价值观念、文化形态等方面的差异而造成的矛盾和摩擦，南海东部石油公司提出了"创新旧体制、改变旧观念、实施双赢管控、推进国际石油合作"的管控思路。随后，这种双赢理念开始在中国海油全系统获得认可和推广。

双赢理念是合作双方在优势互补的基础上，严格按国际惯例运作，并规范自身行为，通过真诚合作、有效沟通，实现合作利益最大化，双方都成为赢家。双赢理念是具有鲜明中国特色的管控思想，是中外双方在特殊的合作过程中互相磨合的产物。在与资源国的合作中，中国海油十分注意站在合作者的位置进行换位思考，与当地政府和当地社会实现合作、互利和共赢。例如，在与印度尼西亚、尼日利亚等经济尚不发达国家的合作中，中国海油不仅参与当地资源开发，更为当地修建了公路、学校、医院等大量基础设施，还通过本土化措施创造了大量就业机会。

在此后的发展过程中，中国海油始终坚持双赢理念，以国际惯例作为双方的思维尺度和认识标准。实施双赢管控，最重要的环节是要由合作双方来确定一个双方认同的共同目标。中外双方是为着各自的利益和目的进行合作的，但在合作进程中，双方如果仍把实现各自的目的作为合作的目标，合作必然以失败而告终。因此，双方应在战略选择的互补性和双方利益的互惠性的前提下，制定出体现各自利益追求的共同目标。实现合作油田利益最大化就是这一目标。其核心点在于：双方齐心合力把合作项目这个蛋糕做大，共同把合作事业不断推向前进，使双方在实现共同目标的前提下，达到各自追求的利益。

中国海油有一个双语期刊的名称就叫《双赢》，英文名称是 *Win Win*。这也很好地诠释了中国海油的双赢理念——走国际双赢路，建全球朋友圈。

3. 中国海油文化的创新理念

中国海洋石油工业是中国创新开放后第一个全方位对外开放的工业行业，中国海油在成立之日就直面国际现代一流石油公司，面对全新的优势规则、崭新的运行模式创新，碰撞与挑战时刻相伴。在这种背景下，中国海油唯有把"创新"落实到企业活动的各个环节，才能生存和发展。创新也逐步融入中国海油发展的血液中，不断转换思维，持续推动管控创新和技术创新，以创新来构建能力，走上创新驱动的发展轨道。

在体制创新方面，对外开放的形势向中国海油提出日益紧迫的要求：尽快打造一个高效、精干的平台，与国际惯例接轨。人事用工制度的创新是企业创新的核心内容之一，为此中国海油提出了精干高效的用人政策，极大地激活了员工潜能并提高了企业的成本优势。中国海油果敢地开创并走出了一条属于自己的独特精干高效之路，这是对石油行业传统的会战思维模式创新的一种最具挑战性的创新，为中国海洋石油工业的跨越式发展奠定了坚实的基础。在中国特色的社会主义市场经济环境下，中国海油创新性地提出"油公司集中统一，专业公司相对独立，基地系统逐步分离"的"三条线"管控创新路径，逐步使企业成长为符合国际惯例、适应社会主义市场经济规律的主业突出、结构清晰、精干高效的现代企业。

在管控制度创新方面，中国海油始终根据自身的特点来找准方向，保障了企业的健康持续发展。中国海油通过对外合作，学习和借鉴外国石油公司的管控经验提高自身的管控水平，逐步改变计划经济时期的行政命令式的管控，树立与国际接轨的管控理念和管控体系创新。例如，海上合作油气田管控实行作业者负责制，中方在条件成熟时接替作业；各种生产作业和生产建设项目通过国际招标方式选择承包商；所有的建设项目都实行项目管控和项目经理负责制，对质量、进度、预算和安全实行严格控制，经理责任制的率先推行，极大地强化决策的科学与效率；把经济效益作为油田开发立项的根本标准，严格执行资源、工程、经济、环保等评价程序，达不到规定盈利指标的开发项目不能动工，没有规模经济的开发项目不能上钻等。通过一系列管控制度创新和创新，中国海油努力与国际惯例、国际标准接轨，构建了科学化、流程化和标准化的管控制度体系，保证了投资效益；逐步培育和发挥自身特长和潜力，做到了责任明确、管控严密、人员精干、效益第一；通过开拓和利用国内外两种资源、资金和市场，中国海洋石油工业成为国际市场的一部分。这些管控制度创新促使中国海油走出了一条既有中国国有企业特色，又有世界先进性的发展之路。

海洋石油是知识密集、技术密集的新型石油工业。中国海油认识到，为更好地发展，在制度创新和管控创新的基础上，必须要进行技术创新。1982年，中国海油组建时，国家明确不投入任何资金，要完全靠公司自筹资金来发展，技术上也比较欠缺。所有专业技术人员都来自陆地油田，他们对陆地石油的勘探开发有较丰富的经验，但对海上石油勘探开发技术却掌握得很少。在这种背景下，中国海油通过对外合作"引进、消化、吸收"国外先进技术，培训人才，迅速提高技术人员的素质和水平，逐步掌握外国石油公司海上油气勘探开发先进技术。进入21世纪以来，中国海油通过引进、集成、应用、创新相结合，实行"三新三化"的指导方针，逐步形成了以海上稠油开发、优快钻井为代表的一批集成创新技术，形成了一套具有中国海油特色的海上油气田开发技术，对推进海上油田高速高效开发和建设起到了重要作用！在这个过程中，中国海油逐渐建立起海洋石油的科学创新管控体系，培养了一批能够熟练运用这些技术并具有创新能力的科研和技术骨干，他们为我国海洋石油技术进一步提升和发展奠定了扎实的基础。海洋油气勘探开发科技创新体系获得国家2010年科技进步一等奖，就是对中国海油科技成果的最好肯定！

海上稠油开发是世界级难题，而渤海的石油稠得像糨糊，根本不能流动。在陆地一般靠加热或注入蒸汽的办法开采稠油，而在海上做不到，因为隔着海水成本太高。因此20世纪90年代，由于渤海发现的都是稠油，不少国外石油公司投入巨资找到了油田又都放弃了开发。而当时中国海油也想拉几个技术和资金实力雄厚的国外公司一起开发，但均遭到婉拒。对方的原话是："海上稠油开采技术是21世纪的挑战。"经过科研人员的不懈努力，中国海油终于在全球首创了注海水强采的稠油开发技术。同时，在渤海还采用了聚合物驱油技术，创造了海上稠油整体实施三次采油的世界先例，大大提高了海上稠油的采收率，使国外公司认为没有效益的油田得到了很好的开采。如果没有在海上稠油开发这一核心技术上的自主创新，就不可能有渤海油田的3000万吨产量。目前中国海油不仅创造了海上稠油冷采的世界纪录，而且仅渤海的稠油产量就超过了全世界其他国家所有海上稠油开采量的总和。可以肯定地说，中国海油自主创新的海上稠油开采技术是世界领先的。过去中国海油都是向国外同行学习先进技术，当开发出海上稠油后，过去的"老师"开始向中国海油请教。如今，中国海油输出的海上稠油开采技术已在世界其他海域得到应用，并获得国外同行的高度评价。针对渤海这些开发价值不高的边际油田，中国海油在学习的基础上又自主创新了海上优快钻井技术。用常规技术在海上钻一口井一般要 30 天，而用中国海油自主创新的优快钻井技术却只用 4 天。海上设备非常昂贵，钻一口井节省 26 天就可以节约大量成本，从而小油田也能得到经济性开采。

走过了引进、消化、吸收，步入自主创新阶段的中国海油，通过技术创新大大提升了国际竞争力。中国海油的发展历程，清晰地展示了高新技术的突出作用。中国海油发展的历史，就是一部技术创新的历史。

4. 中国海油文化的平等理念

自成立之日起，中国海油就改变了由国家投资的做法，由公司向国内外贷款自筹解决所需资金并承担风险。严峻的现实决定了中国海油在各方面都要勤俭节约，在这种背景下，构建平等的文化理念对激发每个员工的积极性和潜力就显得十分重要。海油文化的平等元素主要体现在以下三个方面。

一是在用人制度上坚持具有海洋石油特色的精干高效用人政策。为了加快中国海洋石油工业的发展，使之早日赶上外国石油公司的发展步伐，中国海油从成立之日起就打破常规，坚持少用人多办事，千方百计提高劳动生产率，彻底摒弃过去的陈旧观念，这与传统国有企业的用人制度存在很大差别。中国海油按照国际标准配备人员，按照职责功能设置岗位，促使每个岗位、每个人都满负荷作业。例如，三用工作船，原定员 22.5 人，经过组织一专多能培训，在得到国家港监部门认可的情况下，中国海油按照国际上三用工作船配员的标准，减少了 1/3 的人员。又比如，年产 400 多万吨的惠州油田，海上作业和陆上管控的中外人员只有 360 多人；年产 35 亿立方米的崖城 13-1 气田，海上作业和陆上管控人员只有 100 多人，而同等规模的油气田，在陆地油田往往要数万人。这种人力资源政策促使中国海油的每位员工都是集体中的重要组成元素，人员精干、反应灵敏、办事效率高；成员之间互相理解、互相尊重、互相认可，而不是简单的上下级关系。

二是坚持同工同酬、权利对等。早在 1994 年，中国海油就全面推行有本企业特色的企业聘用合同制，从根本上改变"全民固定工"制度。所有新入职的职工一律从劳动力市场招收，实行聘用合同制。企业可以依据合同解聘职工，职工也可依据合同"炒"公司"鱿鱼"，实现权利对等。打破固定工、合同工的界限，实行同工同酬，职工收入随物价指数和贡献大小、工作时间长短进行调整。这一理念在中国海油的后续成长过程中得到了延续和发展。自2000年起，中国海油在中海油深圳分公司和秦皇岛32-6等合作油田进行了雇员制试点。在此基础上，2003年春季，中国海油在总部机关和整个中海油进行了用工与薪酬制度创新。中国海油组织部门领导、专家及员工代表运用要素计点法等相对科学的办法，对岗位进行价值评估，根据得分结果和实际价值贡献确定各岗位的薪级，即通过价值评估来确定岗级，使员工的贡献与薪酬紧密挂钩。这就使多干事的员工能够有更好的岗级和薪酬，大大提高了员工积极性。选择这种新制度的员工自愿与企业解除原劳动合同并签订新的劳动合同。合同签订后，员工身份就从全民所有制、企业所有制、企聘制全部变成了真正的合同制，职工从过去的国家人、企业人变成完全市场化的社会人。新的劳动合同对双方权利义务关系做出明确规定，双方根据合同条款规范各自行为。员工如果在合同期严重违反合同相关条款，企业可以随时解聘员工。作为对等权利，员工同样也可以在合同条款规定内"炒"企业的"鱿鱼"，从而实现了真正意义上的社会化用工，解除了企业对员工承担的无限责任。

　　三是坚持竞聘上岗、员工能上能下能进能出。中国海油长期以来一直坚持"竞聘上岗、员工能上能下能进能出"的创新理念，努力将最优秀的员工放在最合适的位置上。在这方面，规模最大、影响最广的一次创新，就发生在上述2003年用工与薪酬制度创新过程中。此次创新对员工震撼最大的是"全体起立，竞聘上岗"。所谓全体起立，就是除总公司领导外的所有岗位全部拿出来公开竞聘，原总公司、有限公司各部门人员在竞聘岗位正式公布时全部离开原来岗位，按照新的竞聘程序重新竞聘上岗。对此有两句形象的话："全体出去再进来，全体起立再坐下。全体出去，再进来的时候有些人已经被拒之门外；全体起立，再坐下的时候很多人的位置发生了变化。"总公司和有限公司机关的竞聘分部门总经理、岗位经理和一般员工三个层次，其中部门总经理、岗位经理以上岗位面向全系统公开招聘。申请上岗人员根据自身素质和公布的职位说明书要求，填写竞聘志愿，由公司创新办公室资格预审，通过者均可参与竞聘部门总经理和岗位经理。为了确保部门总经理竞聘的公正合理，专门成立了由总公司领导、国家派驻总公司的监事会主席和咨询公司的专家组成的竞聘委员会，负责对部门总经理竞聘程序中演讲及答辩情况进行评议和打分。评委独立打分，不设权重，并把竞聘人的最后得分作为能否上岗的主要依据。在部门总经理的竞聘中，总公司党组预先讨论推荐的三位候选人被杀出的"黑马"拉下。在有限公司天津分公司和湛江分公司部门经理的竞聘中，竞聘人员与竞聘岗位的比例高达5∶1，其中一个岗位有15人报名竞聘。经过竞聘，创新单位人员得到精简，整体素质得到提高，年龄结构得到优化。这次竞聘在运作过程中有三个突出特点：一是公开透明，所有程序和政策都公之于众。二是公平、公正，对所有人员一视同仁，在创新后的无记名问卷调查中，96%的员工认为此次创新做到了"公平、公正、公开"。三是宁缺毋滥，总公司和有限公司机关第一轮竞聘后，定编371个岗位中有近100个岗位空缺，其中岗位经理编制从原来的133个减为100个，第一轮竞聘后有仍有12个岗位空缺。

5. 中国海油文化的以人为本理念

长期以来，中国海油坚持人本理念，并将其纳入公司的整体发展战略之中，贯穿公司创新发展的全过程。这主要体现在以下三个方面。

一是坚持"员工是企业第一，而且是不可再生的财富"的理念。在海洋石油工业刚刚起步的年代，还是用指挥打仗的方式指挥生产活动，强调的是"一不怕苦、二不怕死"，海上作业要求"战风斗浪""船在人在"，没有把安全作业放在应有的地位加以重视。1979年11月25日，"渤海2号"钻井平台遇特大风暴翻沉，1983年10月25日，美国阿科公司租用的美国环球海洋钻井公司浮式钻井平台"爪哇海号"在遇强台风袭击倾覆沉没，这两起重大事故留下了深刻的教训。中国海油通过总结教训和学习国外先进经验，逐步提高认识，转变观念：从征服自然到必须严格遵循自然规律；从生产第一到安全第一；从与钻井平台共存亡到危急情况下的弃船逃生；从重在抢险到重在预防。在这个过程中，中国海油形成了"员工是企业第一，而且是不可再生的财富"的健康安全环保理念，不断加强安全管控，强化监督，狠抓培训；这也保障了中国海油之后没有再发生一起重大安全生产事故。以"五想五不干"为核心的安全文化就是中国海油重视员工安全、将以人为本落在实处的生动说明。"五想五不干"是指"安全风险不清楚，不干；安全措施不完善，不干；安全工具未配备，不干；安全环境不合格，不干；安全技能不具备，不干"。"五想五不干"的一个重要方面是"五不干"，这就意味着授予员工更多权利，当施工现场有潜在风险时，工人们可以提出"不干"，既提高了员工行为的主动性，也切切实实保障了员工的生命健康安全。

二是坚持发挥员工的"主人翁"精神。中国海油在成长发展的过程中，不仅勇于创新，而且善于创新。在创新的过程中，中国海油始终把员工当作企业发展的第一资源，而不是包袱，使员工成为积极参与的创新主体而不是被动接受的创新对象；始终坚持企业的创新成本不能由员工承担，不以损害员工利益为代价换取创新的成功；始终坚持企业创新和发展的成果要由全体员工来共享。中国海油能够妥善处理好创新、发展与稳定的关系，将以人为本的理念落到实处，并一以贯之。例如，中国海油重组上市"三步走""三条线"转型发展的过程中，面临着如何整合存续企业、安置冗余人员的众多艰难抉择。面对经过两次剥离后所余下的负担沉重、亏损严重、人员冗杂的存续企业，中国海油没有简单地将不良资产一卖了之，也没有将冗余人员推向社会，而是一方面通过成立基地集团将五个地区公司中的经营性资产进行产业重组，将企业社会职能移交地方，或通过产业化改造做小做精，最终实现存续企业扭亏为盈，辅业变强的目标。另一方面实行了不强行下岗、不强行分流、干部职工现有薪酬不降、离退休人员待遇不变、自愿内退政策不变五项政策，使职工利益得到维护、创新重组顺利进行，从而实现了主业和辅业全面发展，企业和员工的共同成长。因此，中国海油的创新创造了无一人下岗的奇迹，盘活了全部资产，安置了全部员工。中国海油以员工为主体、维护职工权益的做法，既不同于许多国有企业普遍推行的资产剥离的做法，也不同于国际石油公司的现行模式创新，而是走出了一条独特的国有企业创新路径。"人力资源是企业发展的第一资源、创新成本不应由员工承担、创新成果应由全体员工共享"的以人为本理念在中国海油得到了充分实践。

三是畅通员工的职业发展通道、形成员工的成长机制。中国海油通过贯彻落实"以人为本"的发展理念，充分尊重和实现企业职工的利益，并正确规划企业职工的职业发展设计和人的文化建设，让员工在更大的事业空间里人尽其才。中国海油早在1996年创新时就打破了干部和工人的界限,将员工分为管控、技术、操作三类,但此时三类人员同用一个体现"官本位"的晋升序列和一张工资表;为改变由此造成的技术人员想方设法奔"仕途"的状况,中国海油为三类人员架起了"三把梯子",分别为他们设计了畅通的职业发展通道和成长机制,进而培养了三支政治坚定、业务精良、作风过硬的海洋石油员工队伍(经营管控队伍、专业技术队伍、技能操作队伍)。这些举措充分发挥了职工主人翁的地位和充分参与经营、创新和发展的积极性、主动性和创造性;也造就了一支有坚强执行力的海洋石油"铁军",成为中国海油不断发展的重要人力资源支撑力量。

七、全面风险管控为企业健康发展保驾护航

海洋石油一直是高风险的行业,正确防范风险、在安全的前提下实现国有资产的保值增值,也是中国海油的重要任务。在风险防控与管控方面,中国海油发挥对外合作与国际化的优势,将先进的风险管控理念、标准与手段与中国国有企业的实际情况相结合,形成了具有中国特色、比肩世界一流、引领国内发展的"三全合一"全面风险管控体系。中国海油风险管控体系的另一个特点,是纳入了与核心业务紧密相连的关键领域。对于以油气开发为主业、以国际化经营为主导的公司而言,油气运营项目和海外业务就是中国海油最为核心和关键的两大业务领域。只有把风险管控体系与核心业务领域紧密相连,才能实现风险管控的价值,使风险管控有效地促进企业战略目标的实现。因此,本节将对中国海油全面风险管控体系进行介绍,然后从油气运营项目的风险管控和海外业务的风险管控两个方面对中国海油重点业务领域的风险管控进行介绍。

(一)海油全面风险管控体系

"全员参与""全过程控制"和"全方位监督"的"三全合一"管控方式是中国海油全面风险管控体系的最显著特点,本部分将重点对该体系进行全面系统介绍。

1. 中国海油推行全面风险管控体系建设的必要性

（1）确保企业可持续发展的客观需要

作为高风险行业，海洋石油开采一旦出现重大安全事故，将对整个行业和作业企业产生显著的影响，直接威胁企业的可持续发展。一个典型的例子就是，2010年在美国墨西哥湾海域由 BP 公司负责的"深水地平线"钻井平台爆炸所引起的漏油事件，给整个海洋石油工业的发展步伐和 BP 公司带来了巨大的影响。2011年由康菲公司作为作业者的蓬莱 19-3 油田发生溢油事故，引起了党中央国务院领导的高度重视和社会舆论的广泛关注，对此事故的不当和不及时处理可能会对公司发展产生重大负面影响。中国海油领导层深刻认识到，海洋石油勘探开发的高风险所引发的重大事故，不仅会给企业员工、社会环境带来影响，甚至危及企业生存和发展。海洋石油工业在追求经营效益和管控效率的同时，要想真正能够沉着应对风险和危机，必须依赖于一套完备的、可执行的、系统化的安全风险事故防范与应对体系。

（2）满足国际化经营和国内外监管的必然要求

中国海油积极实施国际化经营战略，不仅参与全球油气资源的勘探开发及其专业服务，还通过主业资产在境外上市来完善公司管控和提高国际化经营水平。而从国际趋势看，对内部控制和风险管控重要性的认识越来越得到普遍认同，相关法律法规的数量越来越多，体系结构日趋严密，国际资本市场的监管要求也越加严格。随着中国海油主业资产在境内外上市，直接面临着美国萨班斯-奥克斯利（Sarbanes-Oxley）法案、《中央企业全面风险管理指引》《企业内部控制规范》和《企业内部控制应用指引》等内外部法律法规的监督和约束。面对海外经营不断增大的经济、法律和安全风险，公司管控层意识到，必须严格防范海外资产的风险，强化对海外资产的管控。2007年3月，中海油（在纽约和香港上市）通过了 SOX404 法案（Sarbanes-Qxley 法案第404条）的测试和考验。通过实施该法案的遵循工作，提高和保证了财务报告质量，改善了 IT 控制环境，建立起内部控制持续改进的长效机制，推动了内控文化建设，促进了公司管控体系的完善。

（3）适应集团化发展的现实选择

风险管控覆盖企业所有的经营领域和管控活动，是企业管控的基础性系统工程。自1994年以来，中国海油经历了油公司、专业公司和基地公司分离与重组，中海油、中海油服、海油工程、中海化学等主业资产先后重组上市，企业管控也经历了一个从分散到高度集中，又走向集团化的过程，中国海油已发展成为一家集团化的跨国石油企业。然而，公司之前的管控制度和模式创新仍然是零散的或分散的、不成体系的，这导致很难迅速将集团的要求传播到下级单位，这种管控体系创新显然与集团型企业的发展要求不相适应。

2. 中国海油全面风险管控体系的基本框架与核心内涵

（1）中国海油全面风险管控体系的基本框架

中国海油在参考国内外法律法规的基础上，本着"统筹规划、整体设计、简洁适用、运行有效"的原则，基于效益、效率与风险平衡的准则，以战略、运营、报告、合规为目标，以信息化平台为支撑，利用"全员参与""全过程控制"和"全方位监督"的"三全合一"管控方式，通过优化内部控制体系来推动风险管控制度建设，形成了一套全面覆盖公司各业务流程的风险识别、评估、控制和改进的管控闭环式全面风险管控体系，简称"三全合一"全面风险管控体系（如图7-1所示）。

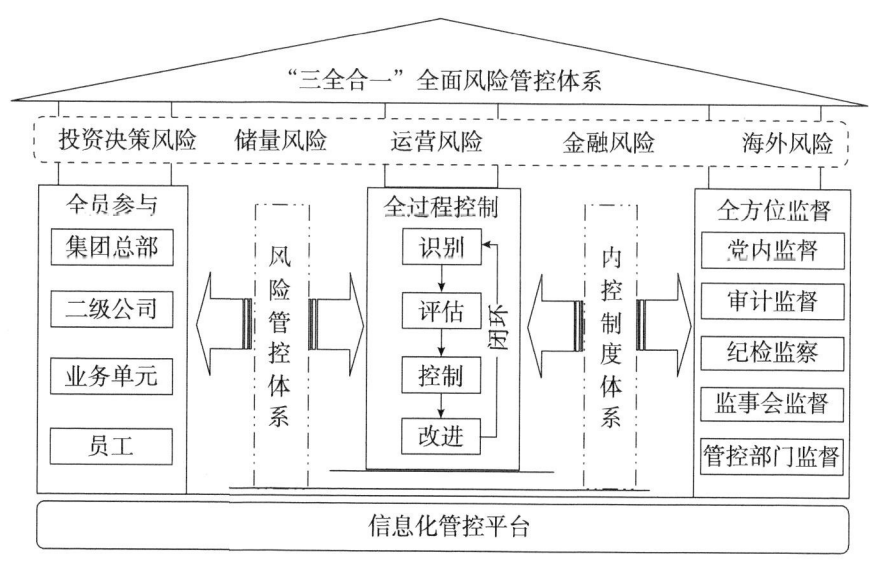

图7-1 中国海油"三全合一"全面风险管控体系框架

(2) 中国海油全面风险管控体系的核心内涵

以信息化建设平台为依托的全面风险管控。按照国资委《中央企业全面风险管理指引》的要求，中国海油在借鉴国际业界管控、风险及合规遵从（GRC）系统的先进理念，以企业流程管控（BPM）系统为管控核心的基础上，结合探索开发风险管控信息系统的实践来推行风险管控。特别是"数字海油"信息平台的建设涵盖了风险管控基本流程和内部控制的各个环节，通过在已有的业务信息系统流程中辨别风险控制点，将风险管控理念融入全员、全过程和全方位的业务活动中，实现了风险管控体系和内控制度体系的集中统一。宏观层面上，中国海油按照业务风险分析的结果和内控梳理的要求，在现有的业务信息管控系统中加入风险管控功能来覆盖不同业务层面和不同业务领域。例如，通过重新识别、修改、补充关键控制点，调整 ERP 系统中的业务流程及其控制参数，实现将业务流程中的风险通过系统进行自动控制。在微观层面上，中国海油利用 ERP 等信息系统对相关的财务系统、成本系统、物流系统、采购系统和销售系统等建立审计接口，实现审计信息的集中管控和应用，使信息化管控平台能有效协助风险管控的运营工作。

以全面管控跟进为推手的全面风险管控。中国海油通过全员参与、全过程控制、全方位监督，不仅让全部员工接受风险理念，还将风险点落实到具体岗位和个人，从而将风险始终控制在可接受的范围内。具体有以下三种措施。

措施一：全员参与

为了使风险管控理念和原则扎根在企业的经营管控思想中，中国海油以全员参与来推动全面风险管控的有效实施。中国海油先后举办各种层次的培训和资格认证，通过在不同的组织层次中进行宣传、培训和研讨来培养企业风险管控文化和普及全员风险管控知识，累计培训人数达上万人次。其中有24 名集团领导班子成员及二级单位的财务总监、审计负责人取得了企业高级注册风险管控师资格，156 名中层管控人员取得了企业中级注册风险管控师资格，38 名一般管控人员取得了企业初级注册风险管控师资格。通过这种全员参与的模式创新极大地提升了各级管控人员的风险管控专业素养，并在实际工作中起到表率作用。

措施二：全过程控制

中国海油还采用"纵向到底、横向到边"的方式来实现全过程控制。横向覆盖项目建设和公司运营管控的各个环节，形成系统、清晰的制度架构，让制度程序完全覆盖工作流程；纵向延伸至关键业务流程和关键控制点，通过分解工作流程，找出关键控制点，识别风险，评估风险控制的轻重难易，做到对企业业务流程心中有数，明确每一个业务流程的风险点，针对每一个风险点来实施具体控制。同时，还利用严格的程序规范来规范工作流程，以提升对风险点的有效管控，评估这些制度和程序控制是否有效。

措施三：全方位监督

以往的风险监督工作中主要是采取监事会、审计、监察三种形式，这很容易导致在监督中存在难以覆盖的盲区。为此中国海油构建了"五位一体"监督体系——党内监督、审计监督、纪检监察、监事会监督和管控部门监督，与现代公司管控机制结合起来实行监督职能内部的协同配合。在党内监督中，中国海油的"红线文化"把党的纪律作风转化为执行力，明确员工行为底线。同时，通过"四挂钩一否决"等责任考核和追究制度，把各级领导和管控人员变成党风廉政建设责任制的主体。在审计监察上，中国海油通过审计对企业资产安全性、资源利用效率和经营风险进行监督和监察，不断提出改进意见。同时，还依靠社会力量来增强审计监管力量以防范风险和降低监督成本。在纪检监察上，通过建立健全的惩罚体系，按照部署和管控权限开展各项具体业务，增强企业管控干部的廉洁意识，切实维护纪律的严肃性，杜绝各种违纪行为的发生，促进了廉政建设和纪检监察工作的稳步推进，为风险管控提供保证。在监事会监督上，由专职人员去做监事，加强对重要子公司的监督力量。在管控部门监督上，对管控委员会和投资决策委员会的议事日程进行修订，包括对党组的议事日程，厘清三大组织的议事日程。同时，还设立双向票决制（即管委会、投委会和金委会在重大项目投资决策中，主要负责人同意而 2/3 以上委员不同意，不能进行投资；2/3 以上委员同意而主要负责人不同意，也不能进行投资）来推行民主集中管控监督，对重大投资项目进行决策以防范可能存在的风险。

以两大制度体系为保障的全面风险管控。为了更好地保障全面风险管控的有效执行和效果，中国海油提出了保障全面风险管控执行的两大制度体系，即风险管控体系以及内控制度体系，这两个体系也完全融入了公司的全面风险管控体系当中，成为其不可分割的重要构成部分。

制度体系一：风险管控体系

从制度层面考虑，在企业内部建立风险管控的制度和流程，以保障企业发展战略目标的执行。风险管控体系不仅涉及风险管控制度的制定和规划，而且包含着具体甄别出在运营活动中可能存在的风险点。中国海油采取了总体规划、集中健全、整版发布、循环改进的方式，从集团总部开始对所有的经营风险制度和程序进行体系化建设，通过明确规定风险管控的管控结构、风险管控部门的职能、企业风险文化，以及持续改进机制来降低运营风险和完善综合管控制度，形成了"事事有制度覆盖，人人受制度约束"的风险管控格局，使管控更加规范、更加透明。随着经营环境、机构设置、管控职责等方面的动态变化，中国海油还积极推行动态风险管控体系创新，时刻根据外部环境和内部条件的变化以及项目执行反馈信息等不断对现有的风险管控活动进行修正，控制风险点，使其进行良性循环。风险管控体系建设同样离不开全员参与的有力支持，中国海油在集团层面制定了《风险管控政策指引》，而中海油也根据具体的业务制定了《油气产品交易全程信用风险管控体系》。在管控流程中，中海油也利用风险管控体系通过事前管控对客户信用进行评估，事中管控对具体交易进行监控，事后管控对应收账款进行回收来严格执行全过程控制。

制度体系二：内控制度体系

在内控制度体系建设方面，中国海油通过建立覆盖项目建设和企业运营管控各个业务环节的、纵横结合的内控体系来强化重点领域的风险管控，保障企业的高效高速发展。截至 2010 年年底，中国海油已经形成了 13 大内控制度体系（"人力资源管控体系""计划财务控制体系""装备管控体系""采办及物资管控体系""海外业务及市场营销管控体系""行政管控体系""战略研究与发展管控体系""QHSE 管控体系""科技管控体系""董秘办及投资者关系管控体系""审计监察管控体系""法律支持体系""信息化管控体系"），包括 24 个基本制度、199 个管控办法、350 个操作细则、338 个流程、

932个关键控制点，共370个文件。建成了以风险为导向的内控制度体系，并使之成为企业重要的管控工具，确保了全面覆盖、制度健全、执行有效，形成中国海油的风险管控特色。

3. 中国海油全面风险管控体系的主要特征

（1）兼顾效益、效率与风险控制平衡

内部控制是为了促进企业发展，如果过分强调风险管控，可能会失去发展机遇，使效益和效率下降。只有敢为、善为，敢于创新，同时采取积极稳健的风险防控措施，才能实现企业效益最大和效率最优。在内控制度体系化建设过程中，一方面融入风险管控理念，加强对关键风险点的管控控制，另一方面优化流程、合理减少冗余控制环节，降低管控成本，从而实现风险控制与效益、效率的有机结合。

（2）风险管控理念融入日常经营管控，避免"两张皮"

内控制度体系建设不是新增一套管控体系，而是以现有管控体系为基础，融入风险管控理念后，再优化、完善，构建符合风险管控与内控要求的管控体系，使企业管控进入"螺旋式上升"的良性循环。在内控制度编修过程中组织各部门充分沟通，准确识别主要风险点，系统审视内部控制，补充、修订各项措施，将风险管控理念、既往管控经验、最新企业实践融入新版内控制度体系，从而解决风险管控与现有管控体系"两张皮"的问题。新版体系发布后，原有规章制度全部废止，为今后持续更新奠定了坚实的基础。

（3）全集团上下一致、覆盖全面、各有特色

总公司内控制度体系横向包含13个子体系，覆盖所有业务领域的各个环节，纵向划分为基本制度、管控办法和操作细则三个层级，覆盖所有业务流程和关键控制点，落实了所有关键控制点的责任岗位。此外，中国海油在建设集团公司层面全面风险管控体系的基础上，也要求各下属二级公司根据自身特点，细化并制定了本单位的内控体系。这使各分公司在体系建设总体要求上与集团总部保持了一致，同时又体现了自身所经营业务的特色，如中海油服建立了包括市场管控、装备管控、债务管控、投资者及公共关系管控等在内的13个体系，财务公司根据自身作为存款类金融企业的特点，在总公司的基础业务体系上增加了结算管控、信贷管控、投资管控、外汇管控4个子

体系,满足了公司经营管控的需要。

(4) 推动内控检查评价,形成管控闭环

内控检查评价是内部监督的一种实现形式。随着中国海油管控机制、内部控制体系的健全完善,内控制度设计是否合理、执行是否有效,需要借助科学的评价方法、工具来验证,因此内控检查评价将逐步成为内部监督、合规运营的重要组成部分。探索出运用规范的抽样测试程序、内控缺陷评估量化工具,提出问题和流程优化建议,将内控有效性结论分为优秀、良好、中、弱四个级次,量化后与年终绩效考评挂钩等具有中国海油特色的检查评价工具和方法。通过总公司对所属单位的内控检查评价、所属单位的内控自我评价,确保内控制度落实到生产管控一线,增强内控制度执行力。

(5) 内部监督关口前移,加强了事前监督

内部控制制度体系化建设是一项系统工程。风险管控办公室作为内部监督部门的一个功能处室,履行事前监督功能,统一组织起草、修订、发布制度文件。在总公司层面涉及同质同类流程的制度定稿前,从合规性、体系形式等方面审查文件内容,并负责统一沟通协调业务主管部门核稿、修改、审定,以确保流程的统一性、规范性,避免多口径制定同类业务制度易发生的不一致及可操作性问题。在所属单位发布内控制度体系前,须向总公司履行报批及核准程序,由风险管控办公室组织总公司相关业务部门就职责范围内的子体系分别审核、出具审核意见,并汇总、反馈至该公司,目的是从源头规范各单位的管控制度和业务流程,在很大程度上规避了所属单位制度不健全、不合规、不符合总公司战略发展要求等问题,充分发挥了内部监督关口前移的作用,内部监督人员正在逐步向"内部咨询师"转变。

(二) 以 QHSE 体系建设为核心的生产运营风险管控

将全面风险管控体系与核心业务领域紧密相连是中国海油风险管控体系的一大特点,而油气生产运营业务是中国海油第一大业务,也是最核心的主业。进一步讲,对于以油气等高危领域为主的生产型企业,质量健康安全环保(QHSE)风险是其生产运营业务中最突出的风险。因此,中国海油以构建 QHSE 体系为抓手,来实现公司对生产运营风险的管控。

1. "渤海 2 号"事件推动中国海油 QHSE 体系建设

中国海洋石油工业是于 20 世纪 50 年代开始起步的,早于中国海油的成立。但中国海油本质上与中国海洋石油工业早期的发展是相承接的,中国海洋石油工业早期的一些优秀做法、先进理念等都被后来建立的中国海油所继承。在风险和安全管控方面,中国海油更是充分吸取和借鉴海洋石油工业早期的风险安全事故,以此为基础,逐步构建自身以应急管控为主的风险安全管控体系。

在海洋石油工业刚刚起步的年代,还是用指挥打仗的方式指挥生产活动,强调的是"一不怕苦、二不怕死",海上作业要求"战风斗浪""船在人在",没有把安全作业放在应有的地位加以重视。

1979 年 11 月 20 日,"渤海 2 号"钻井船接受任务,从渤东 423 构造搬迁至相距 117 海里的歧口凹陷南侧 102 构造,在年底再打一口井。"渤海 2 号"立即着手进行拖航准备。在拖拽的过程中,"渤海 2 号"于 24 日遭遇 8~9 级大风,部分时段风速达到 10 级以上。此时"渤海 2 号"泵仓通风管被打掉,大量海水灌入泵仓。全船人员紧急动员,强行堵漏,但因风浪过大,洞口始终堵不住,最终导致"渤海 2 号"沉没。这是中国海洋石油工业起步以来发生的最严重的风险事故。这个事故的发生既有客观的自然因素,同时也存在管控上的问题。国务院给予了相关人员以严肃处理。

几年之后,1983 年 10 月 25 日,美国阿科公司租用的美国环球海洋钻井公司浮式钻井平台"爪哇海"号在遇强台风袭击时倾覆沉没,81 名中外员工全部遇难。这两起重大事故给中国海洋石油工业留下了深刻的教训,使决策者清醒地认识到中国海洋石油勘探开发生产中存在许多风险,作业环境远比陆地恶劣。通过总结教训和学习国外先进经验,逐步提高了认识,转变了观念:从征服自然到必须严格遵循自然规律;从生产第一到安全第一;从与钻井平台共存亡到危急情况下的安全撤离;从重在抢险到重在预防;从避免事故到杜绝重大恶性事故的发生。不断加强安全管控,强化监督,狠抓培训,并配备了先进的消防、逃生、救生、应急等安全设施。而 QHSE 体系正是在上述观念转变的过程中以及背景下,逐渐形成和完善的。

2. 中国海油 QHSE 体系指导思想和原则

为了在面对突发事件时能够科学、快速、有效地处理，控制事态进一步发展，尽可能将损失减到最低，中国海油确立"以人为本、安全第一"的 QHSE 管控原则，以危害辨识与风险评价为基础，以全面、系统抵御风险为核心，以"四位一体"的应急预案系统、应急指挥中心系统、应急管控信息系统、应急救援队伍为基本框架，以三级应急管控、三级应急响应、全员参与（不仅包括中国海油自身员工，还包括承包商、周边居民、媒体、公众、非政府组织等利益相关方）、全过程管控为特点的全面 QHSE 管控体系建设。

QHSE 管控体系的指导思想是：以系统的风险分析为基础，坚持以人为本、预防为主，加强应急预案系统、应急指挥系统、应急信息系统和专业应急救援队伍的建设，通过培训和演练，全面提升中国海油系统抵御风险的能力，最大限度降低突发事件的影响，保持公司的可持续发展。

QHSE 管控体系的基本原则是：

（1）以人为本，安全第一。保障公司员工和社会公众的生命是突发事件应急响应的根本出发点，重要性排序从高到低为人、环境、财产、工作进度。

（2）平战结合，有序运转。即平时和危机状态下各项工作要能有效转换，当应对突发事件时，仍能保持其他生产经营活动的正常运转。在平时注意预防工作，保持常态危机意识，常备不懈，面对突发事件时，各级应急机构能科学、快速、简捷、有效地处理，采取一切必要的措施，控制事态的进一步发展，防止事件的进一步恶化，尽可能将损失减到最少。

（3）分级响应，统一协调。分级响应是指作业单位、公司各所属单位及公司总部三级响应。各级指挥人员职责明确，强调第一反应，以现场应急、现场指挥为主，从初级响应到扩大应急的过程中实行分级响应，扩大应急级别的主要依据是突发事件的危害程度、影响范围和控制事态能力。统一协调是指对现场作业单位和其上级单位强调现场指挥、场内指挥，公司总部应急响应则以场外协调为主。

（4）信息及时，开诚布公。及时并坦诚地面向公众和媒体，在信息不完整的情况下，向各层次的利益相关方提供阶段性信息，主动联系政府，依靠社会、通过社会资源共同应对危机。

3. QHSE 体系的基本框架和主要内容

中国海油强调对风险事故的系统化抵御和应急处置,为此,在实践操作方面,中国海油以"四位一体"的全面应急管理为基本框架来打造公司的 QHSE 体系。

"四位一体"的应急管控框架包括应急预案系统、应急指挥系统、应急管理信息系统和应急救援队伍四个部分(见图 7-2)。应急预案系统是中国海油应急管控的基础,总公司危机管控预案是中国海油应急管控的纲领性文件,系统化管控的所有内容都囊括其中,它主要包含两方面的内容:一是规范总公司危机管控程序;二是指导和规范各单位开展应急管控工作。应急指挥系统是中国海油实施三级应急管控的指挥平台网,同时保持和政府各级应急指挥机构的互联互通,是国家应急组织的有机组成部分。应急管理信息系统包括涉及人员、装备、环境、生产数据等十多个动态和静态的信息子系统,为科学决策和高效处置提供了有力的辅助支持。应急救援队伍为应急方案的实施提供了强有力的保障。四者各自独立又互为支撑,既保证覆盖应急管控的所有要素,又体现中国海油企业管控的先进性,共同构成中国海油"四位一体"全面应急管控体系(如图 7-2 所示)。

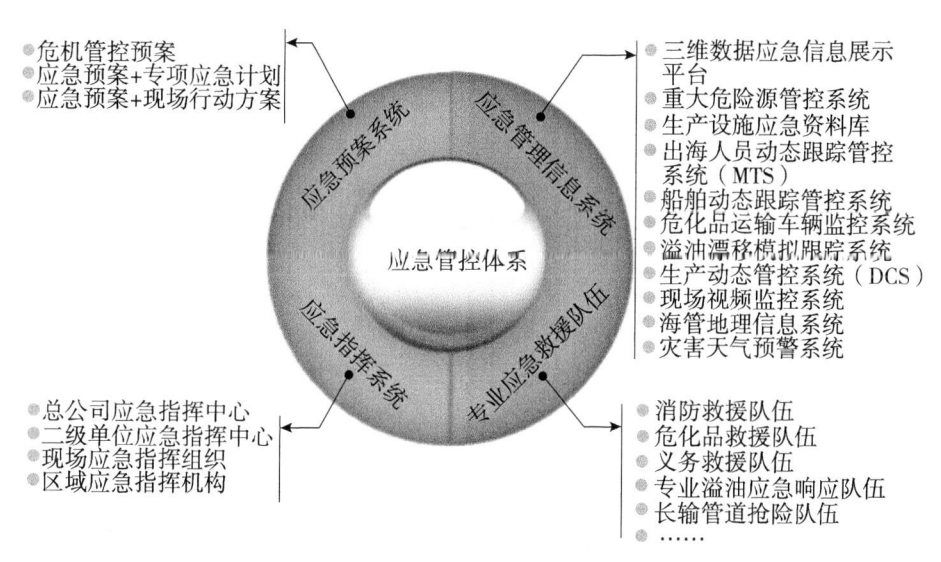

图 7-2 中国海油"四位一体"应急管控体系框架

(1) 三级应急预案系统

海洋石油勘探开发作业属于多工种的协调作战，面临自然环境恶劣、海上油气生产设施人员与设备高度集中、产品危险性高、科技含量高、地质条件复杂、不确定因素多、远离陆地救援困难等风险，要有效地应对这些风险必须有系统的管控方法。和其他管控体系的建立一样，中国海油应急预案系统的建立也遵循了以下原则：首先进行安全评价，对危害进行辨识，确定风险程度，列出重大危害因素清单；其次制定目标；再次由目标和指标制订实施方案；最后按照计划、实施、检查纠正与管控评审模式创新建立管控体系，确定应急预案的对象，明确管辖范围，确定突发事件的类型，经评价、分析，最终确定应急预案的重点和对象。

2004年以前，中国海油的应急计划、应急程序主要着重于解决地震、台风、风暴潮、冰灾等自然灾害和井喷失控、火灾与爆炸、油（气）储运设施与管线泄漏、飞机或船舶遇难等生产安全事故等方面事故的处置问题。随着2003年"非典事件"、恐怖主义活动、生产事故的发生，以及总公司上下游业务一体化发展等问题的出现，原有应急计划的范围以及层次都在发生变化，无法满足新的应急管控的需求。2004年7月，中国海油编写并发布了《危机管理预案》，将预案的范围调整为与企业相关的重大自然灾害、事故灾难、公共卫生事件、社会安全事件，不再局限于以往的生产安全事故和自然灾害事故处理，同时根据中国海油的生产经营管控特点，采取了三级应急响应的管控体系创新，即总公司、分公司、作业现场，同时建立了危机管控应急预案。

总部危机管控应急预案是综合性的场外预案，是公司总体、全面的预案，以场外指挥与集中协调为主，侧重在应急响应的组织协调，法律、商务及媒体管控。

所属单位的应急预案是区域性、综合性预案及专项预案的结合，针对某一特定区域或某一专业领域的突发事件，侧重组织对现场突发事件的减损、救助、抢险和灾后恢复。所属单位的应急预案由综合性应急预案和专项应急预案构成。

作业现场的应急行动预案属场（厂）内应急预案，该预案以现场设施、活动或场所为具体目标，针对某一重大工业危险源、特大工程项目、施工现场或拟组织的一项大规模公众集聚活动，要求具体、细致、严密，强调具体的应急救援对象和应急活动的实践性。场（厂）内应急预案由综合性应急预案和具体行动方案组成。

总部危机管控应急预案内容跳出了仅局限于事故处理程序的范畴，首次提出了媒体信息沟通管控程序，明确媒体沟通（媒体关系管控、新闻发布渠道、新闻材料准备、信息收集与跟踪等）以及信息发布的授权程序和审定发布规定。还包括与地方政府和国家相关部委的沟通程序、事故调查程序等子程序和对所属单位在应急管控方面的要求，构成了一套完整的应急管控系统。

2008年，《中国海洋石油总公司危机管理预案（2008版）》进一步明确了对三级应急组织的职责、定位和响应模式创新。与三级应急响应相对应的应急预案其职责和侧重点各不相同，又保持有机的联系，以此构成中国海油层次清晰、定位明确的三级应急预案系统。

中国海油要求各单位根据公司实际情况和演习、实战中发现的问题，至少每两年修改一次应急预案，并对各所属单位的应急预案实行逐级报备和不定期审核制度，以进一步推动应急预案的持续改进。

（2）高效应对的应急指挥系统

中国海油应急管控体系按照三个管控层级和四大应急系统的基本框架建设实施，应急准备、应急响应、应急指挥都在这个应急管控框架下进行。对紧急事故事件的处置强调"第一反应"，以现场应急和现场指挥为主；将公司级别的应急管控提升为危机管控，应急状态下以场外协调为主，不再针对具体事故事件的处理。

应对重大突发事件，做好应急管控的工作，一个必要的前提和基础就是建立完善的应急组织机构和清晰的应急管控流程。中国海油总部危机管控组织机构由应急委员会、应急协调办公室、总值班室、资源协调行动组、公共关系法律组、后勤支持保障组和资金保险组组成。中国海油的危机管控组织机构主要职责包括重大事项决策，对应急事件提供支持和协调，向国家政府部门报告情况，向社会公众公布事件信息，公布、修订总公司危机管控预案，审核所属单位应急预案、计划，验收应急指挥中心等（如图7-3所示）。

根据国家颁布的《中华人民共和国突发事件应对法》《国家安全生产事故

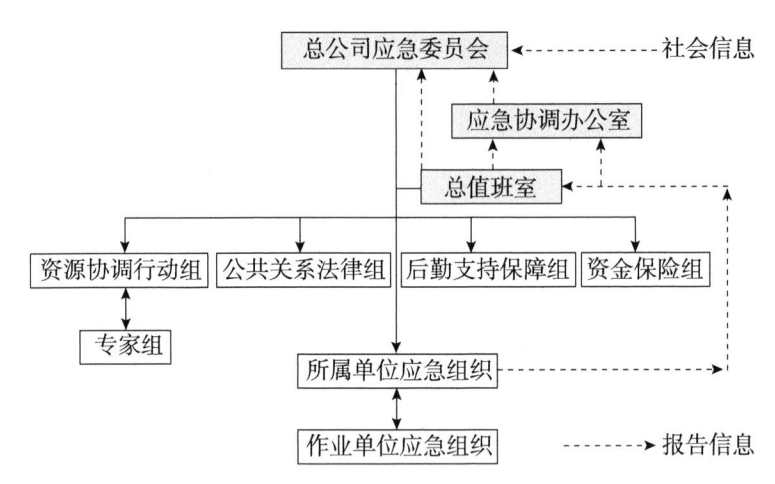

图 7-3 中国海油应急组织机构和应急管控流程

应急预案》等相关规定，中国海油在总公司《危机管理预案》中设定了 12 类需要启动总公司层级应急预案的条件。突发事件若具备其中任何一种条件，就需要启动总部应急预案，各部门按照应急处置流程迅速开展总公司级别的应急响应工作。中国海油突发事件应急处置流程如图 7-4 所示。

应急指挥系统是应急管控的工作平台，主要功能是实现事故事件的预测预警、辅助决策、调度指挥和总结评估，建立应急信息的共享通道，为有效预防和妥善处置安全生产事故提供先进的技术手段，最大限度地减少人员伤亡和财产损失。

为了推进中国海油各所属单位应急指挥系统建设，实现公司总部与各所属单位应急指挥中心的快速有效对接，中国海油编制并发布了《中国海洋石油总公司应急指挥中心建设指南》，以规范、统一各所属单位应急指挥中心建设的标准，整合现有应急管控机构和信息等资源，统一应急信息快速交换的通道，建立应对突发事件防范、指挥、处置体制和响应机制的快速反应平台。中国海油对各所属单位应急指挥中心（或应急办公室）的建设要求是：各应急中心（应急办公室）应具有必要的硬件设施和软件投入，采用统一的规范和标准，并能与总公司应急指挥中心保持常态的互联互通。应急中心应具有"值守应急、信息汇总、指挥协调、专家研判、视频会商"功能。

2006 年，位于北京中国海油总部大楼内的中国海洋应急指挥中心顺利建成

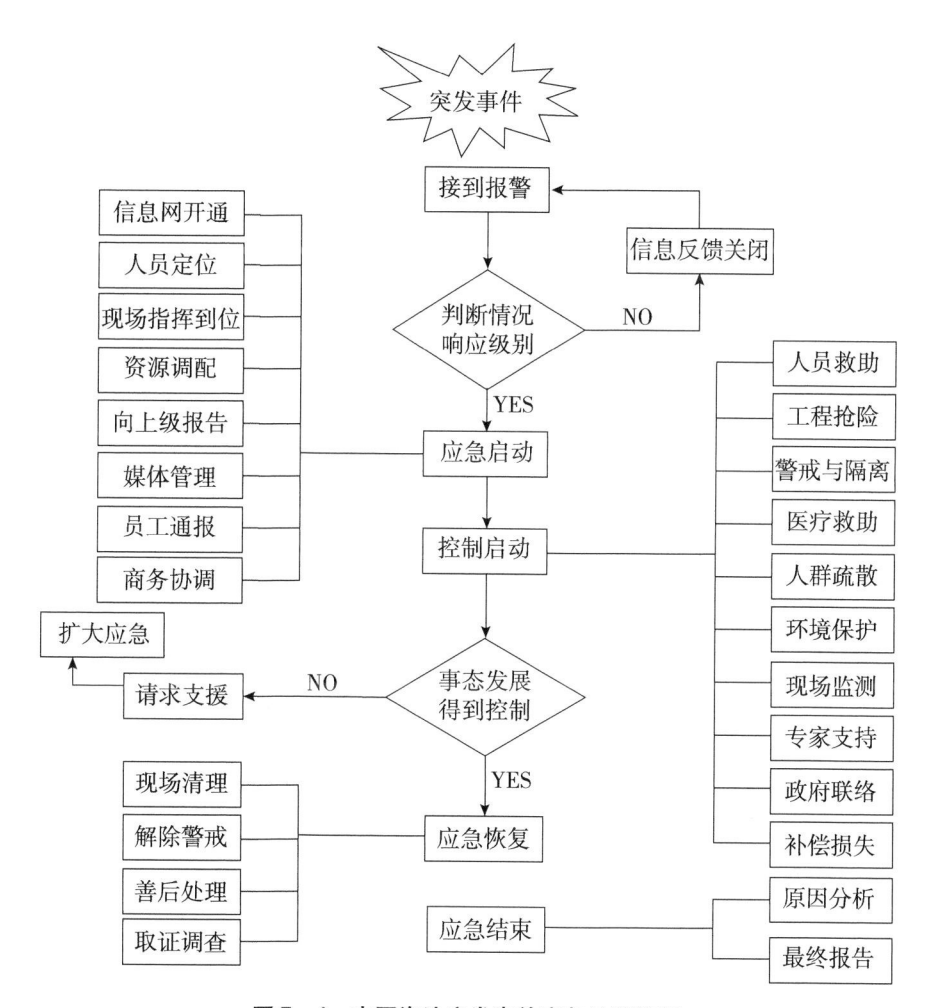

图7-4 中国海油突发事件应急处置流程

并投入使用,另外投入运行的还有上海、深圳、湛江、天津的四个应急指挥中心和控股上市公司(海油工程、中海油服)应急指挥中心,均具备了应急响应时所必需的重要功能和要求,与公司总部实现了良好的互联互通。其他部分中下游二级单位也已在规划或设计本单位应急指挥中心(应急办公室)。

(3) 功能齐全的应急管理信息系统

中国海油发布了《中国海油应急管理信息系统建设指南》,对不同类型单位应急管理信息系统建设提出具体要求,建设原则是:统筹规划,分级实施;因地制宜,整合资源;注重实效,适用可靠。经过多年的探索和实践,在三级应急管控体系的框架下，中国海油建立了动静结合的应急管理信息系统，不仅按照国家要求建立人员与设备设施等静态资料数据库，还将人员进出海上平台、设备设施使用和检维修情况、应急资源调配等动态信息都纳入系统涵盖范围，而且每个应急层级都可以共享和使用信息。

中国海油的应急管理信息系统包括生产人员动态、远程视频监控、应急基础资料、动态信息、灾害天气预警五个大类11个应急管控信息子系统，其中包括出海人员动态跟踪管控系统、现场视频监控系统、三维数据应急信息展示平台、生产设施应急资料库、海管地理信息系统、重大危险源管控系统、船舶动态跟踪管控系统、溢油漂移模拟跟踪系统、灾害天气预警系统、生产动态管控系统、危化品运输车辆监控系统。以下具体介绍其中4种系统。

①出海人员动态跟踪管控系统。"以人为本"是中国海油健康安全环保管控理念之一，也是中国海油应急工作的基本原则之一。为了掌握海上生产人员的实时信息，中国海油开发应用出海人员动态跟踪管控系统。

该系统以出海人员管控为核心，以出海任务为线索，基于数据库和网络化设计，采取无线射频识别（RFID）技术，以集成持卡人的个人信息、健康信息和各种持证信息的无源RFID卡载体，通过卫星通信和互联网与陆地数据库同步，实现对出海人员管控的实时监控。它包括出海证办证管控系统、出海调度管控系统、登船前检查系统、海上平台检查系统、出海人员信息管控系统、数据通信系统及后台管控系统七个部分。

通过MTS系统，可实时掌握海上作业人员的动态分布情况，了解每个平台设施上人员的姓名、单位、工种、登离平台时间、分配的救生艇号及其详细的个人信息，包括家庭住址、健康状况、血型、培训持证情况等。这为应急状态下快速了解现场的人员状况，及时、有效地开展救援工作提供有力保障。

②三维数字应急信息展示平台。通过一个专业引擎将虚拟现实技术、空间地理信息技术、模拟仿真技术与中国海油应急管控理念、思路和实际做法进行有机融合，既能够满足企业终端场景数字化与全息再现和全息查询、重大危险源管控、全息化应急预案管控、应急培训和演练等日常应急管控工作

的要求，又能够为突发事故的全息化应急救援指挥、辅助决策、事故模拟推演分析、应急资源调配等提供全新的解决方案。

在应急状态下，通过该平台使各层级应急信息得以有效共享并可视化展现，直观地展示设施和周边环境的情况，推演事故发展态势，模拟应急救援方案实施，为应急响应决策提供最直接快速的支持，能够有效地提高企业的应急管控水平和应对突发事故的能力。

③船舶动态跟踪管控系统。船舶动态跟踪管控系统建立在电子海图基础上，利用 AIS（船舶自动识别系统）基站获取船舶信息，实时地在电子海图上展示某一海域内所有运行船舶的动态信息。只要点击某条船，便可获取该条船舶的所有信息，包括地理信息、坐标信息、航向、航速以及船舶的吨位和载重量等基本信息。这套系统还可以提供海上平台的相关信息，包括平台所在的位置、油田群的分布、平台的构成和连接管线等。在应急救援时，可以帮助应急管控人员及时了解周边可利用的应急资源和救援力量，迅速有效开展救援工作。

④溢油漂移模拟跟踪系统。溢油漂移模拟跟踪系统是在电子海图的基础上建立的一套综合风动力、水动力、海浪及溢油特性的模型，通过人机对话的方式输入数据，对溢油漂移路径进行模拟和回推的模拟系统。除一般电子海图系统所具有的海图数据及辅助数据外，它还包含环境敏感区数据库和溢油应急反应模型库等系统界面，可实时地动态显示溢油漂移的情况，并显示溢油区中心位置、油膜面积、漂油残存量、溢油的抵岸地点、最终油量、影响岸线范围、扫海面积等信息。

该系统使模拟过程可视化、直观化。一旦发生溢油，只要把相关的参数输进去，就可以看到油的扩散范围，油随风向、流向的变动，以便提前预知油的走向，布设溢油回收设施，防止溢油污染事态扩大。

（4）专业应急救援队伍

中国海油专业应急救援队伍主要包括消防救援队伍、危化品救援队伍、义务救援队伍、长输管道抢险队伍、专业溢油应急响应队伍等，以下具体介绍其中 4 种队伍。

①消防救援队伍。在海上油气生产环节，由于远离陆地、环境特殊，获

得外部的救援困难,只能立足于自我救援为主建设应急救援队伍。中国海油按照国际海上油田通行的做法,组建海上油田生产的消防救援队伍,并配备高效的消防设备和工具。目前,中国海油共有 10 支专业消防队伍,260 多名专职消防队员。这支消防救援队伍是保障中国海油企业安全生产的基本骨干力量,同时也纳入国家公安消防系统统一指挥管控。

②危化品救援队伍。危化品救援队伍是中国海油向中下游发展,为开展紧急抢险救助而组建的专业救援队伍,目前主要由兼职义务救援人员组成。主要任务是抢险堵漏、危化品危害消除,在消防救援队伍的协助下进行危化品危害消除工作。现在中国海油的危化品生产和储运企业都成立危化品抢险救援队。

③专业溢油应急响应队伍。中海石油环保服务有限公司(简称环保公司)是中国海油独具特色的专业应急响应队伍,是唯一由企业独自建立、根据国际标准和国际惯例、以企业化模式创新运作的专业溢油应急队伍。

中海石油环保服务有限公司已在沿海各地建立了绥中、塘沽、龙口、惠州、深圳、珠海、涠洲岛溢油应急响应基地,覆盖了中国海油作业的全部海域。环保公司拥有高素质的专职应急人员 100 多人,1/3 的溢油应急队员取得了国际 IMO OPRC2 级现场指挥官证书;配备有世界一流的溢油回收设备和专门溢油回收船舶;开发具有国际先进水平的溢油漂移轨迹预测软件;建立专业化的溢油应急响应程序,这是国内唯一一家能够提供国际二级溢油应急响应能力的专业队伍。

这支专业队伍不仅与交通运输部救助打捞局签署了《应急响应资源共享协议》,还在中国、俄罗斯、韩国、日本四国签署西北太平洋行动计划(NOWPAP)的基础上,代表中国政府与韩国海洋污染响应公司签署《溢油应急响应合作谅解备忘录》,加强在溢油应急、合作培训、溢油咨询等领域协作,共享信息,进一步提高西北太平洋海域溢油应急响应能力。

④长输管道抢险队伍。长输管道经过的区域环境复杂多变,一旦发生事故将给当地社区和油气接受单位带来重大灾难和损失。为了应对长输管道的事故,中国海油的每个管道运营公司都组建了能够快速响应的管道抢险队伍。目前,中国海油已经建成 4000 多千米的输油气管道,在沿岸的陆上地区已经

完成了近2000千米的油气输送管道建设。管道抢险救援队伍配备了专用的汽车，购置了专用的管道事故处置设备。所有人员经过培训，掌握了应急抢险救援的技能，随时可以出动参与并指导管道的应急抢险救援行动。

4. QHSE 管控体系实施的保障举措

（1）完善机构设置，确保责任落实

中国海油从成立之初就设立专门的部门和人员从事安全环保管控。集团公司安全生产管控委员会（简称安委会）为公司安全环保工作的最高管控机构；集团公司和各二级单位总经理为本单位安全生产的第一责任人，并设有分管安全的副总经理、安全总监；总部机关及各级单位分设专门的质量健康安全环保部门；生产经营单位和作业现场按法规和公司要求来配备专职的安全管控和安全监督人员。

公司党组书记、董事长为安全生产第一责任人，安委会由公司领导和机关部门负责人组成，对公司重大安全环保事项进行决策。集团公司总部及主要生产单位均设立了质量健康安全环保部门，并配备了相应的工作人员，涉及安全环保管控、安全监督、职业健康、中下游安全、环境保护、应急管控、质量及节能低碳等。公司全系统的安全环保管控人员数量已经超过2000人。

（2）健全管控机制，强化企业安全生产主体责任

落实企业安全生产主体责任，明晰的"一岗双责、党政同责、失职追责"安全生产责任体系是基础。中国海油结合自身实际，积极探索落实企业安全生产主体责任的有效途径。

一是修订完善安全生产管控制度。根据班子成员的分管业务明确了对应的健康安全环保职责，发布《安全环保责任事故累积记分暂行办法》，强化对事故单位党政一把手的责任追究力度。二是开展合规性评估。通过安全环保管控合规性及操作性评估，查找公司管控方面存在的薄弱环节。发现安全管控制度方面存在的有关管控、人事、设备、规划等七项问题，涉及五个管控制度，全部进行整改。三是实现安全生产管控关口前移，强化前端管控、源头管控，组织了系列专项活动。四是开展"五落实五到位"专项检查。按照安全监管总局关于《企业安全生产责任体系五落实五到位规定》，集团公司领导亲自带队到所属单位开展安全责任落实情况检查，与单位安全一把手面对

面交流，督促各所属单位安全生产责任落实到位。五是优化 QHSE 绩效考核。突出 QHSE 绩效考核的引导作用，通过优化考核项目设置，将政府管控要求和集团公司安委会部署解析，细化为七大类 102 个考核项目，并纳入绩效考核，引导各所属单位年度重点工作与安全监督要求一致。六是强化全员安全责任。把落实全员责任纳入总部业绩考核，进一步要求各部门、各单位要对全员安全生产责任再梳理、再认识、再完善、再落实，研究建立考核评估机制，实现安全生产责任全覆盖。

(3) 建立以人为本的安全文化理念，突出以"五想五不干"为代表的安全行为准则

2012 年 12 月，公司提出"安全第一、环保至上，人为根本、设备完好"的核心价值观念；2017 年，提出并持续推动"人本、执行、干预"的安全文化理念。

在安全管控理念的基础上，中国海油推动建立了一套系统的安全文化体系，使安全成为每个人的行为习惯。在这些安全文化体系中，最具代表性的就是中国海油的"五想五不干"现场作业安全行为准则，具体内容是：一想安全风险，不清楚不干；二想安全措施，不完善不干；三想安全工具，未配备不干；四想安全环境，不合格不干；五想安全技能，不具备不干。此外，中国海油还将"五想五不干"行为准则融入设备检修作业、电气作业、热工作业、进入受限空间作业、挖掘作业、起重作业、高处作业、接触危险化学品作业、陆上交通作业、交叉作业"十类高风险作业"的作业风险控制过程中，将基层员工安全生产意识及技能的提高视为确保不发生重大事故的重要基础。通过大力宣传，人人皆知"五想五不干"，并且通过"五想五不干"检查表、行为观察卡等管控工具，将"五想五不干"行为准则落实到现场具体的作业行为之中。

(4) 构建从领导到员工的 QHSE 培训体系，提高人员素质

员工的健康安全环保素质高低决定着健康安全环保的绩效优差，为此，公司特别加强了领导干部 QHSE 培训和安全监督队伍建设。发布《领导干部任职健康安全环保培训规定》，明确了参加培训的领导干部的范围、频次及内容，使参加 QHSE 培训成为各所属单位的领导干部任职资格中必不可少的一

项制度化要求。通过培训，管控层掌握了安全管控的基本理念和方法。发布《安全监督资质管控办法》，办法中要求各单位配备安全监督人员比例应在 50:1～30:1，这样一支队伍将在安全生产管控中起到举足轻重的作用。为此，公司非常重视所属单位安全监督的作用，强调安全监督人员首先在所在单位接受培训，然后接受集团公司的安全监督培训。通过两级培训，基层安全监督人员既掌握了现场管控技能，也从更宽广的视野了解了国家法律法规和集团公司的质量健康安全环保理念。安全监督人员还将接受管控测评和综合能力的考察，通过后才能获得集团公司颁发的安全监督资格证书。以上措施促进了安全监督队伍素质的稳步提高，对 QHSE 理念传播、风险控制起到了促进作用。

（5）管控承包商，分享信息和经验，实现双赢

海洋石油作业专业性强，很多工作需要在众多承包商的密切配合下完成。承包商在承揽各项施工作业时，安全问题就转移给承包商，安全事故也就从承包商身上表现出来。公司将承包商纳入管控范畴，事故只要发生在中国海油的作业场所，涉事者不论是公司员工还是承包商，都将该事故视为本公司的事故进行管控。中国海油把承包商管控视为安全管控的重要环节，并将承包商管控纳入公司安全管控体系。中国海油专门制定了《承包商健康安全环保管控规定》，要求在项目实施前与承包商签订 HSE（健康、安全、环境）协议或在合同中包含 HSE 条款，通过 HSE 条款明确双方的权利及义务。中国海油还发布《中国海油承包商安全环保责任事故累积记分暂行办法》，对承包商进行监督管控，推动承包商主动提高安全管控水平。同时制定《承包商文明安全行为指南》，通过规范承包商员工日常行为提升其素质，促进承包商员工尽快完成向产业工人的转变。此外，中国海油还发布《中国海油石油总公司工程建设项目总包作业安全管控要求》，推动工程建设项目总包作业安全管控。

（6）基于重大事故情景构建的应急管控

重大事故情景构建是对本行业（或本领域）未来一定时期内可能发生的重大突发事件的一种科学设想、分析和模拟，并梳理应对任务、分析能力和差距、提出对策和措施。通过情景构建，能够将重大安全生产风险以更加系

统化和形象化的方式呈现，能够揭示此类生产安全事故在特定环境下的一种普遍规律。在海洋石油领域开展情景规划与构建工作，对引导中国海油下属企业开展标准化、规范化的应急管控与应急响应具有重要意义，是遏制重特大事故发生的有力抓手。为此，中国海油将重大事故情景构建作为一项重要工作，2017年开始以中海油天津分公司和中海化学为试点单位，开展重大事故情景构建研究，检验应用效果，提炼研究方法和流程，为进一步在总公司范围内广泛推广奠定基础，最终目标是逐步建立中国海油自身独有的重大事故情景构建体系。

在重大事故情景构建试点的过程中，中国海油坚持三项基本工作原则：一是底线思维，充分准备。根据"底线思维"要求，按最坏的情况，做最充分的准备，设想海洋石油领域可能面临的典型、重大突发事件情景及其发生发展的方式、过程和严重后果，为海洋石油领域应对重大突发事件做好充分的思想准备、组织准备、预案准备和能力准备。二是分工合作，成果共享。海洋石油领域应急管控涉及范围广，需要中国海油各所属单位紧密合作、相互支持，遴选石油化工行业（领域）内的重大突发事件情景，研究海洋石油领域情景描述的标准化结构和规范性要素，借鉴国内外相关理论与研究成果，借助信息化手段，开展情景构建研究。在各情景的构建基础之上集成凝练研究成果，为项目参与单位所共享。三是着眼长远，持续改进。以海洋石油领域重大突发事件情景为衡量标尺，分析查找本领域（本行业）中各种应急资源与能力在应对灾害中的差距和脆弱性，完善以情景为核心的预案体系，完善应急规划，并根据社会经济、政治、技术等条件的变化，加以持续改进。

（三）海外业务风险管控

随着国际化进程的加快，中国海油正在拥有越来越广泛的海外项目，而随着公司不断推进建设中国特色世界一流石油公司的战略目标，可以预计的是公司的海外业务量将进一步上升。然而，面对瞬息万变的世界政治和经济情况，以及变化莫测的石油市场，海外石油投资和业务风险也在加大。海外作业所处环境的复杂性、国际政治经济关系的复杂多变，以及由此带来的员工健康安全风险也日益显现。所有这些都决定了海外业务已成为公司的核心业务领域，而与海外业务相关的风险管控则是集团公司全面风险管控的重点领域。为此，公司在充分分析自身独特优势和可能遇到的海外各种风险的基础上，因地制宜采取措施，强化对海外业务的风险管控。

1. 海外业务发展与风险管控基础

推进海外业务发展，实行海外业务风险管控必须依赖于一定的基础，即谁来负责，以何负责。这就要求首先有健全的海外业务组织机构，同时有清晰的海外业务发展战略做支撑。

（1）健全的海外业务组织机构

中海油并购委员会是公司并购行动决策的最高机构，由董事长、CEO、总裁、CFO、法律顾问和负责海外工作的副总裁组成，公司董事长任主任委员。国际事务部是海外并购业务的具体执行单位，负责协调、支持和组织实施项目的预可行性研究、可行性研究、商务谈判和尽职调查等工作。加强并购过程风险管控，将并购过程细分为机会研究、项目预可研究、可行性研究、合同（协议）谈判、尽职调查和最后批准成交六个阶段，在每一个阶段，都制订详细的计划和策略。聘请拥有海外生活或工作背景的独立董事，帮助管控层考虑国际化经营上的问题，敦促公司管控更加规范化，在海外投资或并购决策前能更加充分地考虑各种海外风险。如果所属单位的海外业务超过一定比例，集团公司就要求所属单位设立并购委员会和相应的工作机构。健全海外业务发展的组织机构，有助于系统研究海外并购相关问题，抓住海外并购机遇，提高海外投资收益。

（2）清晰的海外业务发展战略

所属单位根据中国海油总体战略，制订相应的海外投资并购计划，以多种方式参与海外投资。结合公司实际，对海外业务风险进行关键因素分析，制订海外业务风险管控政策以及应对方案。重点选择核心发展地区和领域的资产，避免四处出击和稀释有限资源，争取使海外资产获得增值。除直接参股油田或区块外，积极考虑投资组合概念，发展海外业务，比如高勘探风险项目与低勘探风险项的组合、勘探项目与在产项目的组合、投资国别的组合、近期收益项目和远期收益项目的组合。在一些敏感的地区，也考虑采用投资基金、购买目标公司的股份、参与目标公司股票首次上市公开发行（IPO）、在公共市场上积累目标公司股票等多种投资方式。

2. 海外业务风险管控的核心——"三化六点"风险管控体系

(1) "三化"管控

①制度化。根据海外新项目的特点，中国海油制定了10项获取海外新项目的管控规定，2009年正式实施。

②流程化。在对海外新项目的项目筛选、项目初评、项目中评、项目详评和项目移交等关键节点制定详细的工作流程。

③标准化。对上述各个环节制定评分标准，只有达到或超过设定的标准分值，才能向上级推荐进入下一环节。

(2) "六点"控制

"六点"控制是指在"项目筛选、项目初评、项目中评、项目详评、投标和商务谈判"六个重要节点实施风险控制，专人（主管、项目经理、海外勘探总监、勘探部地质总监、勘探部物探总监、勘探部总经理、并购委员会）负责，勘探总院负责技术把关。

①项目筛选。指信息收集、确认和整理归档阶段。此阶段的目的是根据海外勘探项目筛选标准，分析相关风险，对项目信息初步筛选，确定项目是否能够进入初评阶段。筛选流程如图7-5所示。

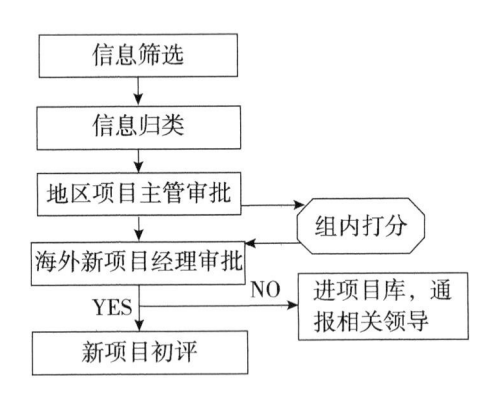

图7-5 海外新项目筛选流程

项目筛选阶段工作由地区项目主管负责，组织组内成员对石油地质条件、地面作业环境、勘探程度和投资环境讨论打分。评分后向海外新项目经理汇报。根据评分结果，决策是否获取进一步资料，从而进入项目初评阶段。

②项目初评。项目初评阶段是指经项目信息通过筛选，对项目区块及其周缘（可以是盆地、拗陷、凹陷或其中的一部分）的勘探历程和石油地质条件进行快速调查，初步判断区块勘探潜力，分析项目的基本商务条件，提出项目是否进入中评阶段的建议。项目初评流程如图7-6所示。

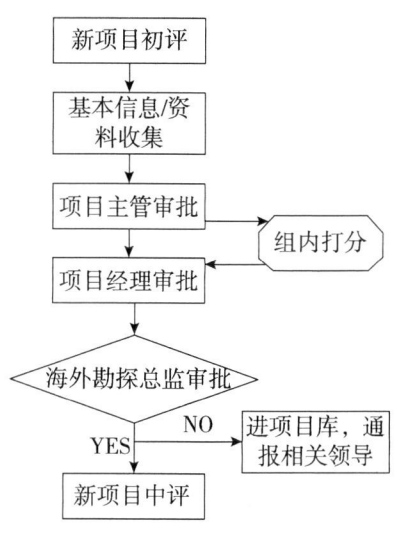

图7-6 项目初评流程

此阶段工作由地区主管负责，组织组内成员对石油地质条件、勘探潜力和风险、资料情况、财税和合同、作业环境和政治风险等条件讨论打分，并向海外勘探总监汇报。

根据评分结果，由海外勘探总监决策是否组团访问资料室，从而进入项目中评阶段，但有时根据特殊情况，项目可直接进入详细评价阶段。

③项目中评。项目中评是指从决定到海外（或到资料提供方指定地点）收集资料，到对项目勘探潜力快速研究分析的过程，项目中评流程如图7-7所示。

根据技术评价结果，针对新项目所在地区的石油地质条件、勘探潜力、地质风险、财税和合同、作业条件和政治风险等条件进行评价和打分，只有超过一定的分数的项目，才可向海外勘探总监推荐。

④项目详评。项目详评是指在初评和中评成果基础上，进一步收集或购买资料，对区块的勘探潜力进行精细的目标和经济评价，决定是否参与区块

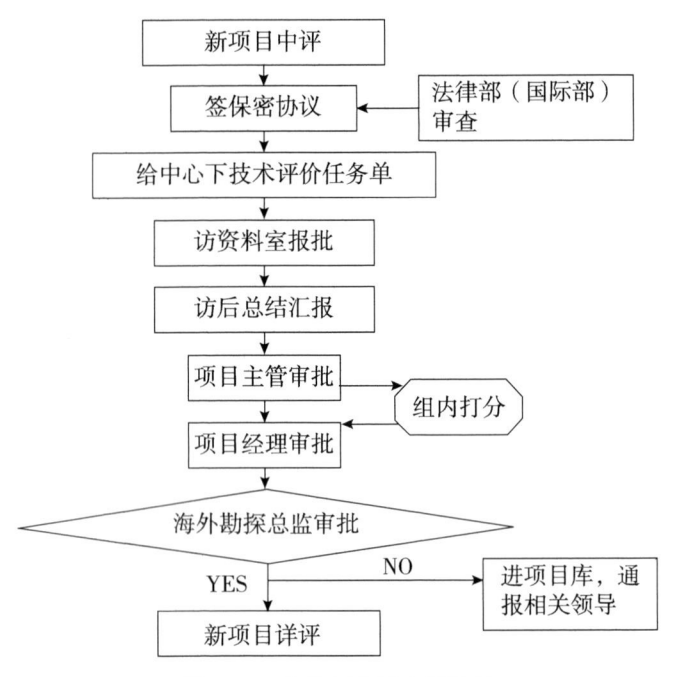

```
         ┌──────────────┐
         │  新项目中评   │
         └──────┬───────┘
                │
         ┌──────▼───────┐      ┌──────────────┐
         │  签保密协议   │◄─────│ 法律部（国际部）│
         └──────┬───────┘      │    审查       │
                │              └──────────────┘
         ┌──────▼───────────┐
         │ 给中心下技术评价任务单│
         └──────┬───────────┘
                │
         ┌──────▼───────┐
         │  访资料室报批 │
         └──────┬───────┘
                │
         ┌──────▼───────┐
         │  访后总结汇报 │
         └──────┬───────┘
                │
         ┌──────▼───────┐      ┌──────────┐
         │  项目主管审批 │◄─────│ 组内打分  │
         └──────┬───────┘      └──────────┘
         ┌──────▼───────┐
         │  项目经理审批 │
         └──────┬───────┘
                │
           ◇海外勘探总监审批◇
          YES ↙        ↘ NO  ┌──────────────┐
                              │ 进项目库，通   │
         ┌──────────┐         │ 报相关领导    │
         │ 新项目详评│         └──────────────┘
         └──────────┘
```

图 7-7　海外新项目中评流程

投标工作。详评工作内容及流程如图 7-8 所示。

海外勘探总监根据项目具体情况和工作进度要求，指定详评阶段的项目经理。项目经理负责详评项目组的组建，协调项目运行过程中出现的问题，向海外新项目经理和海外勘探总监汇报工作。在详评项目中，只有当经济测算结果满足公司最低指标时，才可由海外勘探总监组织向勘探部总经理汇报，由勘探部总经理决定是否向公司资产并购委员会汇报推荐。技术方面由研究中心进行三级质量控制（项目经理、总监、总师）。

⑤投标。投标是指项目经并购委员会批准，制订投标策略阶段。

⑥商务谈判。勘探部是海外勘探新项目合同谈判的组织部门，负责协调各相关部门，与对方联系沟通，保障合同谈判按时、顺利进行。海外勘探项目总监指定谈判长和主谈人员。参加谈判人员需严格保密，尤其是公司的谈判策略和底线。

在勘探部完成海外新机会寻找、合同谈判、合同签署等工作后，为使项目顺利交接，不影响下一步勘探研究工作，应在适当时要求海外项目管控人

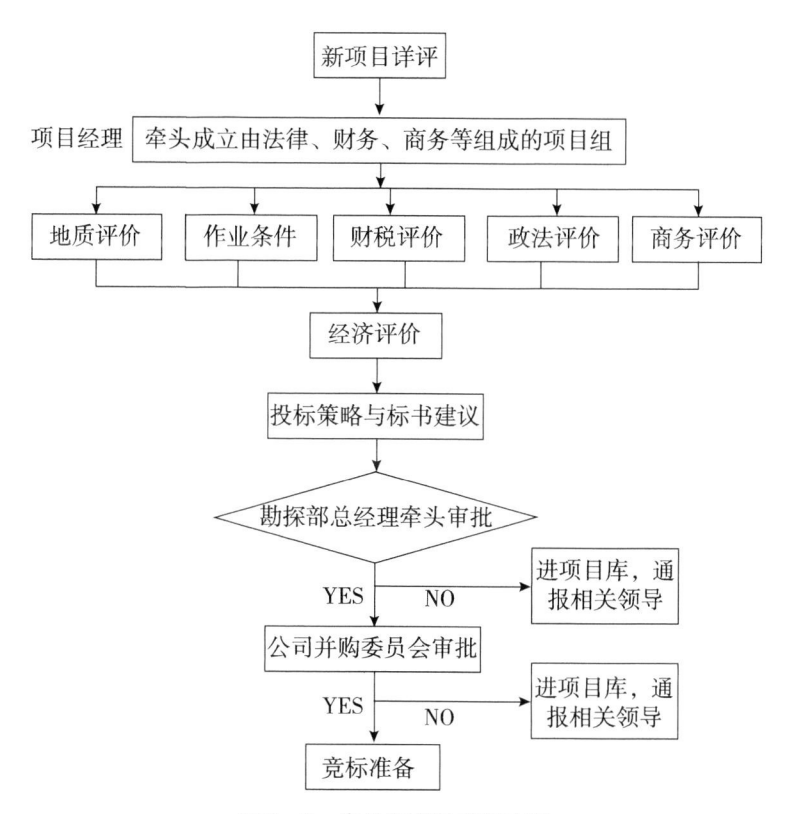

```
                    新项目详评
                         │
项目经理  牵头成立由法律、财务、商务等组成的项目组
        ┌────────┬────────┼────────┬────────┐
     地质评价  作业条件  财税评价  政法评价  商务评价
        └────────┴────┬───┴────────┴────────┘
                   经济评价
                      │
              投标策略与标书建议
                      │
              ╱勘探部总经理牵头审批╲
              ╲                  ╱
           YES  │       NO ──→ 进项目库，通
                │              报相关领导
           公司并购委员会审批
           YES  │       NO ──→ 进项目库，通
                │              报相关领导
              竞标准备
```

图 7-8 海外新项目详评流程

员加入，介入项目管控的前期工作，帮助勘探部海外项目负责人顺利推进项目，直至项目平稳运行。

3. 海外业务"三化六点"风险管控体系的保障措施

（1）推行勘探风险评价标准体系

为能够定量分析海外地质勘探目标存在油气的可能性及勘探的主要地质风险，以便采取有效措施防范，从而提高勘探成功率，中国海油在技术上研发并广泛使用勘探风险评价标准体系。该体系包括勘探区带和勘探盆地的风险评价参数及量化标准，以及23套中国近海勘探风险评价模板和57项评价参数，以降低勘探风险。风险评价标准分为高、较高、中、较低、低五个级别，有机地融合宏观和微观影响因素，细化烃源岩的类型、储层物性等重要评价参数。例如，针对储层和盖层评价机理的特殊性，增加储层的孔隙度和渗透率评价参数及其评价标准，采用宏观评价参数和微观评价参数相结合的方法，结合不同因素的权系数综合评价。根据烃源岩岩性的不同，将烃源岩的岩性分为泥岩和煤系地层两大类，参考四种烃源岩有机质丰度指标（TOC，S1＋S2，"A"等），分别制定有机质丰度的评价标准，使评价结果更为客观和准确。

（2）加强海外集中管控和作业监督

有海外业务的所属公司建立海外业务作业制度和操作程序。加强海外集中管控，建立共享服务中心；实行海外作业监督的统一调配和管控，加强海外作业设计的审查和作业过程的控制，提示十大现场高风险作业；建立审计监督检查制度和程序，出台《内部审计手册》，定期进行内部检查评价，揭示风险，并提出相应的改进建议；完善海外应急管控制度，及时沟通、全方位共享所在作业国家政局和政策的变化动向和作业环境变化等信息，使公司能顾全大局，进行动态调整；各海外项目公司都建立应急方案，评估海外项目办公室、住宿和作业的安全环境，积极加强与驻在国使馆和政府部门的联系，应对海外环境和政治风险。这些措施有利于防范和控制海外作业的风险，降低管控成本，提高管控效率。

（3）统一 QHSE 管控体系

所属公司均遵循效益、效率和风险平衡的理念，要求其海外项目公司都执行中国海油统一的 QHSE 管控体系创新以及承包商管控体系创新。定期对这些项目公司安全和环保隐患排查整治，减少重大事故发生的可能性。做好海外并购公司的环保尽职调查工作，督促落实已收购公司 QHSE 遗留问题的整改，促使其尽快融入 QHSE 管控体系。中国海油还加强承包商 QHSE 管控，宣传"五想五不干"安全行为准则，强化对承包商监督和审核的主导地位，通过外部审核推动承包商管控。比如承包合同中明文规定：对存在重大风险的事项决策，我方有一票否决权；由于承包商违章作业造成人员死亡、环境污染等重大责任事故的，由我方参与事故调查，承包商公司的总经理向我方汇报事故情况，并根据事故影响对承包商给予扣除风险抵押金、停止其他合同等经济处罚；明确项目的 QHSE 费用，我方应对承包商 QHSE 费用的使用情况进行审核，确保专款专用；等等。通过上述措施，中国海油至今未发生重大安全生产责任和经济损失事故，OSHA（美国职业安全与健康管理局）可记录事件率为 0.16，处于国际石油公司较好的水平。

(4) 设立海外风险"防火墙"

中国海油在投资公司主体之下，在百慕大等税务自由港设立众多的壳公司，把参与的境外项目或油气资产股权置于这些壳公司的项目下。自 1994 年以来，中国海油参照国际惯例先后在百慕大设立 OOGC、OOGC Malacca Limited 等"壳公司"，分别控股在印度尼西亚及缅甸参与的石油合作，有效防控了海外投资风险，保障和提高了海外收益。

第八章　经验和启示

中国改革开放40年多来取得的辉煌成就,就在于我们没有盲目照搬西方社会的成功经验,而是渐进地探索社会主义与市场经济的恰当的结合形式。公司管控体系同样如此,中国独特的国情决定了不能简单模仿和照搬西方大型公司的管控体系。

作为改革开放的实践者,中国三家石油企业集团充分借鉴和吸收了发达市场经济国家公司管控体系中的合理因素;并在此基础上,坚持与中国国有企业的实际相结合,创新性地将自身实际与国际接轨。在这种基本思路和认识方法的主导下,形成了有中国特色公司管控体系和创新思路,使公司管控体系得到不断完善。中国国有企业公司管控体系建设是坚持党对国有企业的政治领导、遵循市场经济规律和国际惯例、尊重历史传统和人本理念等多重规制的有机统一。

特别是,中国海油以发展中国海洋石油工业为己任,并在发展过程中逐步形成了建设中国特色世界一流石油公司的战略目标。中国海油在创新开放中产生的对外合作基因,使中国海油秉持以人为本理念、符合国际规范、尊重市场规律,在遵循西方管控理念与中国基本国情的统一方面形成具有海油特色的公司管控体系。

一、党的领导与公司管控有机结合

党的领导是中国特色社会主义的最本质特征。与西方石油公司相比,中国海油公司管控的特色在于它是共产党执政的社会主义中国与现代公司管控制度相结合的产物。中国海油围绕建设中国特色世界一流石油公司战略目标，把公司管控目标与公司发展战略和国家战略紧密结合起来，确保党的领导在公司创新发展中得到体现和加强，履行好"在经济领域为党工作"的使命，筑牢党建与生产经营融合的"根"与"魂"，实现企业目标与国家战略的有机结合。

在这一战略目标指导下，中国海油党组推进党的领导与公司管控深度融合，扎实推进党建工作进章程，特别是将党组（党委）会与董事会、监事会、经理层等公司管控主体的关系进一步明晰，进一步从制度上落实党组织研究讨论作为重大决策前置程序的要求。党组通过限制和规范权限，做到自我加压、自我约束，从而较好解决了内部人控制可能产生的重大问题，避免了重大战略决策失误、系统性腐败的发生。

二、按照资本市场规律，提升公司管控水平

因创新开放而生、因创新开放而兴，中国海油从一诞生就直接面对市场，注重将西方石油工业的成功经验与自身实际相结合，通过开放的理念来努力规范自身行为，以打破传统旧体制的僵化和低效；积极开展资本化运作，不断释放公司资产的市场价值。

通过资本市场和上市公司管控"硬约束"的倒逼机制，又进一步规范了中国海油的公司运营。中国海油遵循资本市场规律，并将资本市场的"倒逼"变成自身行动的"自觉"；通过坚持专业化发展、市场化运作、国际化经营、人文化管控，已经初步构建了科学规范、权责明确、架构清晰、运转有效的公司管控制度体系，公司管控的规范性在不断提升。

三、规范董事会建设，强化公司管控和集团管控

2011年，按照中央要求，中国海油设立董事会，董事长和总经理分设，董事会机制在2012年正式运转。事实上，中国海油在集团层面规范董事会建设具有良好的基础；在此之前，中国海油旗下的中海油、中海油服、海油工

程、中海化学四个上市公司已经按照资本市场要求建立健全了董事会制度。

"先二级单位、后集团公司"的董事会建设进程,夯实了集团层面的公司管控基础,也为优化集团管控体系创新、提高组织运作效率奠定了基础。中国海油通过做实二级单位董事会,积极推进集团管控体系创新从以管资产为主向以管资本为主转型,强化以股权为纽带、以董事会为核心的管控体系建设,打造以股东层、董事会层和经理层为核心管控线条、责权利有机统一的集团管控体系创新。

四、遵守法律法规,处理好利益相关者之间的利益,实现可持续发展

随着国民经济的持续发展,石油行业一直是社会关注的热点领域。作为中央企业,中国海油不仅承担着国有资产的保值增值任务,还承担着广泛的社会责任和历史使命,公司管控涉及的利益相关者也非常广泛。这种特殊的地位和性质,决定了中国海油不能仅仅以利润最大化为主要目标指向。在这种背景下,中国海油与西方石油公司的公司管控设计原则有着根本上的区别,即中国海油不完全是传统的"股东至上"原则,而是利益相关者"共同管控"模式创新。共同管控的目标是合理平衡各利益相关者间的利益,实现利益相关者的共赢。作为关系经济社会发展和人民美好生活的石油企业,中国海油充分意识到加强利益相关者管控,承担更多的社会责任,是国家与社会发展的要求,也是具有使命感企业的一种负责任的态度。

中国海油管控者们认为企业发展与合理平衡各利益相关者利益不是对立的,而是统一协调的;中国海油的双赢理念在这一过程中发挥了重要作用。正是因为中国海油对利益相关者利益进行了最大程度的兼顾,才能够为企业营造了更加和谐的发展环境,才能够承担更大的社会责任并更好地履行历史使命。

五、公司管控体系创新的选择过程中遵循两个基本原则

中国海油在选择公司管控体系创新的过程中,坚持遵循两个基本原则。

一是同国际惯例接轨，体现现代公司制度法人管控结构的基本特征，坚持"科学规范、权责明确、架构清晰、运转有效"的基本原则，建立由股东大会、董事会、监事会和经理层组成的现代公司管控结构；二是与中国的历史与现实相结合，从现实的政治、经济关系出发，坚持党对国有企业的政治领导，坚持公有制的主体地位，积极探索把党组织的政治优势、职工民主管控与完善公司管控相结合的途径，建设有中国特色的公司管控体系创新。

六、将"以人为本"作为关键纽带，有效融合"老三会"与"新三会"

作为公司管控的中国模式创新，它以科学社会主义为指导，同时遵循社会化大生产中的市场规律。党委会的结构设置体现了党对国有企业的领导，职工代表委员会与工会的制度安排则体现了企业内部职工作为主人翁的特殊地位，而股东大会、董事会与监事会的设置则充分体现了市场经济中的资本运营规律。

传统的现代公司管控结构主要为了解决股东与经营者的委托代理关系，而中国海油充分考虑广大职工的地位和参与要求，将"以人为本"作为关键纽带来融合"老三会"与"新三会"。这使中国海油广大职工的"员工能量"被充分激发，他们能够以主人翁身份参与企业的生产经营活动。这打破了现代公司管控中纯粹的"资本雇用劳动"逻辑，使劳动力不仅仅是从属于资本的生产要素。因此，中国特色公司管控体系创新是同时奉行资本主导与劳动主导两种逻辑，将以人为本的理念融合到公司管控结构中，能够有力推进具有中国特色的国有企业公司法人管控结构创新。这种创新也彰显了中国特色公司管控体系创新对现代公司管控理论完善和实践运用的中国贡献！

七、努力打破路径依赖，积极创造新路径来提高公司管控的有效性

公司管控的路径演化是由行动主体、行动客体以及外部环境共同决定的复杂过程，路径依赖和路径创造是公司管控演化到一定阶段所出现的两种路

径选择。路径依赖指的是一个国家或地区现存的公司管控系统或多或少地受到主客观条件和环境的影响。

八、培育优秀基因

中国海油取得优秀业绩主要有以下七个关键因素：（1）坚持党的领导、转化国有企业政治优势；（2）置身国际接轨前沿、创新公司管控体系创新；（3）坚持战略引领、强化前瞻思维；（4）坚持走对外开放与国际合作之路；（5）坚持以制度为根：持续创新与规范化管控；（6）坚持将文化于心：牢记历史使命、发扬石油精神、凝聚海油文化；（7）坚持以安全为本：全面风险管控、为健康发展保驾护航。

从差异性的角度来讲，每个企业的成功因素都是独一无二的，尽管其他企业可能有这七大方面中的某一个或几个方面，对于中国海油，这七大方面是一个有机整体，不是分隔的。其中，坚持党的领导、发挥国有企业政治优势，置身国际接轨前沿、创新公司管控体系创新，是中国海油的"根本因素"和"基础因素"，只有牢固"根基"，才有可能叶茂繁荣，这两大基因也是"中国特色"与"世界一流"的两个突出表现；坚持战略引领、强化前瞻思维，是中国海油在根基上坚守的纲领，保持战略定力、一茬接着一茬干，才能保证公司的可持续发展；持续创新与规范化管控的制度建设、精神使命与主动担当的石油文化传承、全面风险管控的安全体系构建三方面因素，塑造了中国海油的全面保障体系；开放合作是中国海油坚定不移的发展道路。

根本、基础、纲领、保障与所走的发展道路让七大因素相辅相成、合为一体。这种有机整体性植根于和融于中国海油的每一个发展阶段，并因此成就了独具中国特色的公司管控体系创新。

九、对标卓越

与卓越公司进行对标，贯穿在中国海油发展的每一个阶段。尽管在不同发展时期，中国海油对"卓越公司"的理解和对标对象选择有所不同；但是，中国海油坚持"对标先进补短板、追赶超越再对标",并进行持续创新、持续创新、持续进步。这也使中国海油曾经仰望的对标对象已在身后,新的对标对象不断升级。中国海油"对标卓越"的管控理念和措施形成完整的管控闭环,保障了企业健康有序地发展,与"中国特色世界一流石油公司"总目标的距离也越来越近。

(一)行为式学习的对标管控

中国海油在建立之初,就肩负着建设海上"特区"、为中国提供发展的石油动力的重任。"特区"之"特"是对当时主要社会管控行为方式的反映和体现,即由传统的"对内"转向"对外",这也是我国创新开放的最重要体现。这意味着中国海油的经营管控必须是打开国门的、对外开放的。在缺少资金、缺少技术、缺少实力的背景下,"走出去"的对外合作尚不具有基础,而只能是"引进来"的对外合作。而要将外方石油公司引进来,前提之一就中国海油必须按照国际化的行为准则办事、定标准、定政策。所以,中国海油首先要学习的就是国际化的行为准则。分为以下两个阶段。

第一阶段:维护合作权益为主,提供专业服务为辅。

国际合作的行为准则的最重要载体就是制定国际石油合同,并且强调按合同办事,一切组织活动与管控为保障合同的顺利执行。在这里,"合同"就成为中国海油与外方石油公司的交往规则与约束性"法律法规"。在此背景下,以"计划+行政"的管控体系创新逐渐转变为了围绕"合同"所展开的"维护合作权益为主,提供专业服务为辅"的管控体系创新,即以合同为纽带,维护合作双方的权益,同时为合同的执行提供专业化的服务,这是中国海油管控上的第一次重大创新。通过这次创新,中国海油学习到了按合同办事,诚信经营,具有了契约精神。经过努力,中国海油在当时多数国有企业还处于封闭发展之时,就率先建立起了国际合作模式创新,引入国际市场规则,并在发展过程中锻炼了队伍、学到了技术、积累了资金和管控经验。

第二阶段:打破传统惯例,奠定精干高效基础。

在中国海油成立初期,渤海和南海西部两大地区公司在计划经济体制下已经形成了无所不包的"小社会",集油公司、专业技术公司和基地系统于一体。这种"大而全""小而全"的企业模式创新，是政企合一和传统生产方式的产物，管控职责不清、人浮于事、效率低下。中国海油打破传统惯例，对这两个"大而全"的老地区公司的管控体系创新进行了专业化改造，划分为油公司、专业公司和基地系统三大块，使之各自按照自己的性质和职能以不同的方式开展工作和进行生产经营活动。对新组建的地区公司，中国海油一律摒弃"大而全"，按国际惯例建立油公司体制。这与当时以"大而全""小而全"为主要特征的中国企业模式创新相比，已经有着重大的区别，为中国海油精干高效和高速高质奠定了良好基础。

（二）自强式学习的对标管控

中国海油早期对标学习重点是国际化行为准则，其主要目的是借助外方石油公司的实力来发展中国海洋石油工业；但这并不是中国海油的中期目标，更不是最终目标。因此，中国海油在第二阶段就转向了自强，即在坚持"行为式学习"的基础上，着力培育和发展自营勘探开发能力，注重公司自身"内核"修炼，这也就是这里所指的"自强式学习"。"自强"是这一阶段学习的主要目标与创新的方向。中国海油的"自强式学习"包括两个方面：一是通过学习获得先进的公司发展理念；二是通过学习发展自营海上石油勘探与开发能力。

中国海油在早期向外方学习的过程中，主要学的是外在行为。从学习的难易程度和效果来看，这种外在行为的学习难度相对较小，且能够对企业短期发展发挥重要作用。然而，内在理念转变则相对较难学习，但却能够对企业长期发展和强企起到至关重要的作用。因此，在早期中国海油通过短期的"修行"解决了企业生存问题之后，就开始通过"修心"来打造中国海油的核心发展理念。事实上，中国海油的高层已经通过看西方、学西方，培育了国际化视野，转变了发展理念，使中国海油确立了"国际化"的发展理念与思路。然而，如何让大多数的中高层管控者具备这种国际化的发展理念与管控思维，是这一时期中国海油的探索重点。为此，中国海油制订了人才培养计划，每年选送大批中高层干部到国外培训学习，这一点也走在了国企前列。

在自营海上石油勘探开发能力的培育方面，中国海油并没有摒弃"引进来"的对外合作之路,而是坚持在持续开放中学习、在学习中提高的思路,实行了"对外合作和自营勘探开发两条腿走路"。因此,中国海油在这个阶段的经营管控理念是"维护合作权益和自主勘探开发并重"。进一步讲,在与国际石油公司对标基础上,中国海油学习先进管控经验,开始了"三条线"管控,即实现油公司、专业公司以及服务公司的分离。同时,为了"自强",中国海油在坚持外部市场化的基础上,在总公司内部各类公司之间,推行内部市场化,突出以效益为导向;并通过协调发展战略来实现各业务的协调发展。

(三) 超越式学习的对标管控

中国海油早期和中期的学习本质上是把中国海油打造成一个强大的石油公司。在打造强的石油公司的过程中,尽管中国海油从一开始运用的是国际化的准则,采用国际化的理念,并通过持续的对标管控不断提升自身实力。但是从经营业务的地域范畴上,主要仍然以中国海域为主。而在我国海域,中国海油作为国家石油公司,在我国政府的支持下,其在经营方面具有比国际市场好得多的外部条件。在这种情况下的"强企"形象很难被国际市场承认,在很多外方石油公司看来,中国海油只是一家中国的国家石油公司;此外,完全依靠国内市场的情况既与中国海油的发展目标不符,也与国家对油气资源的巨大需求不相匹配。在此背景下,寻求"走出去"的开放合作是中国海油自我超越,与国际同行实现真正竞争,并努力在竞争中实现超越的必然选择。

中国海油的最终目的是超越,即要在更大的舞台上去与国际石油公司竞争,超越一家"国家石油公司"的界定,真正意义上实现"世界一流石油公司"。"超越"是学习的目标与创新的方向。因此,中国海油在这一阶段的经营管控理念是"国内和国外同步发展",全面提升公司管控、技术和资金能力,建立具有中国特色世界一流石油公司。

尽管在不同阶段,中国海油受到内外部环境因素和企业自身资源的约束,企业所学习的内容以及通过学习所要达到的目标方向呈现出显著的差异,但是这背后的管控理念和思想却始终如一、一脉相承。在这过程中,开放的思维、效益优先的发展理念、前瞻性的战略目标、持续的先进对标管控都在其中扮演着至关重要的角色。同时，最终推动中国海油管控体系创新得到成功的动力在于"创新"，而创新能否得以顺利进行的关键在于人。这对其他国有企业的管控体系建设也具有一定的启示价值。基于此，可以将中国海油管控体系创新的主要启示总结为以下几点。

1. 坚持"立足中国国情"和"遵循国际惯例"有机结合

中国海油在企业创新和发展过程中，能够融贯中西，既遵循市场经济规律和国际惯例，又符合中国国情和企业实际的管控特色，走出了一条中国海油自己的管控之道。

事实上，中西方的管控理念冲突和碰撞是中国国有企业开展国际化经营时普遍面临的重要挑战，中国海油也不例外。中国海油在兼顾中国国情和国际惯例的基础上，将国外先进管控经验与企业自身情况相结合，做到融贯中西方管控理念、与企业实际形成共生。

中国海油是我国创新开放的产物，其一诞生就置身于国有企业与国际接轨的前沿。在生产经营中，中国海油按国际惯例和国际通用标准规范来勘探开发中国海域的油气资源，这也使中国海油在20世纪80年代就树立了效益和效率观念，推行精干高效的用人政策，改变安全生产的管控理念，努力学习外国油公司的先进管控经验，不断推动公司管控与国际规范接轨。

为此，中国海油从国情出发的基本原则引领企业创新走向深入。例如，激发"员工能量"是中国海油与优秀国外企业的一个显著区别，中国海油遵循把人力资源视为企业的第一资源、把员工看作是企业创新发展主体的创新思路，通过加强"三支队伍、三条通道"建设，为员工提供足够的发展机会和广泛的参与空间，通过爱护"员工能量"、凝聚"员工能量"、引领"员工能量"和提升"员工能量"等途径来激发中国海油的"员工能量"。中国海油推进党建工作与生产经营深度融合，通过覆盖党建与生产经营融合的"点"与"面"，为中国海油健康可持续发展保驾护航，特别是在应对低油价的生产经营"严冬"期间，这项具有中国特色的管控体系保障了"降本提质增效"的效果。

2. 管控思想的开放性

管控思想是所有管控行为的基础。为了打破常规、摒弃过去的陈旧观念，中国海油在发展早期就通过"逼着教和追着学""请进来和送出去""岗位培训、学历学位培训和高级管控培训"等多种方式，培养了一大批具有国际化视野的海洋石油人才，整个企业的发展理念也发生了很大转变。

与很多国有企业相比，中国海油的最大特点在于其管控思想的开放性。中国海油是在中国创新开放的大潮中建立起来的，是中国第一个全行业开放的践行者。中国海油的领导者深刻地认识到，传统的管控理念与做法不能满足海洋石油工业创新开放的需要，中国海油摸索自己的一套管控思想，而这一思想就是"开放"。在开放式的管控思想下，中国海油完成从封闭式自我发展到走国际化经营的发展转变，实现了通过"引进来"到"两条腿走路"再到"走出去"的曲线转型发展。在这一转型发展的过程中，培育了价值导向的行为方式、依合同办事的契约精神等。

3. 坚持效益优先的发展理念

发展理念对企业的战略制定和创新行为有着重要的影响。对于中国海油而言，诞生于创新开放之际、置身于国际接轨前沿，遵循市场规律、以市场为导向是中国海油根据内外部环境所作出的正确选择。而市场对于中国海油的最大意义就在于所有的经营活动应当坚持以经济效益为中心。因此，效益优先就成为中国海油30余年来历届党组始终坚持的基本发展理念。中国海油的市场引领战略、低成本战略、精干高效用人政策、谨慎性投资决策机制等都是效益优先发展理念的典型体现。正是秉承这一发展理念，中国海油才能够成功转型为以价值驱动的企业，提高了抵御低油价冲击的能力，也是中国海油连续15年被国资委评为A级的重要经济基础，较好地履行了国有企业政治责任、经济责任和社会责任。

4. 在党的领导与公司管控融合方面做到有机结合

中国海油的实践已充分证明，党的领导与完善公司管控的有机统一具有现实可行性，即在党的领导与公司管控融合方面做到相向而行和功能互补。党的领导与公司管控在目标上是相向而行。中国海油作为国有企业，维护国家利益是公司管控结构依法履行职责的目标；作为执政党，中国共产党始终是全国最广大人民群众根本利益的忠实代表，因此在中国海油创新发展中坚持党的领导，维护国家和人民利益是其重要使命。党的领导与公司管控在功能上能够互为补充。党组织在中国海油的历次创新发展中，主要通过发挥领导核心和政治核心作用，保障公司管控决策主体依法行使职权，保证监督党和国家大政方针在企业的有效贯彻执行；而作为公司运行的权力中心董事会、监事会和经理层，其主要功能是使股东权利得到维护，使国有资产保值增值，使中国海油的经营效益实现最大化。

5. 以战略为导向的目标管控

战略决定公司管控行为的方向。中国海油从一个缺资金、缺技术、缺管控经验的"三缺"企业发展至今，战略引领起到了重要作用。中国海油在对公司所处不同历史阶段的内外部环境以及自身所拥有的资源条件做出精准判断的基础上，创造性地提出了公司发展的阶段性目标，即石油公司奋斗目标、国际现代石油公司奋斗目标、世界一流石油公司奋斗目标、中国特色世界一流石油公司奋斗目标，每一个目标都具有其内涵，同时也有保障其实现的具体战略举措。这些都在很大程度上促进了中国海油的快速发展。

6. 以持续对标为手段的追求卓越管控

时刻找差距、时刻补差距，在动态管控中追求持续卓越是中国海油管控的重要特点。持续对标管控是中国海油发现差距、选择工作重点、评估工作效果的重要手段。发现差距是指通过与国际公认的优秀公司或者目标公司的各项关键指标的对比分析，发现中国海油自身的优势与劣势，其中劣势或不足部分即构成中国海油未来的工作重点，经过一段时期的努力工作之后，再反过来利用对标管控来评价工作成效，最终将评价结果与绩效考核相挂钩。这种闭环的、动态的管控方式在很大程度上保障了中国海油的持续卓越。

7. 坚持科学发展和与以人为本相互发展

企业发展的最根本动力是人，所有的管控思想由人产生、所有的管控行为也由人实施。而人是世界上最复杂的情感有机体，对人的管控是一种艺术。中国海油充分认识到了人的价值，长期坚持"以人为本，关爱员工""员工是创造企业历史的主体"等人本创新与管控文化：一是保人安全，坚持"员工是企业第一，而且是不可再生的财富"的健康安全环保理念；二是人为主体，坚持"员工是企业创新的主体，而不是被创新的对象；企业的创新成本不应由员工来承担;企业创新和发展的成果要由全体员工来共享"的员工主体理念;三是促人成长,坚持"畅通员工的职业发展通道、形成员工的成长机制"的人才培养理念。通过这种以人为本的创新理念和管控文化,为中国海油留住人才、激发人才潜力、培育一支能打硬仗的人才队伍发挥了重要作用,而这些人才队伍最终支撑了中国海油的做强做大。

例如,企业核心业务上市后,存续企业生存发展是中国特色的事物,也是困扰国有企业创新的一大难题。

中国海油没有通过"买断工龄"的传统方式来安置非主业人员,而是将创新的所有难点全部集中在生产力的第一要素"人"上面。中国海油经过油公司和专业公司两次重组分离上市,大量的非主业人员和非经营型资产留在了基地公司,成为更为典型的存续企业。为此,中国海油采用一脉相承的管控理念和创新思路,以实现好、维护好、发展好职工利益,作为存续企业重组创新的出发点和落脚点,进而对基地公司进行全面的结构调整和重组整合,使基地集团实现盈利和发展,最终实现上市。

中国海油是一个在开放思维下、从国际视野出发寻求对标对象、结合自身资源制订阶段发展战略、坚持效益优先的发展理念,通过一系列创新不断学习先进、趋近先进,并以达到或超越先进为最终目标的学习型国有企业。

中国海油的发展历程证明,坚持改革开放,坚持社会主义市场经济,中国特色现代国有企业制度是充满勃勃生机的。